微课设计、开发与应用

北京市职业能力建设指导中心　组织编写

主　　编：唐圣平

参　　编：杨宇红　王黛薇　戎　颖　兰　洁

　　　　　张　磊　张玉波　吴蓬蓬

视频编辑：王笑一　田佳兴

课题指导：郭　欣　杨志广　刘锦芳

合作单位：北京轻工技师学院

　　　　　北京市工艺美术高级技工学校

　　　　　北京市工贸技师学院

　　　　　深圳第二高级技工学校

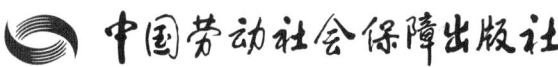

图书在版编目(CIP)数据

微课设计、开发与应用/北京市职业能力建设指导中心组织编写. -- 北京：中国劳动社会保障出版社，2020

ISBN 978-7-5167-4444-4

Ⅰ.①微… Ⅱ.①北… Ⅲ.①多媒体课件-制作-研究 Ⅳ.①G434

中国版本图书馆 CIP 数据核字(2020)第 121396 号

中国劳动社会保障出版社出版发行

(北京市惠新东街1号 邮政编码：100029)

*

北京市艺辉印刷有限公司印刷装订 新华书店经销

787 毫米×1092 毫米 16 开本 21.5 印张 301 千字
2020 年 9 月第 1 版 2020 年 9 月第 1 次印刷
定价：60.00 元

读者服务部电话：(010) 64929211/84209101/64921644
营销中心电话：(010) 64962347
出版社网址：http://www.class.com.cn

版权专有 侵权必究

如有印装差错，请与本社联系调换：(010) 81211666
我社将与版权执法机关配合，大力打击盗印、销售和使用盗版图书活动，敬请广大读者协助举报，经查实将给予举报者奖励。
举报电话：(010) 64954652

前言

中国劳动社会保障出版社拥有一支专业的视频拍摄和制作团队。近年来，团队紧跟教学改革的网络化、数字化发展形势，与职业院校（含技工院校，下同）合作，积极投入微课的开发和实践，并在实践中不断总结经验，提升微课质量，基于微课的数字化教学资源逐渐实现了专业化、标准化、规范化、系统化开发，尤其是与北京市职业能力建设指导中心合作，开发了以"燕京八绝"——京绣、花丝镶嵌、景泰蓝、雕漆、玉雕等为代表的系列微课，利用微课的形式来传承和弘扬北京传统文化。

2015年，北京市职业能力建设指导中心设立了"职业技能类微课开发与应用模式研究"课题，中国劳动社会保障出版社音像电子部承接了该课题的研究工作。我作为课题负责人，确定了课题的研究方向、研究方法、研究内容，并承担了课题的主要研究工作。其中，课题研究的内容包括微课研究背景、微课问卷调查和结果分析、微课表现形式、微课开发流程、微课视频拍摄和制作、微课制作实践、微课开发的相关标准和规范、基于微课的数字教材制作、微课的应用模式和平台等。本研究得到了北京轻工技师学院、北京市工贸技师学院、北京市工艺美术高级技工学校、北京市盲人学校、北京市外事学校、广州白云技师学院、开封技师学院的大力支持。在北京市职业能力建设指导中心的组织和指导下，课题于2015年10月顺利通过结项验收。

虽然微课研究的课题结项了，但结合数字资源开发工作，我们对于微课的研究和实践仍在继续进行。2016—2018年，我们每年都开发技能操作类微课百余个，知识讲授类微课近千个，动画类微课近百个。结合微课的开发实践、宣传、推广和应用，我们在课题基础上进一步拓展了微课研究的内容。

一是对微课的概念进行了深入探讨，把微课与相关概念进行比较，如微课与微视频、短视频，微课与微课程，微课与慕课等。概念探讨的目的，是使微课的概念更清晰、定位更准确。

二是从数字化教学资源入手，研究了数字化教学资源的颗粒度。不同颗粒度的教学资源在教学中的作用是不同的，微课以知识点为颗粒度，围绕知识点组织多媒体资源，具有多重优势，例如，便于有序开发、便于描述和评价、便于推广和应用、满足移动学习的需要等。

三是强化了微课教学设计在微课开发中的作用。通过引入微课教学设计应遵循的学习理论、微课教学设计的五星教学设计原理，分析了微课教学设计的内容，包括教学内容分析、学习者分析、教学目标的阐明、教学策略的制定、学习活动设计、学习环境设计、媒体传递设计，并给出了微课教学设计的通用模板。

四是针对在微课开发的脚本写作过程中存在的不规范、不实用等问题，详细介绍了脚本写作的流程。流程包括从脚本大纲到初级脚本、中级脚本，再到最终拍摄脚本的整个过程。增加了多个脚本写作的实例，着重探讨了如何将教材内容一步步转变为可指导拍摄和制作的微课脚本。

五是丰富了多种类型的微课制作实践，在技能操作类微课、讲课类微课、录屏类微课的基础上，增加了实验演示类微课、动画制作类微课、交互式 H5 微课。通过微课制作实践总结经验，供教师在微课开发中参考和借鉴。

六是通过《工伤保险条例》普法宣传实例，详细介绍了动画类微课制作方法，包括动画的场景设计、人物设计、动画创意、故事情节设计、脚本写作、动画开发和制作等，使得微课的表现形式进一步丰富。

七是进一步推动微课开发和制作的标准化、规范化，在此基础上提出了微课的评价标准，设计了微课的评价指标，从选题策划、教学设计、教学内容、表现形式、技术规范、教学效果、教学创新这七个方面对微课开展评价。

八是探讨了微课与知识碎片化的关系。移动阅读时代的学习者需要碎片化的知识资源，微课满足了知识碎片化的要求。但在知识应用时，学习者需要重构知识体系，因此需要把碎片化的知识重新整体化。要达到知识整体化并构建知识体系，需要在微课设计中增加整体性、关联性、总结性的内容。

九是探讨了微课与知识可视化的关系。知识可视化在新闻出版中有很多成熟的应用，在微课开发中可以应用知识可视化技术，如概念图表、思维导图、语义网络、视觉隐喻、知识动画等，提升微课的质量和教学效果。

在微课研究过程中，杨宇红撰写了"微课开发的费用标准"；王黛薇撰写了"使用Camtasia Studio制作录屏微课""视频制作软件的使用"；戎颖撰写了"茶艺师职业系列数字课程和教材开发实践"；兰洁撰写了"微课相关概念辨析""知识可视化在新闻媒体中的应用"；张磊撰写了"《食品微生物检验》课程设计"作为微课教学设计中课程设计的样例；张玉波撰写了"讲课类微课制作实践"；吴蓬蓬撰写了"标点符号在微课字幕中的应用"相关内容。参与研究的人员还有王笑一、田佳兴等。

近年来，我们的微课制作实践得到了北京轻工技师学院、北京市工艺美术高级技工学校、北京市工贸技师学院、深圳第二高级技工学校的大力支持。尤其是北京市职业能力建设指导中心积极引导职业院校注重微课资源建设，中心的彭向东、刘锦芳、吴巧荣、付娜娜为微课的课题研究，以及微课的制作、应用和推广，做了大量认真细致的工作。在这里我代表课题组，对参与和支持微课制作、微课研究的同志和单位表示感谢。相信课题成果的出版，是对他们最好的鼓励。

唐圣平

目 录

第一篇　微课的概念和分类　　001

1. 微课的概念　　002
2. 微课相关概念辨析　　012
3. 微课在职业院校的普及情况调查　　027
4. 微课的构成和表现形式　　032
5. 微课的分类　　047
6. 微课和数字化教学资源　　052

第二篇　微课的设计与开发　　059

7. 微课开发流程　　060
8. 微课教学设计　　074
9. 微课脚本写作　　086
10. 技能操作类微课制作实践　　137

11. 实验演示类微课制作实践	148
12. 讲课类微课制作实践	155
13. 录屏类微课制作实践	164
14. 动画类微课制作实践	177
15. 交互式 H5 微课制作实践	199
16. 视频制作软件的使用	208
17. 微课开发的标准和规范	233
18. 微课的评价标准	250

第三篇 微课的应用与探讨 　　　　259

19. 微课的应用场景	260
20. 微课和数字教材	262
21. 微课和知识碎片化	302
22. 微课和知识可视化	313

参考文献和说明　　　　330

第一篇

微课的概念和分类

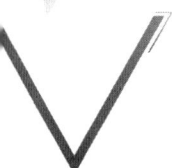

1. 微课的概念

教育领域紧跟新技术发展趋势，在教学中积极应用新技术，不断探索新的教学模式。从早期应用幻灯、投影、电影、电视、闭路电视等电化教育手段来辅助教学，再到计算机普及后，应用计算机技术辅助教学，如今随着网络技术的发展，网络辅助教学再次极大地推动了教学模式的变革。

近年来，随着互联网技术在教学中的应用，教育领域不断创新，推出了各种新的教学模式，如开放课程（Open Course Ware）、微课（Micro-lecture）、慕课（Massive Open Online Courses，MOOC，大规模开放在线课程）等。

移动网络的发展、手持式移动阅读终端的普及，正在进一步改变教学模式和人们的学习习惯，基于微课的教学资源和教材的数字化为移动学习、碎片时间学习、混合学习提供了强有力的支持。

1.1 微课的兴起

目前，桌面计算时代（以个人计算机为代表）正在向掌上计算时代（即移动计算时代，以平板电脑、手机为代表）转变，这一转变带来了"微革命"，也就是以网络技术为支撑的博客、邮件、视频向微博、微信、微视频转变。"微革命"的目的，是充分利用用户的碎片时间，让用户随时随地都可以接触网络应用。网络课程向微课转变，为在线教育、数字教育带来了新的变化。

1.1.1 微课概念的提出

（1）60秒课程

1993年，美国北爱荷华大学的 LeRoy A. McGrew 提出了 60 秒课程[1]

(60-Second Course)的概念，这是微课最早的雏形。这种教学方式是用 1 分钟左右的时间来讲解或说明一个特定主题或知识点。

McGrew 希望在非化学专业的学生以及民众中普及有机化学常识，然而已有的有机化学概论教材篇幅很长，需要花很多精力去学习。因此，McGrew 教授提出 60 秒课程，以期在一些非正式场合，如舞会、搭乘电梯时，为大众普及有机化学常识。他将 60 秒课程设计成三部分：概念引入（General Introduction）、解释（Explanation and Interpretation）、案例（Specific Example），并认为其他领域的专家也可以采用类似的方式向公众普及专业知识。这种 60 秒课程更多地作为正式课程的辅助工具使用。

（2）一分钟演讲

1995 年，英国纳皮尔大学的 T. P. Kee 提出了一分钟演讲（The One Minute Lecture，OML）的概念。Kee 认为学生应当掌握核心概念，以应对快速增长的学科知识与交叉学科的融合，因而提出让学生进行一分钟演讲，并要求演讲要做到精练，具备良好的逻辑结构，且包含一定数量的例子。Kee 认为一分钟演讲在促进学生学习专业知识的同时，能让学生掌握学习材料之间的联系，避免把所学的知识孤立起来，造成对知识的片面理解。

（3）微课

2008 年，美国圣胡安大学学院的 David M. Penrose 正式提出微课的概念。其核心是要求教师把教学内容与教学目标紧密地联系起来，以产生一种"更加聚焦的学习体验"。

1.1.2　学习模式的变革

（1）混合式学习

混合式学习是"一种将面授教学与基于技术媒介的教学相互结合构成的学习环境"。[2]也有学者提出，混合式学习是"在适当的时间，通过应用适当的技术与适当的学习风格相契合，对适当的学习者传递适当的能力，从而取得最优学习效果的学习方式"。[3]

混合式学习，就是不同学习方式和教学要素的相互结合，它借助面授与网络这两种学习模式的优势来重新组织教学资源、实施学习活动，以达到提高教学效率的目标。混合式学习不是信息技术的简单应用和教学形式的简单改变,而是教学理念、教学模式和教学组织方式的综合性变化。[4]

(2) 翻转课堂

翻转课堂(Flipped Classroom)是指一种以课堂面授教学为基础,再利用多种技术工具来实现教学流程管理和重组的教学组织形式。具体来说,就是重新调整课堂内外的教学组织结构和教学分配时间,将学习的主动权从教师转移给学生。在这种教学模式下,在课堂内的有限时间里,学生能够更专注于主动的基于项目的学习,更多地与教师之间进行提问、答疑、讨论、交流,共同研究和解决学习中的重点和难点问题,从而获得对教学内容更深层次的理解。翻转课堂的一个重要特点是教师不再占用课堂的时间来讲授信息,这些信息需要学生在课后自主学习,他们可以看视频(如微课、慕课)、阅读电子书,能在网络上与别的同学讨论,还能在任何时候去查阅需要的资料。[5]

翻转课堂利用丰富的信息化资源,让学生逐渐成为学习的主角。之所以叫翻转课堂,是因为过去的"讲课"已经可以通过授课视频由学生在家里完成,而过去的"家庭作业"却被拿到课堂上完成。

1.1.3 视频公开课

2002年,美国麻省理工学院率先开设公开课。2007年,苹果公司的iTunes U上线之后,公开课显示了惊人的传播效果。到2013年,iTunes U所有的开放课件资源累积下载量达到10亿次。

2011年10月,斯坦福大学的教授Andrew Ng在网络上开设了"机器学习"的MOOC(慕课),超过10万人报名。同时,斯坦福大学的另一名教授Sebastian Thrun开设了"人工智能"的慕课。这两门课程奠定了慕课教学模式的基础。此后,两位教授分别创建了Coursera和Udacity两大慕课平台。

2012年4月,麻省理工学院和哈佛大学成立了非营利性质的edX平台,也加入了慕课行列。清华大学在2013年10月加入edX联盟后,发布了"学堂在线"中文慕课平台。越来越多的中国大学正在推出自己的慕课。

慕课是一种新型网络教学组织形式,是开放教育资源在新的教学设计思想指导下的最新表现形式,其基本特点是免费、在线、开放。

1.1.4 微视频课程

孟加拉裔美国人 Salman Khan 以微视频形式开展课程辅导，这一方式获得了很大成功，他因此成立了可汗学院。可汗学院是一家非营利教育机构，旨在向世界各地的网络学习者提供免费的高品质学习服务。

Salman Khan 采用绘图板（Wacom Bamboo Tablet）、画图软件（Smooth Draw 3）和录屏软件（Camtasia Recorder）制作教学视频，每段视频长度控制在约 10 分钟。视频上传至网络后，点击率一度超过麻省理工学院等名校的开放课程。

可汗学院利用网络的方便快捷与视频可重复利用的特点免费授课，为学生提供教学视频及练习测试题，记录学生完整的练习记录，强调学习过程。可汗学院最大的特色和成功之处在于应用微视频改变传统课程教学体系，使之更适合网络学习，从而提高学生的学习兴趣和学习效率。

TEDEd 是 TED 在 YouTube 上推出的教育领域新频道，播放短于 18 分钟的微视频，它将课程与视频、字幕、交互式问答系统等融为一体，激发人们自主学习的热情。

1.2 微课的发展演变及主要特征

1.2.1 微课定义的发展

随着微课在我国的应用，由最开始的课程资源建设、课程大赛逐渐发展为面对面教学、网络教学服务中不可或缺的教学资源。国内专家学者从多个角度对微课进行了定义，这些定义也随着技术和教学改革的发展而不断变化。尽管定义各有不同，但在这些定义中，微课的本质可以归结为三种：课程、活动、教学资源。

（1）课程

认为微课是一种"课程"，研究者代表有胡铁生、黎加厚、祝智庭等。

凤凰微课认为，微课是一种微小的课程教学应用，以 5~10 分钟甚至更短的时间为单位。它以视频为主要载体，特别适宜与智能手机、平板电脑等移动设备相结合，为大众提供碎片化、移动化的网络学习新体验。

胡铁生[6]认为，微课又名微课程，它是以微型教学视频为主要特征，针对某个学科知识点（如重点、难点、疑点、考点等）或教学环节（如学习活动、主题、实验、任务等）而设计开发的一种情景化、支持多种学习方式的新型在线网络视频课程。

黎加厚[7]认为，微课是指时间在10分钟以内，有明确的教学目标，内容短小，集中说明一个问题的小课程。

祝智庭[8]认为，微课应是一种为适应现代快节奏，适合移动学习、泛在学习、碎片化学习等而围绕某个教学主题精细化设计的讲座，是长度不超过10分钟的内容精、容量小的新型课程形态。

（2）活动

认为微课是一种教学"活动"，研究代表有教育部全国高校教师网络培训中心、教育部教育管理信息中心、张一春等。

教育部全国高校教师网络培训中心认为，微课是以微视频为主要载体，记录教师围绕着某个知识点或教学环节而开展的简短、完整的教学活动过程。

教育部教育管理信息中心在全国多媒体课件大赛活动方案中指出，微课是以视频为主要载体，记录教师围绕学科知识点、疑难问题、实验操作、教学环节等进行的教学过程及相关资源的教学活动。以在线学习或移动学习为目的，展示相对独立的语音或视频式的学习片段，具有多样化的表现形式，如录屏、录像和视频短片等。

张一春[9]认为，微课是指为使学习者自主学习获得最佳效果，经过精心的信息化教学设计，以流媒体形式展示的围绕某个知识点或教学环节开展的简短、完整的教学活动。

（3）教学资源

认为微课是一种"教学资源（或资源包）"，研究者代表有胡铁生、焦建利、郑小军、赵国栋等。

胡铁生[10]认为，微课又名微型课程，是基于学科知识点而构建、生成的新型网络课程资源。微课以"微视频"为核心，包含与教学相配套的"微教案""微练习""微课件""微反思"及"微点评"等支持性和扩展性资源，从而形成一个半结构化、网页化、开放性、情景化的资源动态生成与交互教学应用环境。

焦建利[11]认为，微课是以阐释某一知识点为目标，以短小精悍的在线视频为表现形式，以学习或教学应用为目的的在线教学视频。

郑小军[12]认为，微课是为支持翻转课堂学习、混合式学习、移动学习、碎片化学习等多种学习方式，以短小精悍的微型教学视频为主要载体，针对某个学科知识点或教学环节而精心设计开发的一种情景化、趣味性、可视化的数字化学习资源包。

赵国栋[13]认为，微课是一种基于学科核心知识点设计而成的，以短小教学视频为核心的、具有明确教学环节的结构化和微型化在线课件。

1.2.2 微课的主要特征

从上述定义可以看出，微课具有以下主要特征：

（1）明确了微课主要的媒体形式——视频。几乎所有的定义都说明了微课以视频为主要媒体形式，只是表述有一些区别，如流媒体等。当然，也有学者认为除了视频外，还可以是录音、PPT、文本等形式，并包括学习清单和学习活动的安排等。无论如何，视频都是微课基本的和必要的媒体表现形式。

（2）明确了微课的容量——短小。各定义中都强调了微课的短小精悍，一些定义给出了明确的时间，例如，5~10分钟。微课所包含的容量，主要是以其教学内容体现的，即针对某个知识点或教学环节而设计的资源或者教学活动。

（3）明确了微课的颗粒度——知识点。微课是基于知识点开发的，服务于知识点的教学和学习。

（4）明确了微课的教学方式——涵盖了线上、线下以及线上线下混合教学方式。可以看到，微课这种形式是为了适应碎片化学习、移动学习的需要而产生的，因而其教学方式主要是线下的课堂教学，线上线下混合的翻转课堂，以及线上以自学为主的个性化学习、微学习、泛在学习等。

1.2.3 微课的定义

综合上述多种定义，结合我们微课制作的实践，本书把微课定义为：以阐释某一知识点/技能点为目标，以短小精悍的视频为表现形式，以自主学习或教学应用为目的的数字化教学资源。

该定义强调微课具有以下内涵和特征：

（1）以视频为表现形式。

（2）短小精悍，一般不超过10分钟。

（3）对应一个知识点，也可以是技能点。

（4）以自主学习或教学应用为目的，解决教学中的重点或难点。

（5）着眼于教学，有完整的教学过程，如教学设计、教学活动、辅导和练习、思考和应用等。

（6）教学资源的一种形态，它主要是在线的。当然作为一种资源，它也可以用于线下的课堂教学。

从微课的定义和基本特征可以看出，微课服务于教学，强调与知识点或技能点的对应，重视教学设计和教学过程，可以作为一种教学资源来辅助教学活动的开展，为自主学习提供支持。

1.3 微课与教学研究

1.3.1 微课相关资源

目前，国内各大高校、职业院校等都在鼓励教师积极开发微课。微课成为教学研究、教学资源开发的一个方向。教育部、相关教育和培训行政部门积极组织微课大赛，推动微课的开发和应用。一大批微课网站也建立起来，围绕微课开发提供资源和支持。这里介绍几个知名的微课网站。

（1）微课网（www.vko.cn）

微课网（见图1-1）专注于初高中教育，学科涉及全部初高中阶段的课程，有语文、数学、英语、物理、化学、生物、历史、地理、政治，教师讲授类别有知识模块、考题解析、同步教材、冲刺专题、年级套餐。

（2）浙江微课网（wk.zjer.cn）

浙江微课网（见图1-2）是浙江省教育技术中心的微课推广网站，除了提供教育类课程的微课作品，还举办微课大赛，介绍如何制作微课。

图 1-1 微课网

图 1-2 浙江微课网

（3）全国高校微课教学平台（weike.enetedu.com）

全国高校微课教学平台（原全国高校微课教学比赛网，见图 1-3）由教育部全国高校教师网络培训中心主办，提供作品展示（见图 1-4）、比赛指南等。其中，比赛指南中对作品、视频等做出了规范化的要求，列出了相关的

图 1-3 全国高校微课教学比赛网

图 1-4　参赛作品展示

技术参数。这些在微课制作中都可以参考和借鉴。

1.3.2　微课相关的教学研究增多

在中国知网（CNKI）上，以"微课"为关键词，检索到的各年度论文数量见表 1-1。

表 1-1　CNKI 以"微课"为关键词检索到的论文数量

年度	2012 年	2013 年	2014 年	2015 年	2016 年	2017 年	2018 年
论文数量/篇	4	95	720	2 484	4 227	4 386	6 509

从表 1-1 中的数据可以看出，国内学者对于微课的研究起始于 2012 年。通过 3 年的宣传和推广，到 2015 年微课的相关论文数量急剧增多，此后连年上升，说明国内学者对于微课的研究达到并保持了较高的热度。

1.3.3　微课大赛对微课推广的促进作用

2012 年 9 月，教育部教育管理信息中心组织了第一届中国微课大赛，评选活动以全国中小学教师为主。2018 年 1 月至 7 月举办了第四届中国微课大赛，活动平台为中国微课网（dasai.cnweike.cn）。

2012 年 12 月，教育部全国高校教师网络培训中心正式启动了"首届全国高校微课教学比赛"，共有 1 600 多所高校的 12 000 多名教师参与比赛。这次比赛将微课概念推向全国。

在中国职业技术教育学会信息化工作委员会举办的 2015 年全国职业院校

教师微课大赛中,来自全国各地的 1 200 余所职业院校的参赛选手共提交微课作品 2 600 余件。

人力资源社会保障部教材办公室自 2015 年 4 月开始定期组织微课教学比赛,根据不同学科的特点,对比赛进行分组,例如,德育、公共课、专业课等,分别进行微课的评选。

各类微课大赛的举办使得微课得到广泛推广,各类院校在教学中更加注重微课的研究和应用。

微课样例
《Photoshop 平面设计与制作
——祛除斑点》

2. 微课相关概念辨析

在微课发展的过程中，出现了很多与微课相关的概念。为了使本书中微课的概念更加清晰，这里对微视频、短视频、教学微视频、视频课、微课程、慕课等视频资源的概念进行简要辨析。

2.1 概念辨析的维度

为了更好地对上述概念进行辨别和分析，这里建立了以下 8 个维度。

（1）资源题材

题材是指视频资源涉及的主题。微视频、短视频的题材很广泛，可以是新闻、资讯、娱乐、教学等，但是就教学微视频、视频课、微课、微课程、慕课的题材而言，一般都是紧紧围绕教学，与学科或课程相关。

（2）表现形式

微视频、短视频、教学微视频、视频课、微课程、慕课等都是以视频为表现形式。

（3）颗粒度

颗粒度是指资源的大小，以及包含知识点的多少。例如，微课往往对应一个知识点，是碎片化的教学资源，而视频课则以课时为单位，对应一个教学单元，是整体化的教学资源。

（4）视频资源时长

视频资源时长是指视频的时间长度。越是碎片化的视频资源，其时长就越短；而越是整体化的视频资源，其时长就越长。

（5）开发方式

开发方式是指资源是通过何种方式拍摄和制作的。有的资源利用专业拍摄设备、多机位拍摄，经过专业的剪辑和后期制作，如微课；有的则使用手机拍摄，剪辑和后期制作依赖平台提供的简易工具，如短视频。

（6）发布媒介

发布媒介是指资源以何种媒体形式，通过哪个平台或终端发布。发布媒介包括电视、互联网、移动通信等。

（7）应用方式

应用方式是指这些资源如何被应用。例如，有的资源服务于课堂教学，有的服务于混合学习或自主学习。

（8）核心特点

核心特点是指资源的本质。例如，微课的本质是服务于教学，微视频的本质之一是娱乐化，短视频的本质之一是社交。

2.2 微课和微视频

2.2.1 微视频的定义

目前，国内对微视频概念的界定主要有以下两种。

第一种是优酷网总裁古永锵曾给出的解释[14]："微视频是指短则 30 秒，长则不超过 20 分钟，内容广泛，视频形态多样，涵盖小电影、纪录短片、DV（数字视频，Digital Video）短片、广告片段等，可通过多种视频终端摄录或播放的视频短片的统称。'短、快、精'、大众参与性、随时、随地、随意性是微视频的最大特点。"

第二种是第一视频集团董事局主席张力军的解释[15]："微视频是指播放时长介于 3~5 分钟的视频，兼顾新闻性、评论性与娱乐性，且更加方便在多媒体融合时代，满足网民使用互联网、手机、移动终端多种形式观看节目的需求。"

从这两个定义来看，微视频的时长短、题材类型多，可用多种设备摄录并在互联网播出，是一种大众传播媒介。

2.2.2 微视频的兴起和发展

微视频满足了人们对于碎片化时间的利用，这是其兴起的直接原因。美国的 YouTube 创办于 2005 年，是微视频行业的"领头羊"。YouTube 的成功起到了示范引领作用，随后我国微视频网站纷纷成立，有代表性的微视频网站有土豆网、优酷网、悠视网等。

2007 年 1 月 9 日，优酷网上出现了一部名为《两个傻子的爱情故事》的短片，是由网名为"舞铭指"的用户拍摄的，该片在不到两天的时间里点击量就接近 40 万人次。它标志着我国微视频时代的到来，从此微视频成为一种全新的、流行的平民娱乐方式。

2.2.3 微视频的特点

微视频是反映特定主题、传播一定信息的视频片段，根据内容题材可以分为新闻资讯、体育娱乐、动漫游戏、时尚社交、美食旅游、电影电视、搞笑幽默、日常生活、教育培训等几大类。

微视频具有以下特点：

（1）互动性

微视频的发布平台允许观看者发表评论，在观看者之间或者观看者与发布者之间进行互动和交流。尤其是弹幕这种交互形式，观看者的反馈直接在视频上流动，为评论和交互提供了一种新颖的表现形式。

（2）娱乐性

微视频可以服务于教育培训，但更多的是提供轻松有趣的娱乐内容，如音乐、明星、旅游、动物等。微视频已成为人们分享信息、分享快乐的重要方式，能为大众解除心理负担，缓解精神压力。

（3）快餐性

现代社会人们的生活节奏日益加快，于是诞生了各种各样的"快餐文化"，微视频的"短、快、精"，及其随时、随地、随意性正是在这样的背景下产生的。微视频制作与发布的低门槛，使得更多的人能够参与视频制作和分享，正好契合了快餐文化的特征。

（4）非权威性

微视频在网络上传播，与电视节目不同。相对于电视节目有一整套接受过专业培训、素质良好的制作团队，微视频的制作者分散、水平参差不齐，节目的上传仅仅代表个人行为，因而不具有权威性。

2.2.4 教育培训类微视频样例分析

前面已经介绍了微视频的题材非常丰富，可以有多种题材类型，其中有一类是教育培训类微视频。下面具体分析两个教育培训类的微视频。

（1）新航道"60秒学英语"之"毕业临近offer非你莫属"

这是一段知识学习类微视频，如图2-1所示。这段微视频由片头、对话、复习三部分构成，可以访问优酷，通过检索来观看。

图2-1　60秒学英语

片头约10秒，由两个主讲老师（一名中国人一名外国人组合）的出镜构成。

对话是微视频的主体，对话的主题是找工作。对话中关于找工作的几个词语是：job hunting season（求职季），a decent job（体面的工作），interview（面试），break a leg（加油，好运）。通过两人的对话及演绎，将这几个词语的用法通俗易懂地介绍给观众。

复习作为片尾，约7秒，将词语显示在黑板上，供观众阅读加深记忆。

该微视频以活泼的对话形式，将找工作中的常用对话介绍给观众，起到了教育和培训的目的。

（2）几分钟网"如何在电梯下坠时自救"

这是一段技能培训类视频，如图2-2所示。这段视频由片头、提出问题、操作演示、知识延伸、片尾五部分构成，可以访问几分钟网，通过搜索来观看。

图 2-2　如何在电梯下坠时自救

片头只有 2 秒，是几分钟网 Logo 的简单动画展示。

提出问题约 20 秒，提出"电梯下坠怎么办？"这个问题。

操作演示，分步骤进行，演示步骤 1、步骤 2、步骤 3。

知识延伸，约 12 秒，介绍世界上最高的电梯。

片尾，与片头相同。

这段微视频在相应的位置加了字幕，起补充说明和提示的作用。

这段视频只有 71 秒，但完整地介绍并演示了电梯下坠时的自救操作，能起到很好的培训效果。

从上述两个教育培训类微视频的分析可以看出，此类微视频的特点是：

短——时长只有 1 分钟或几分钟。

精——围绕主题，组织视频内容。

全——同长视频一样，不仅有片头、片尾，还有字幕。

2.2.5　微课和微视频的关系

在移动通信时代，正是因为移动终端的普及，人们的阅读时间日益碎片化，产生了微博、微电影、微讲座等一系列"微"文化，而微课也因此应运而生。

微课在表现形式上与微视频很像，尤其是与教育培训类微视频近似，都服务于教育培训。微课是围绕一个知识点或者技能点而开发的教学资源，以微视频为表现形式，但又不等同于微视频。从教学的角度来看，相对于微视频，微课有完整的教学设计，并有互动环节、教学活动、教学评价和教学支持服务等。

2.3 微课和短视频[16]

2.3.1 短视频的定义

短视频的定义有以下几种：

其一，短视频是一种视频长度以秒计数，主要依托于移动智能终端实现快速拍摄与美化编辑，可在社交媒体平台上实时分享和无缝对接的一种新型视频形式。[17]

其二，短视频的长度一般在30秒到5分钟，虽然时间很短，但向观众呈现的必须是一个完整的叙事，在短短的几分钟之内能够将其中心观点叙述清楚，是浓缩的精华，专业人员和普通百姓都可以参与，内容广泛，可以是幽默搞怪，可以是突发事件，也可以是娱乐快讯等。短视频具有"短、精、趣"等特点。[18]

其三，短视频是"通过短视频设备和平台拍摄、编辑、上传、播放、分享、互动，视频形态涵盖记录短片、数码摄像机（简称DV）短片、视频剪辑、微电影、广告片等视频短片的统称"。[19]

其四，短视频"融合文字、语音和视频，可以更加直观、立体地满足用户的表达、沟通需求，满足人们之间展示及分享的诉求"。[20]

根据上述短视频的定义，可以看到短视频具有以下特点：一是时长短；二是题材广泛；三是主要应用移动终端拍摄和制作；四是主要在专门的短视频播放平台播放。

2.3.2 短视频的兴起和发展

短视频行业从2012年发展至今，共经历了以下三个发展阶段[21]：

（1）工具创业期

2012—2014年，三大短视频分享工具——微视、秒拍、美拍相继出现，短视频从无到有开始发展，在内容上以时长数秒的低质量内容为主。

（2）产业转型期

2014—2015年，4G牌照的发放使短视频的市场环境得以优化，但网络流量费用仍然较高。2014年被称为"中国移动短视频元年"。

（3）内容爆发期

2015—2016年，短视频应用发展迅速，分发渠道开始多元化，内容生产价值显现。

目前国内有40多个短视频分发渠道，集中在2011—2016年上线，如快手、秒拍、有料、小影、腾讯微视、魔力盒、彩视、迅雷影音、美拍等。

自2015年开始，垂直短视频App的数量开始呈现爆发式的增长，2015—2016年先后上线了趣蛙视频、小咖秀、开眼、逗拍、小红唇、火山小视频、快更视频、梨视频、八角星等多款短视频App。

2017年3月秒拍的原创榜单中，"关爱八卦成长协会"以月5.3亿次播放夺得冠军，相比2016年10月榜首2.39亿次的播放量增长了1倍多。排名前50位播放量的门槛也已从2016年10月的2 800万次，上升到2017年3月的4 664万次。

截至2017年1月，短视频App的用户规模达到1.31亿。毫无疑问，短视频已经成为一个巨大的流量入口，同时也催生了一种新的文娱内容形式。

2.3.3 短视频和微视频的关系

短视频和微视频很像，这是因为短视频是在微视频的基础上产生的，都是在网络上广受欢迎的视频短片。

微视频起源于2005年，它是互联网的产物，起初人们观看微视频主要还是通过计算机和互联网。而短视频是伴随着移动通信的普及和社交网络的成熟而发展的，众多社交媒体的涌现，尤其是微信等即时通信类社交应用的普及，推动短视频行业获得了突飞猛进的发展。

微视频的发布者和观看者可以通过发布平台进行沟通和交流，但短视频更加注重用户表达和交流互动，移动终端的普及使得人们之间的互动更加即时和便捷。

通过社交媒体，观看者可以将自己喜欢的短视频转发、分享，从而使得好的短视频获得更加迅速和广泛的推广。获得高转发的短视频类型主要有生活类、搞笑类、娱乐类,这三类短视频获得的转发量占80%左右[22]。

正是由于社交媒体日益强大的影响力,使得短视频当前处于风口浪尖,这也正是以抖音为代表的短视频社交软件获得迅速发展的原因。

2.3.4 短视频的兴起对微课的影响

一是为微课制作提供了更多的素材。短视频的兴起,让大量具备知识传播功能的微视频或者短视频被生产出来,上传至短视频平台,提供了丰富的教学微视频资源,为微课制作提供了大量的素材。

二是为微课制作提供了简单易用的工具。短视频的兴起,使得有关微视频和短视频的开发工具不断丰富,更加简单易用,只用手机就可以完成教学微视频的拍摄和剪辑,更多教师加入到微课开发和制作的队伍中。

三是为微课的发布提供了更多的平台和及时的反馈。随着微视频、短视频的兴起,涌现出大量的微视频、短视频平台,为人们发布微课形式的教学微视频资源提供了除专业微课平台之外的公共平台。这些短视频平台拥有大量的用户,使得微课介绍知识和技能的内容传播更为广泛,同时大量的用户也能给微课制作者提供及时的反馈。

四是促进了微课制作水平的提高。大量开发团队投入制作微视频和短视频,这其中有许多专业团队策划制作的质量较高的教学微视频,如视知TV制作的车学堂等系列知识传播的短视频,具备了教学微视频的特点,可以用于微课教学。这些教学微视频设计严谨,开发专业,具有较高的质量,比一般教师自行录制的微课质量高很多。专业团队的加入,从某种程度上提高了微课的制作水平。

2.3.5 微课和微视频、短视频的比较

表2-1对微视频、短视频和微课进行了比较,三者的主要区别在于发布媒介和应用方式。

表 2-1　　　　　　　　微视频、短视频和微课的比较

对比维度	微视频	短视频	微课
资源题材	微电影、纪录短片、DV短片、广告片段、技能分享、知识分享、搞笑娱乐	新闻资讯、技能分享、知识分享、搞笑娱乐	教育培训（知识讲授、实验操作、技能演示、技能训练、教学活动、录屏）
表现形式	视频	视频	视频
颗粒度	特定主题	特定主题	知识点
资源时长	30秒~20分钟	30秒~5分钟	3~10分钟
拍摄设备	各种设备均可，专业摄像机、家用摄像机、智能手机等	以智能手机为主，也有专业摄像机等	各种设备均可，专业摄像机、家用摄像机、智能手机等
拍摄团队	专业视频制作团队或业余视频制作爱好者	普通用户为主，也有专业视频制作团队	教师自主拍摄，或由教师主导，与专业视频制作团队合作
制作剪辑	主要应用专业软件和专业化手法进行剪辑	可以应用平台提供的简单功能完成剪辑，也可由专业团队应用专业软件完成剪辑	主要应用专业软件和专业化手法进行剪辑
制作成本	专业制作成本较高，业余制作成本不高	一般较低，但专业团队制作成本较高	专业制作成本较高，教师自主制作成本不高
发布媒介	电视、网络平台等	以专业的短视频平台为主	学习平台、资源库
应用方式	娱乐、传播知识和信息	除娱乐、传播知识和信息外，最重要的是交流分享	服务教学或混合学习、自主学习
核心特点	娱乐	社交	教学

2.4　微课和微课程

2.4.1　教学视频

教学视频的发展大致经历了以下三个阶段。

第一个阶段为远程教育阶段。此阶段主要采用电视作为接收装置，学员直接在电视上观看现场直播的教学内容或者录制好的教学视频，其长度大多按照学校的课时长度设置，以教师讲课方式为主。

其后也产生了一些教学片，载体是录像带和光盘。这种教学片内容更加丰富，除了教师讲课外，增加了实验或者技能演示等。

第二个阶段为网络教学视频阶段。互联网技术的发展使得人们可以在网络上观看视频，教学视频作为一种视频资源也被搬上网络，供用户观看、学习，还有专门的教学网站，开展在线的视频课程学习。视频课一般按照课时设计，主要还是教师讲解的方式。有的网络教学采用三分屏的模式，也就是教师讲课场景和PPT分开的视频模式。这个阶段也产生了比较专业的在线学习平台（E-learning），具备了记录学习进度、评价学习效果等功能。

第三个阶段为教学微视频阶段。随着视频逐步"微"化，视频长度逐渐变短，教学内容设计不再按照课堂教学来设计，而是以一个知识点或者技能点为主，长度在10分钟以内，甚至在5分钟之内。这一阶段也产生了大量的学习平台，如可汗学院等。有些学习平台提供单独的教学微视频，微视频与微视频之间没有内容或者学习顺序的关联，学习者随自己兴趣爱好选择学习内容。也有的学习平台把有关联的一系列教学微视频组装成一门相对比较完整的课程。同时，在课程中还设置一些测验练习等检验学习效果的环节，整个平台具备分发学习资料、记录学习进度、评价学习效果的作用。

教学视频样例
《社会工作者
——社会工作法规与政策》

2.4.2 微课和教学微视频

教学微视频是由教学视频发展而来的。郝银华认为具有教育意义的微视频都可以称为微型教学视频，时长基本在10分钟左右，不超过20分钟。[23]王觅认为，相对于传统教学视频，教学微视频所呈现的知识内容高度浓缩，学习时间也比较短，很符合微型学习的条件。[24]

教学微视频作为教育教学使用，支持微型化和碎片化学习，围绕一个知识点或者技能点构建内容，其特点如下：

一是容量小，播放时间短。

二是内容精练，在有限的时间里围绕某个知识点或技能点进行讲解，内容高度精练，无冗余。

三是完整性，对一个知识点或技能点进行相对完整的构建。

四是应用场景广泛，适合碎片化学习和泛在学习，既可作为微课或微课程的主要部分，也可以用于课堂教学或者移动学习等。

从教学微视频的特点可以看出，从某种程度上来说，微课与教学微视频是统一的。教学微视频是微课的核心内容，微课以教学微视频为表现形式。

2.4.3 微课程

郑小军和张霞提出了微课程的定义："如果能按照一定的顺序和原则，将某个专题、某门课程的核心知识点依次列出，围绕这些核心知识点创作一个专题、一门课程的系列微课，那么孤立的微课就能被关联化和体系化。一个专题、一门课程的系列微课称为微课程。因此，微课不等于微课程，微课程由一系列紧密关联的微课构成。"[25]

从上述定义可以看出，微课是针对一个知识点或者教学活动而设计开发的孤立的教学内容或者资源，而微课程是由一系列有机联系的微课构成的。下面从三个方面来分析微课与微课程的区别和联系：

（1）从学习内容上来看

从学习内容上来看，微课包含一个知识点或者技能点的内容，而微课程要包含围绕一个教学目标而设置的所有知识点或技能点的多个微课，包含微视频资源、练习、评测等。同时，微课程中每个微课的设置是有先后顺序的，先学习哪些微课后学习哪些微课要符合教学规律和认知规律。

例如，可汗学院就是采用微课程的方式进行教学的。可汗学院的课程设置中，每个科目下设有若干门课程，每个课程由若干个单元组成，每个单元由若干主干知识点构成，每个知识点配套了多个微视频资源和微测试。

（2）从教学方式上来看

在面对面教学与远程教学方式下，都可以应用微课和微课程进行教学，微课和微课程都支持课堂教学、混合式学习、翻转课堂、泛在学习等多种教学或学习方式，但两者在应用方面还有一些差异。微课更适合于课堂教学或者有教学组织者（教师）开展的教学方式，尤其是在混合式教学、翻转课堂的学习方式下，微课可以配合教学组织者，在教学中取得良好的效果。

微课程虽然也可以配合教学组织者使用，但由于每个教学组织者的教学习惯不同，因而只是单独选择需要应用的微课，而不会整个微课程都使用。在这种情况下，微课就显得比较灵活、适用，而微课程的体系化、系列化优势得不到发挥。微课程在在线学习方式或者自学学习方式下，就有很大的优势，其体系化和系列化方式可以使得学习者自主学习，独立完成学习任务，而不需要教学组织者组织教学活动，整体教学活动都可以在网上完成。

（3）从开发设计上来看

微课的开发设计以教学微视频的开发设计为主要内容，同时辅以一定的教学辅助资源以及教学活动的设计，在设计时要综合考虑微视频、课件、教学设计单、学习指导单、测试题与辅助资源六大要素，而且设计过程还应注重从学习者的角度思考知识点内容，以问题为引导，逐步培养学习者发现与解决问题的能力和创新批判的精神。[26]

微课程的开发设计也要考虑到上述六大要素，尤其是课程中微课的开发要按照上述六大要素开发。但更重要的是，要考虑课程体系的安排与搭建，这就需要对课程内容进行碎片化，然后再将这些碎片化的知识点按照教学规律进行排列和安排，使之成为合理的课程体系。因而在微课程开发时，要先进行微课程设计，即知识体系设计，然后在开发具体微课时再进行详细设计。

微课程的知识体系设计一般可以形成知识地图，即以知识地图的形式可视化展示，便于分析学习者的学习情况，如知识点掌握情况、是否可以继续学习下一知识点等。

微课程在设计时要充分考虑云计算和大数据[27]，例如记录学习行为，对学习记录进行分析，优化学习路径等，这些都是微课程平台可以实现的功能。

2.5 微课和慕课

2.5.1 慕课的定义

慕课是一种免费开放给学习者的在线网络课程，有开课时间和结业时间，学习者完成作业并通过结业考试后，可以获得由课程方提供的证书。

从慕课的概念来看，慕课是一种在线学习方式或者教学方式，并不是单独的课程资源或者静态化的教学资源，可以说反映了教学过程。根据前文众多学者对微课的定义来看，微课可以是一种教学资源或教学资源包，也可以是一种教学过程，但并不是一种特殊的教学方式或者学习方式。

2.5.2 微课和慕课的区别

下面我们从教学资源、教学内容和教学方式三个方面辨析微课和慕课。

（1）从教学资源角度来看

从教学资源的角度来看，微课是围绕一个知识点设计和开发的资源，一个知识点可以设计成多种形式的资源，每个资源时长在 3~10 分钟。而慕课是一门课程，由一系列教学视频构成，教学视频的形式基本上是老师讲课的形式，而且每节课的时长在 10~20 分钟。二者的具体区别见表 2-2。

表 2-2　　　　　　　从教学资源角度对比微课和慕课

对比项目	微课	慕课
资源构成	以教学微视频为主的围绕一个知识点或技能点在教学中用到的多种资源组成的学习资源包，可以包括微教案、微课件、微练习、微反思、微点评	围绕一门课程，由若干课时教学视频组成，同时提供讲义、PPT 课件、在线作业、答疑等多种教学资源
表现形式	以教学微视频为主，有讲课视频、动画、PPT、音频、游戏等多种形式	以传统讲课方式为主的教学视频课程，也提供讲义、PPT 课件、在线作业、答疑等
资源时长	每段教学微视频短小精悍，在 3~10 分钟	每段教学视频时长在 10~20 分钟
资源大小	较小，几兆字节至几十兆字节	较大，根据课程内容确定，无容量限制
资源数量	少，围绕一个知识点或技能点的资源	多，按照课程设置，由若干课时教学视频、在线作业、PPT 课件、讲义等组成

（2）从教学内容角度来看

从教学内容的角度来看，微课围绕一个知识点或者技能点构建，是独立的、单个的，不具备连贯性。而慕课是围绕一门课程的完整的教学内容，具备系统性、完整性，尤其还具备一门课程的考核测评等相关功能。当然，如果是一系列连贯的微课构成的微课程，微课之间也有一定的连贯性，同时，也具备一定的系统性和完整性，看似和慕课有点相近，但是在课程的视频长度、视频呈现方式上有较大的差异。

慕课几乎是完全的在线学习方式，还会有一些教学活动需要学生在线下完成，但要将作业在线上提交。而微课虽然包含了围绕这一知识点的所有教学内容，但并不包含多个知识点的综合性作业和测评。[28]

（3）从教学方式角度来看

从教学方式的角度来看，微课既可以在线下也可以在线上完成教学和学习。对于线下教学来说，学生可以在线上观看微课视频也可以在课堂中观看微课视频，教师组织学生对微课视频进行讨论。对于线上微课教学来说，主要是学生看视频进行学习，也会有测评环节，但是学习时间、学习进度由学生自主控制，并无时间要求，也不会颁发学习证书。

而慕课都是在线课程，一般由高等院校或者相关教师开设课程，有严格的开课时间和结课时间，完成了课程学习并通过测评可以得到有关课程平台或者开课学校颁发的结业证书，甚至授予学分。从教学方式角度来看，微课与慕课的主要区别见表2-3。

表2-3　　　　从教学方式角度对比微课和慕课

对比项目	微课	慕课
教学环境	线上、线下或者线上线下混合式	线上教学
课程周期	微课教学视频一般在10分钟之内，课程完成时间没有明确规定	一般为4~16周，部分课程可自由安排学习时间
教学组织	单节微课包含了教学组织的所有环节，如教学资源、测试、互动等，但是这些环节可以在线下完成，并非必须在线上完成；连续微课无固定教学时间，由学生自主完成学习；学习后不颁发证书	教学组织严密，有开课时间和结课时间，授课视频、参考资料、各阶段练习、作业、讨论、考核一应俱全，与在校上课几乎一致，只是在线上完成实际课堂需要完成的内容；学习完成并通过考核后提供学习证书，甚至获得学分

续表

对比项目	微课	慕课
教学组织者	任何人	一般为高校或者教学机构
教学团队	任何人都可以	国内外名校名师、部分普通院校的优秀课程主讲教师
学习效果	学习体验好，传统课堂与教师组织有很大关系；网络课堂（如可汗学院），有较好效果，但需要学生坚持长期学习	学习体验好，但要完成整门课程比较难，各大慕科网站课程完成率不高
平台功能	微课平台功能不一致。可汗学院功能比较全，具备系列课程学习、评价、记录的功能，而其他课程平台只具备微课上传、收费、学习的功能，不具备讨论、测试等环节	具备讨论、学习记录、考核等完整功能的学习平台，如 edX、Coursera、Udacity、学堂在线等

3. 微课在职业院校的普及情况调查

互联网技术的创新，给教育界带来了新的教学模式，一对一学习、移动学习、混合学习等模式在教学改革中不断应用和推广，微课、慕课、翻转课堂、电子书包、数字教材等已经成为教育教学改革实践研究的热点领域。在数字化教学资源开发方面，微课已经成为教学资源建设的重要方向。各级教育行政部门、教育研究机构、高等院校和职业院校、中小学、资源开发企业和出版机构等纷纷加入微课资源建设和研究应用的行列。教育部门在全国范围内开展的多次微课大赛，有力地推动了微课在教学活动中的普及和应用。

职业院校注重职业技能的培养，注重知识和技能的结合，微课基于知识点和技能点来开发数字化资源，很好地适应了技能培训的特点，有助于学生理解知识、掌握技能。因此，各类职业院校都越来越重视基于微课的数字化资源开发。

为了了解职业院校的微课资源建设和应用的实际情况，我们对北京、广东、河南的 5 所职业院校进行了小规模的问卷调查。通过问卷调查，我们了解了职业院校教师对微课的认识、职业院校微课资源开发的现状，为基于微课的数字化资源建设工作奠定了基础。

3.1 调查问卷的设计

2015 年 5 月，我们完成了"微课资源开发和应用调查问卷"。问卷共设计了 30 个问题，目的是了解 5 方面的内容。

3.1.1 职业院校教师的基本情况

5 个选择题用于了解教师的性别、教龄、学历、教育阶段、任教科目，其中，任教科目题中有开放选项，用于了解教师的具体任教科目。

3.1.2 职业院校教师对微课的认识

5个选择题用于了解教师对微课的认知程度，包括接触微课的时间长短、微课的特点、时长等。其中，微课的特点题中留有开放选项，教师可以填写自己所认为的微课特点。

3.1.3 职业院校教师对微课的参与程度

5个选择题用于了解教师是否在教学中使用微课，是否参与过微课制作，哪种课程更适合使用微课，微课的定位，是否参加过微课大赛。

3.1.4 职业院校教师参与微课制作的情况

10个选择题用于了解教师是否亲手制作微课、制作微课的起因、制作的微课使用了哪些表现方式、微课的核心内容、微课的类型、微课的开发环节、微课制作中存在的问题等。

3.1.5 职业院校对微课的应用情况

4个选择题用于了解院校对微课的态度、微课的使用方式、微课的发展前景。

1个开放题，让教师分享在微课制作中的经验。

3.2 问卷调查的结论

2015年6月，我们与5所职业院校分管教学工作的管理人员进行了电话联系和沟通，了解这5所院校参与微课开发和制作的基本情况；通过电子邮件发送调查问卷，就问卷调查内容征求意见，并就问卷调查的目的、要求、注意事项等进行沟通。根据5所院校的反馈意见，我们对调查问卷进行了适当调整。然后正式下发调查问卷，由教学管理人员组织院校相关教师参与调查。

通过回收调查问卷，并整理分析数据，得出以下结论。

3.2.1 微课概念已经普及

从问卷调查结果来看，有以下三个特点。

首先，微课概念在职业院校已经普及，各职业院校的教师都在积极开发和应用微课资源。微课正在成为职业院校教学改革、教学研究和体现教学成果的重要方向，是教育数字化的一个重要途径和主要抓手。从不同地区的院校来看，地区差异客观存在，经济发达地区对微课的开发和应用走在了前列。

其次，微课在职业教育领域有着很好的发展前景。职业教育强调知识与技能的结合，强调职业能力的培养，而基于知识点和技能点的数字化微课资源，尤其是操作演示、动手实验等方面的微课，对于提升教学质量、促进能力培养有非常好的效果。

最后，基于微课的数字化资源开发正在兴起。由于微课基于知识点和技能点，一个微课可以解决一个教学难点或重点，可以很方便地在教学中进行利用。同时，根据职业教育和职业培训课程的特点，可以依据课程的知识体系和技能体系，成系列、有规划地开发微课相关的数字化资源。这样开发的微课资源，穿插教师的课堂教学、操作实验、实时辅导，可以灵活组织，丰富教学形式，提升教学效果。

3.2.2 微视频是当前微课资源最主要的表现形式

从问卷调查结果来看，微视频（5~10分钟）是当前微课资源最主要的表现形式。微视频可以清晰地展现知识点，演示操作步骤，能够很好地起到辅助教学、帮助学生理解重点和难点的作用。但是也应看到，仅采取微视频这一种表现形式，使得微课的形式相对单一。微视频在使用的过程中，与用户的交互方式只有点击播放、暂停等，无法提供与用户的深层次交互，只能在一定程度上调动学生的学习积极性。

而基于微视频，以及其他多媒体资源，可以制作出数字教材、交互视频等多种不同形式的数字化教学资源。在基于微课开发微视频资源的同时，还要研究其他技术手段，为未来的升级和转换打下基础。

但不管未来的交互方式如何变化，基于微课开发的微视频，都是构成数字化教学资源的重要基础，是其中最重要的多媒体表现形式。

3.2.3 教师自主制作较高质量的微课还具有一定的难度

从问卷调查结果来看，微课制作对教师来说还是一个新领域，需要对教师进行引导、培训，鼓励教师积极尝试。教师对于微课选题、知识体系或技能体系、教学设计等领域比较擅长，能够比较自主地进行尝试。但对于视频拍摄、微课多种表现形式的运用等，较为欠缺。尤其是在视频编辑技巧方面，如对画面的效果、转场、动画等方面技术的掌握，与视频专业人员存在较大差距。这是由于教师在视频编辑方面缺乏专业训练，对于镜头语言、画面效果等缺乏认识的缘故。解决这个问题的方法，一是经常观看优秀微课视频，发现和体会自己存在的差距；二是不断实践，通过实践来尝试各种表现手法，在实践中提升制作水平；三是与专业团队合作，通过合作的方式，在与专业人员的沟通交流过程中不断学习，运用所学的技巧提高微课的制作水平。

3.2.4 微课制作的系统化、规范化、标准化有待加强

从问卷调查结果来看，目前各职业院校对于微课的制作和应用还多处于尝试阶段，微课制作还做不到标准化、规范化、系统化。其原因一是职业院校在微课资源开发上的投入还比较有限，微课开发刚刚起步，很少有职业院校能够做到有组织、有计划地进行微课资源开发；二是职业院校在微课资源开发中，更多地强调资源开发的成果，而没有关注流程的规范化、设计的标准化等。因此，为了促进微课资源开发的良性发展，更好地服务于职业院校教师的资源开发工作，为教师的资源开发提供支持，需要有专门机构来组织和引导。

为使职业院校的微课资源开发走上规范化发展道路，专门机构要完成以下三方面的工作。

一是建立微课资源开发的标准化流程。组织相关专家，从专业和课程设计出发，制定课程设计标准、知识体系和技能体系设计标准、微课选题及其策划标准、微课脚本写作标准等。

二是制定资源收集、视频拍摄和制作的规范。从微课的教学 PPT 出发，到完成微课开发的素材资源准备，再到视频拍摄过程中的相关环节，制定一系列的规范，要求教师在微课资源开发过程中遵照执行。在视频制作方面，提供通用的制作模板和案例，降低教师在视频制作上的难度。让教师将微课制作的重心放在微课教学设计、资源和素材准备阶段。

三是提供技术服务。由专门机构定期对教师开展培训，交流微课开发的

经验，解决教师在微课开发中遇到的问题。

3.2.5 微课资源的应用模式比较单一

从问卷调查结果来看，目前大多数职业院校对于微课资源开发持正面和积极态度。但在微课资源的应用上，还没有形成鼓励微课应用的风气。已经开发的微课，大多还是由教师在教学中自主决定如何使用。目前职业院校很少有相应的微课程教学平台可以上传微课供学生开展学习，并保存学生的学习记录。

目前，职业院校教师花费精力制作的微课资源，如果只是在教学中自主使用，没有平台的推广和应用，不能分享和交流，就不能充分发挥微课资源应用的效用。

4. 微课的构成和表现形式

教育部全国高校教师网络培训中心、高等职业技术教育研究会于 2015 年 4 月联合举办了全国高校（高职高专）第二届微课教学比赛。参赛作品在网上（http://weike.enetedu.com/zuopin.asp）进行展示，并设专栏供教学和研究人员进行交流和评价。

4.1 典型参赛微课分析

我们从全国高校（高职高专）第二届微课教学比赛参赛作品中选取了一批典型的参赛微课进行分析。通过分析，有助于了解目前微课的主要表现形式，以及微课的教学设计、制作方法等。

4.1.1 《What are Shakespearean Sonnets？——揭开莎士比亚十四行诗的神秘面纱》[29]

（1）基本信息

所属课程：英国文学

主讲教师：沈阳工业大学　尚菲菲

微课时长：10 分钟

（2）微课内容

莎士比亚十四行诗是英国著名文学作品。本微课从学生的认知角度出发，利用动画、类比、对比、示例、数字、等式等多种手段帮助学生理解其韵律、结构，了解莎士比亚的十四行诗。

（3）微课构成

本微课由简短的动画片头、动画人物设计（见图 4-1）、动态 PPT（见

图4-2)、中外诗歌对比(见图4-3)、中外词语押韵对比(见图4-4)、符合文化背景的元素应用(见图4-5)、教师总结(见图4-6)构成。

图4-1 动画人物设计

图4-2 动态PPT

图4-3 中外诗歌对比

图4-4 中外词语押韵对比

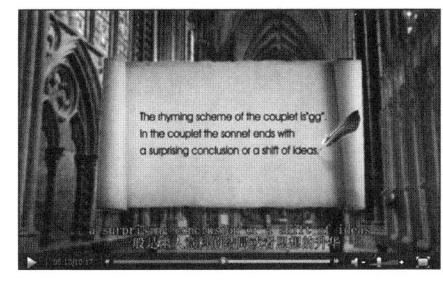

图4-5 符合文化背景的元素应用

图4-6 教师总结

(4)特点分析

本微课通过数字和公式来提炼十四行诗的主要特点,通过动画PPT来展示和讲解;为了便于理解,对中外诗歌进行了对比,以讲解押韵和声调;为了丰富表现形式,设计了动画人物,与教师形象相映成趣;在细节上,增加了与文化背景相关的鹅毛笔、羊皮纸等古代元素。

本微课的特点是知识性和趣味性相结合，能够激发学生的学习兴趣，具有良好的教学效果。

4.1.2 《变动成本法在企业经营决策中的运用》[30]

（1）基本信息

所属课程：管理会计

主讲教师：沙洲职业工学院　于北方

微课时长：13分钟

（2）微课内容

变动成本法是管理会计的重要基础，涉及的知识点较多，难度较大。本微课通过角色扮演引出案例问题，回顾相关知识点，再结合案例进行关键知识点的讲解。

（3）微课构成

本微课由角色扮演（见图 4-7）、问题归纳（见图 4-8）、PPT 演示配合讲解（见图 4-9）、教师讲解（见图 4-10）、任务和作业（见图 4-11）、师生问答互动（见图 4-12）构成。

图 4-7　角色扮演

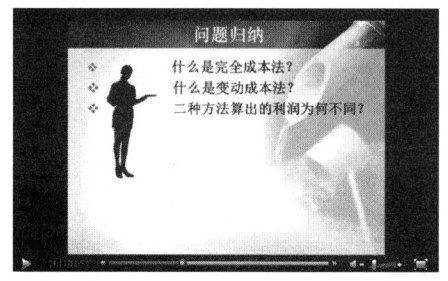
图 4-8　问题归纳

（4）特点分析

本微课通过角色扮演，引出一家电视机厂连续 2 年亏损并运用变动成本法进行短期经营决策的案例，在情景模拟的过程中归纳核心问题。通过提问与学生互动，回顾相关知识点，再由教师结合案例进行关键知识点的讲解，启发学生进行延伸思考。通过本微课，把一个抽象的知识点与实际应用联系起来，从而更易于学生理解和掌握。

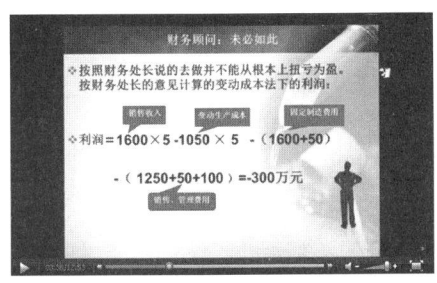

图 4-9　PPT 演示配合讲解

图 4-10　教师讲解

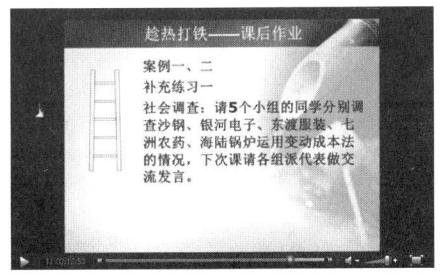

图 4-11　任务和作业

图 4-12　师生问答互动

4.1.3　《西餐餐具使用礼仪》[31]

（1）基本信息

所属课程：商务礼仪

主讲教师：常州工程职业技术学院　罗元

微课时长：9 分钟

（2）微课内容

本微课着重于西餐礼仪中的餐具使用礼仪知识点的学习和训练。

（3）微课构成

本微课由教师现场讲解（见图 4-13）、中景和近景切换（见图 4-14）、示范操作正误对比（见图 4-15、图 4-16）、图片示意（见图 4-17）、PPT 总结（见图 4-18）构成。

（4）特点分析

本微课通过在西餐厅进行真实体验的方式，讲授西餐餐具的使用礼仪，以教师示范讲解、学生"看、学、做"为主。微课中运用了正确和错误的对

图 4-13 教师现场讲解

图 4-14 中景和近景切换

图 4-15 示范操作正误对比 1

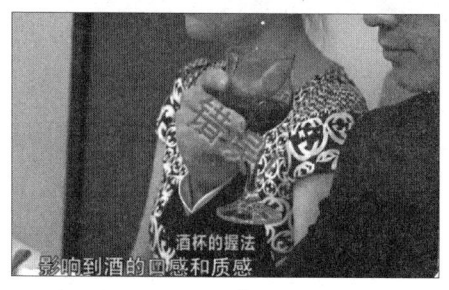
图 4-16 示范操作正误对比 2

图 4-17 图片示意

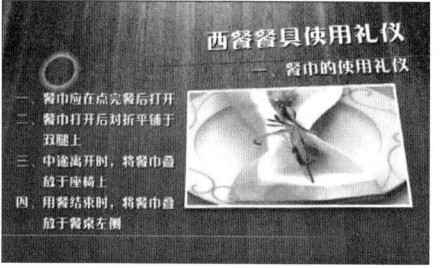
图 4-18 PPT 总结

比、错误动作的纠正，以及图示讲解等方法，让学生在亲身体会中自然而然地掌握礼仪。本微课的教学在真实环境中展开，在制作中运用了中景和近景切换、错误示范和纠正、图片说明等表现手段，具有较好的效果。

4.1.4 《别克凯越发动机怠速抖动的故障诊断》[32]

（1）基本信息

所属课程：汽车发动机检修

主讲教师：常州工程职业技术学院　倪晋尚

微课时长：12 分钟

（2）微课内容

本微课主要介绍缺火原因引起汽车发动机怠速抖动的故障诊断及排查，让学生掌握故障诊断及排查技能。

（3）微课构成

本微课由 PPT 讲解（见图 4-19）、技能操作演示（见图 4-20）、标注和指示（见图 4-21）、原理图动画演示（见图 4-22）、图表的运用（见图 4-23）、总结（见图 4-24）构成。

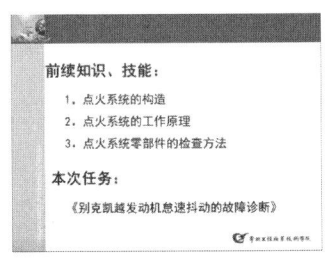

图 4-19 PPT 讲解

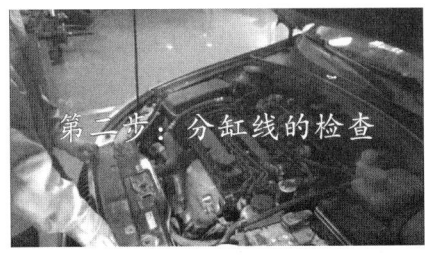

图 4-20 技能操作演示

图 4-21 标注和指示

图 4-22 原理图动画演示

分缸线号	1缸	2缸	3缸	4缸
实测电阻值（kΩ）	4.81	4.05	2.95	2.1
标准值（kΩ）	5	4	3	2
结论	正常	正常	正常	正常

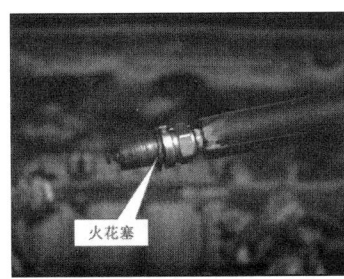

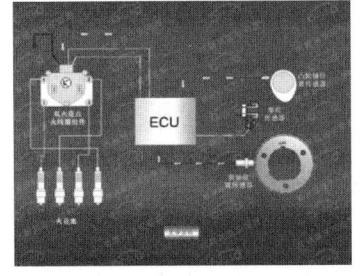

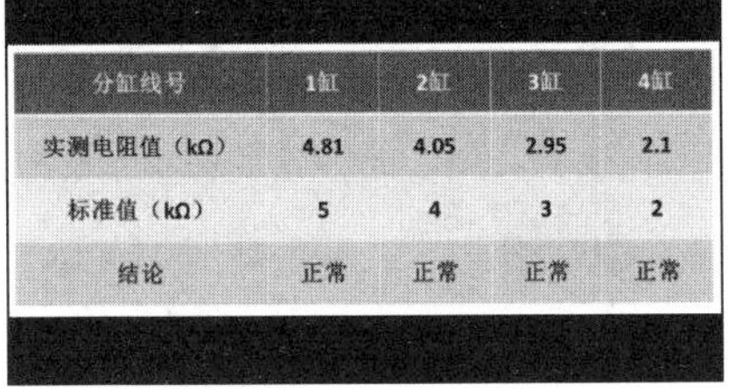

图 4-23 图表的运用

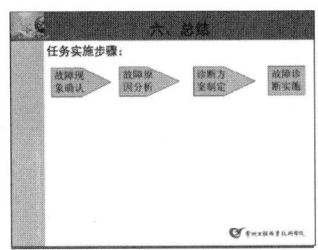

图 4-24 总结

（4）特点分析

本微课以汽车发动机怠速抖动故障任务为导入，在教师讲解后，进行操作步骤的演示。通过故障初检、故障原因分析、制定故障诊断方案、故障诊断实施工作过程，一步步分解，最终完成故障的排除。在故障排查时，以原理动画、图表等来辅助讲解，有助于学生掌握缺火原因引起的汽车发动机怠速抖动故障的诊断及排查。

4.1.5 《How to Make a Phone Call（如何打电话）》[33]

（1）基本信息

所属课程：大学英语

主讲教师：广东科学技术职业学院　窦菊花

微课时长：5分30秒

（2）微课内容

英语学习中，打电话是常用基本技能。本微课运用情景教学法，通过四个不同的情境来介绍如何用英语打电话。

（3）微课构成

本微课由教师讲解（见图4-25）、对话动画（见图4-26）、提示（见图4-27）、练习（见图4-28）构成。

图4-25　教师讲解

图4-26　对话动画

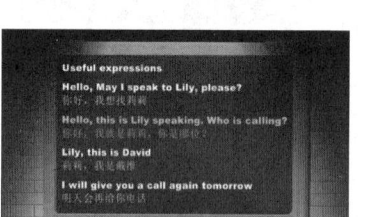

图4-27　提示

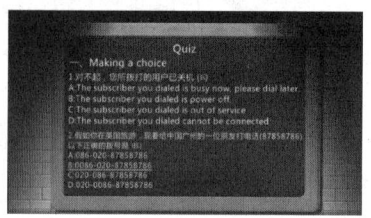

图4-28　练习

（4）特点分析

本微课基于情景教学法，精心设计了四个情境来介绍在不同情况下如何在打电话时使用英语对话。为了体现趣味性，这四个情境都用动画来展现，人物设计较为巧妙，较好地展示了人物的性格特点，有助于学生学习和掌握。同时，结合教师的讲解、PPT 总结和练习题，能够激发学生的学习兴趣，具有良好的教学效果。

4.1.6 《钢铁为什么会生锈》[34]

（1）基本信息

所属课程：普通化学

主讲教师：辽宁科技大学　王志有

微课时长：12 分钟

（2）微课内容

本微课以"钢铁为什么会生锈"为例，讲解《普通化学》的"吸氧腐蚀"这一知识点。

（3）微课构成

本微课由新闻视频导入（见图 4-29）、原理动画（见图 4-30）、PPT 讲解（见图 4-31）、教师小结（见图 4-32）构成。

图 4-29　导入：以新闻视频为例

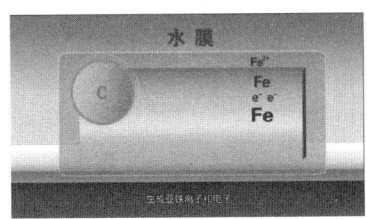

图 4-30　原理动画

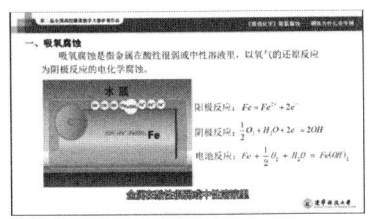

图 4-31　PPT 讲解

图 4-32　教师小结

（4）特点分析

本微课使用真实的新闻视频引出"钢铁为什么会生锈"这一话题，通过动画演示、PPT 讲授等方式，介绍吸氧腐蚀和空气腐蚀的成因和本质，揭示钢铁生锈的原因。其中的原理动画既能帮助学生理解腐蚀的原因，又能激发学生的学习兴趣，具有很好的效果。

总之，微课的表现形式要与微课讲授的内容密切相关，要服从于内容表达的需求。应根据微课要讲授的内容，思考如何更好地呈现教学重点和难点，帮助学生理解教学内容，充分调动学生的学习积极性，从而决定采取哪些合适的表现形式。

4.2 微课的构成

通过上述对典型参赛微课的分析可以看出，参赛微课基本由以下几部分构成：导入、教学任务的展开、多媒体资源的运用、与学生的交互、小结、作业等。不同的微课运用不同的表现手法来展现其各部分内容。

4.2.1 导入

通过案例、任务、问题、情境、新闻视频等形式，来引出微课的知识点或技能点，从而为教学活动的展开做好铺垫。

4.2.2 教学任务的展开

通过教师的讲解来展开教学任务。教师讲解的方式多种多样，包括课堂讲解（带学生）、演播室讲解（不带学生）、现场讲解（活动现场）、PPT 讲解（以 PPT 为主，教师可以出现也可以不出现），技能型的还可以采用教师示范演示讲解（按流程一步步进行）。为了活跃气氛，增加微课课件的吸引力，有的还用动画角色人物取代教师进行讲解；有的采用抠像技术，将教师放置到虚拟场景中，从而创造更好的表现效果。

4.2.3 多媒体资源的运用

在微课中常会使用视频、动画、PPT、图片等多媒体资源。动画既包括简单的工作原理动画，也包括人物设计动画。PPT 除了静态展示外，也有在 PPT 中添加动画效果的，让其中的文字或元素活动起来，丰富视觉效果和感染力。另外，为了引起学生的注意和重视，在视频、图片中会增加指引、标注、闪烁等效果。

4.2.4 与学生的交互

在微课的教学活动中，教师采用了多种方式与学生交互。简单的交互，包括提问、请学生演示等；深层次的交互，包括让学生进行角色扮演、情景模拟、承担任务、组织活动等。

4.2.5 小结

微课中，教师会根据教学活动的开展，对教学内容进行小结，以帮助学生掌握要点。小结一般结合PPT来呈现。

4.2.6 作业

在完成微课教学内容后，教师一般会布置一些作业，包括选择题、思考题或操作题，以帮助学生在课后巩固所学内容。

4.2.7 片头和片尾

除了上述几部分内容之外，参赛微课都会有对教师和所在院校进行介绍的简洁片头和片尾。

4.3 微课的常见表现形式

通过上述分析，我们可以看到，微课常见表现形式有以下几种。

4.3.1 讲课形式

讲课形式适用于教师对知识点的讲解。讲解可以在课堂进行，教师可以利用黑板，一边讲解一边写板书，以板书来辅助讲解。

可以采用便携的视频录制设备，例如智能手机、家用摄像机等。

如果要录制高标准的讲课视频，则需要在专用的录播室进行（见图4-33、图4-34）。录播室一般配备可手写大屏幕，录像时使用固定机位的一台专业摄像机（高清数码摄像机）。为了保证视频中的声音质量，一般在教师胸前别上无线麦克，用于拾音。在拍摄时，对环境、灯光均有较高的要求。一般拍摄前，由专业的摄像师进行调光，以保证拍摄效果。

对教师着装也有一定要求。一般穿着较为正式的职业装，以体现教师的

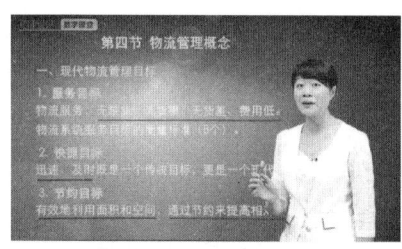 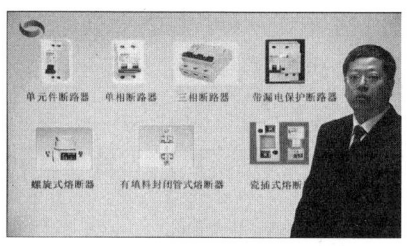

图 4-33　物流课程　　　　图 4-34　电气设备课程

风采。讲课时，教师要使用普通话，声音清晰，无咳嗽，无错误。讲话连续顺畅，动作舒展自然。教师可以一边讲，一边用记号笔在屏幕上书写。

大屏幕上用作背景的 PPT 也有一定的要求：一是字体清晰，字号较大；二是留出一定的空白位置，用于教师站位，免得教师挡住 PPT 中的有效信息；三是颜色合理，不要与教师着装有较大反差，以免教师在屏幕上留下投影。

拍摄的视频经过简单剪辑加工即可以使用。

4.3.2　操作演示形式

操作演示形式适用于操作技能的演示。例如，对汽车点火线圈的检查（见图 4-35）、万用表的使用方法（见图 4-36）等。

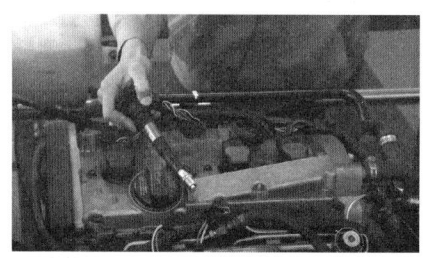 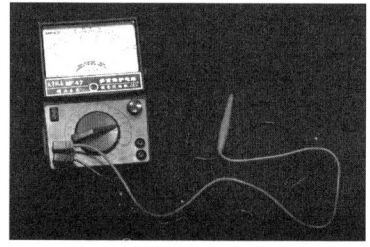

图 4-35　对汽车点火线圈的检查　　　图 4-36　万用表的使用方法

操作演示一般在实习车间、操作演示作业台、生产厂房等地进行。为了避免背景过于杂乱，一般选择在较为开阔的室内进行拍摄。拍摄时要布置好工具、操作对象等。

由于要展示操作的细节或难以掌握的环节，拍摄时一般采用双机位，由一台固定拍摄中景或远景，一台跟拍近景和特写。跟拍时，灯光往往要跟随，以保证视频画面清晰。

为了保证操作演示的准确性,以及后期剪辑工作的顺利进行,一般在演示操作时,有指导教师在镜头外进行提示,演示人员根据指导教师的提示,一步一步操作。部分镜头,要求拍摄人员重复演示或暂停,以方便拍摄人员跟拍近景或特写镜头。

拍摄的视频要经过剪辑加工,将不同景别的镜头进行穿插,以更好地反映出操作要点。同时,由于拍摄现场背景音的存在,指导教师的现场提示不能直接作为音频,往往需要提供解说词后由专业配音人员进行配音。

微课样例
《常用电工仪表使用系列微课
——万用表测电阻和电池电压》

4.3.3 表演形式

表演形式适用于对有一定故事情节的内容进行演绎。为了保证拍摄效果,一般由专业的编剧来编写脚本,对拍摄场景、演员的动作和对话做出详细的描述,以便于拍摄时参照执行。例如,外出务工人员如何找工作、适应城市生活,如果仅是知识的讲解,外出务工人员可能不愿意听,达不到预期的学习效果。如果找人来表演,将知识融于表演中(见图4-37),则容易被其接受。

表演类的视频不仅对脚本有要求,对表演人员、场景的选择和布置也有较高的要求,因此拍摄难度较大。

图4-37 通过表演来展示知识点

微课样例
《技工院校学生礼仪实务
——校园基本礼仪》

4.3.4 录屏形式

（1）计算机录屏

对于计算机操作，例如讲授计算机办公软件、平面设计软件的使用等，可以使用录屏的形式，将教师在屏幕上的标准操作以视频的形式录制下来，同时配合操作，录上教师讲解的音频，形成教学视频。

例如，股票教学中的 K 线图，就可以用录屏的形式进行讲解（见图 4-38），帮助学生了解 K 线的特点，以及在实际股票操作中的运用等。

又如，教师制作了讲课的 PPT，可以使用录屏软件，一边播放 PPT，一边对其内容进行讲解，从而制作 PPT 加讲解形式的微课。这种制作微课的方式，需要的设备少，制作成本低，微课制作的性价比较高。

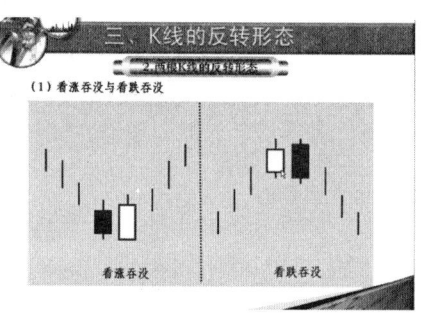

图 4-38 录屏的运用

（2）三分屏

通过录屏形式制作的视频，为了使 PPT 和教师的讲解视频更好地配合，可以制作成三分屏形式（见图 4-39）。三分屏可以通过 PPT 实现视频的快速定位，还可以在主窗口中切换 PPT 或教师讲课视频。有专门的三分屏制作软件，可以在计算机上一次性录制三分屏课件。

（3）平板电脑上的手写录屏

随着平板电脑的普及，平板电脑上也有了录屏软件，从而可以将平板电脑上的操作录制成视频。除录屏外，平板电脑还可以当成手写板来使用，教师可以在平板电脑上书写，结合书写进行讲解。录屏时，不仅可以录制平板电脑上的书写内容，还可以录制教师的讲解视频（见图4-40）。

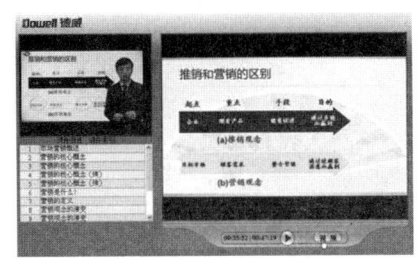
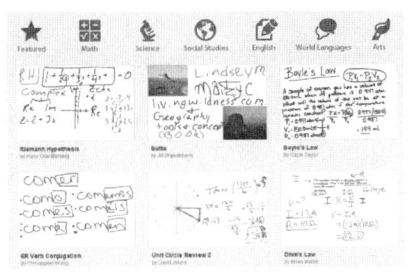

图4-39　制作三分屏　　　　图4-40　平板电脑上的手写录屏

在平板电脑上完成录屏操作，需要使用专用的应用程序，如Screenshot。

4.3.5　动画形式

（1）原理动画

原理动画用来展示某一事物的原理，主要是针对教学内容的需要而制作的动画。例如，汽车发动机汽缸的活塞运动动画、齿轮的机械配合动画（见图4-41）、植物成长动画、胳膊屈伸的肌肉和骨骼变化动画、月亮圆缺动画等。动画进行的节奏应符合观看者的接受能力，动画传达的概念应正确、清晰，易于理解。

（2）剧情动画

剧情动画有一定的故事情节，由剧本作者编写脚本。动画设计人员根据脚本，设计人物造型和相关场景。在人物设计获得认可后，根据剧情、场景来进行动画制作。例如，外出务工动画，返乡创业动画（见图4-42）。

微课样例

《农村劳动力转移就业
——返乡创业致富路》

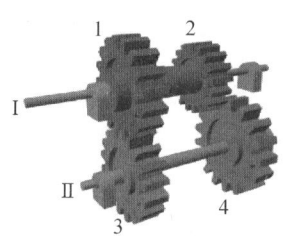
图 4-41　齿轮的机械配合动画

图 4-42　返乡创业动画

（3）效果动画

效果动画和微课内容关联不大，多用来增加视听效果，吸引学生的注意，引发学习动机，如片头动画、过场动画、按钮动画、操作界面动画等。效果动画只是用来提升视频的观看效果，因此不可喧宾夺主。

4.3.6　综合运用

在微课的制作过程中，为了使其有较好的效果，需要综合运用多种媒体资源、表现形式和技术手法。

目前，微课在媒体应用方面朝着多样化趋势发展，如幻灯片、图形、图像、动画、音频、文字等。恰当地运用这些媒体为教学服务，可以使微课作品更加有吸引力，更能够引起学生的关注。应当引起注意的是，并不是运用的媒体越多教学效果就越好。

视频样例
《2017年世界技能大赛宣传片
——中国技能闪耀世界》

5. 微课的分类

根据研究的角度不同,微课可以划分为不同的类别。

5.1 按教学模式分类

从教学模式的角度,可以将微课分为以教为主的微课(讲授型、演示型)、以协作为主的微课(讨论型、实验型、合作学习型)、以学为主的微课(启发型、练习型、自主学习型、探究型)。[35]

讲授型微课多采用平铺直叙的教学模式。这种类型微课的引入,形式单一,缺少互动,相对来说比较死板,难以吸引学生注意力。

演示型微课不能直接从演示开始,教师在演示前要进行必要的解说,可以设置问题导入,解决学生对知识的困惑。

以协作为主的微课、以学为主的微课,由于有学生的参与,互动性比较强。采用适当的情景和问题导入法可以很好地设置悬念,制造问题,吸引学生的注意力。[36]

5.2 按微课用途分类

教师制作微课一般有两种目的:一是作为教学资源在教学中应用,为学生学习提供支持;二是参加微课比赛。当前,各级教育和培训部门组织了各种形式的微课大赛,因此,教师制作的微课中,有相当大的一部分是为了参加微课比赛。

为了比较日常教学中使用的微课资源与参赛微课的异同点,这里我们把服务于日常教学的微课称为资源型微课,把专为参赛而制作的微课称为参赛型微课。

5.2.1 资源型微课

资源型微课制作的出发点是辅助教学，帮助学生理解知识点或技能点。是否将知识点或技能点讲清讲透，是否有利于学生理解，是评判资源型微课是否成功的主要标准。

资源型微课的构成与参赛型微课大致相同，也是由课程导入、教师讲解、总结、作业等构成。教师的讲解，可以是带学生的面授讲解，也可以是不带学生的演播室讲解。教师在讲解的过程中，可以运用多媒体手段穿插视频、动画、图片等。

由教师自主制作的资源型微课，有可能存在视频拍摄质量、编辑加工技术水平不高的问题。如果由专业视频技术团队提供指导或协助，视频拍摄质量、编辑加工质量都可以得到较好的保证。

以《革兰氏染色》微课为例，它大致由以下几部分内容组成：课程导入（概念介绍、基本原理、操作流程）、检测准备（设备、工具、材料准备）、染色操作流程（分步骤进行，包括消毒、涂片、接种、干燥固定、初染、水洗、媒染、脱色、复染、观察等步骤）、总结（给出操作要点、新技术的运用）。

资源型微课样例
《食品微生物检验
——革兰氏染色》

从表现手法上来看，该资源型微课的表现手法相对单一，主要采用教师讲解、操作演示的形式呈现，没有与学生的互动、作业等环节。资源型微课对知识点和技能点进行细致的介绍，能够辅助教学，起到较好的教学效果。

从上述分析可以看出，资源型微课的特点包括：专注于重点、难点的阐释；注重于知识点或技能点的分析以及操作过程的演示；不要求完整的教学环节，例如导入、与学生互动、作业、总结；主要考虑资源是否解决了教学中的重点、难点问题。

5.2.2 参赛型微课

一般情况下，参赛型微课要体现以下几方面特点。

（1）体现教师的教学水准

参赛型微课需要反映教师的教学设计、教学技巧和教学风采。教师对教学活动的组织能力、对多媒体教学资源的运用能力、采用丰富多样的教学手段和形式的能力，是竞赛的重要内容。

（2）强调完整的教学过程

课程的导入、知识的讲解、技能的演示、教学活动的组织、总结和提问、与学生的互动和作业等，都需要在微课的教学过程中有所体现。评审人员通过相对完整的教学过程，来对教师的教学水平进行判定。因此，参赛型微课要体现教师与学生的互动，呈现教学效果。

（3）有较为丰富的表现形式

参赛型微课要应用多种表现形式，如图片、视频、动画、虚拟现实等；应用多种教学手段，如演示、问答、练习、与学生互动等。

（4）具有较高的制作水平

参赛型微课还需要体现出较高的视频拍摄和编辑技术水平。

参赛型微课样例
《汽车电子控制装置——节气门清洗》

5.2.3 资源型微课与参赛型微课的关系

参赛型微课可以基于资源型微课来进一步设计和制作，资源型微课是参赛型微课的基础。

教师根据参赛要求，进行参赛型微课设计，可以使用已经制作完成的资源型微课，作为参赛型微课的多媒体教学资源使用，丰富参赛型微课的表现形式。在制作参赛型微课时，适当补充资源型微课中缺少的环节，注重通过比较完整的教学过程，来展现教师的教学方法、教学手段、教学水平，以期获得较好的竞赛成绩。

教师在参加不同的微课竞赛时，可能还会面对不同的要求，例如，视频总时长要求、教师出镜的时间比例、多媒体资源的运用、教学设计等，以及一些具体的视频参数要求，例如视频分辨率、存储格式等。在参加微课竞赛时，教师要认真阅读这些要求，并在制作参赛型微课时遵照执行。

5.3 其他分类方式

5.3.1 按学科划分

《学科分类与代码》（GB/T 13745—2009）共设有 5 个门类、62 个一级学科、676 个二级学科、2 382 个三级学科。

按照学科分类，可以用一级学科的类别对微课进行分类，方便教师、学习者根据学科门类找到自己所需的微课资源。

5.3.2 按流媒体格式划分

微课主要是以视频的形式在网上传播。根据视频和流媒体的格式，可以把微课划分为 .mp4、.asf、.wmv、.rm、.mov、.swf、.flv、.f4v 等。

5.3.3 按微课制作团队划分

微课的拍摄和制作，可以由教师为主体来完成，也可以联合外部专业的拍摄制作团队，由专业团队配合教师共同完成。

一般来说，由于教师以教学为主，教师的视频拍摄技巧处于业余爱好者水平，教师拥有的拍摄设备一般，因此大多教师拍摄的视频质量较为一般，难以达到较高的水平。

专业视频拍摄制作团队使用专业的视频拍摄设备，能够拍摄高清晰度、多角度、多机位的视频，从而在视频制作中有更多选择和变化，在制作中使用特殊技巧，使得拍摄、制作的微课达到较高的水平。

5.3.4　按表现形式划分

在4.3中已经讨论了微课的常见表现形式，主要有讲课形式、操作演示形式、表演形式、录屏形式、动画形式和综合运用等。不同形式的微课，其制作方法不同，因此也可以按制作方法来对微课进行划分。

6. 微课和数字化教学资源

6.1 数字化教学资源

数字化教学资源是指经过数字化处理,以多媒体方式呈现,可以在多媒体计算机及网络环境下运行,基于信息化环境传递的、可以实现共享的教学资料。它是随着计算机技术、多媒体技术、网络技术的发展,在教育领域出现的服务于教学的特定产物。

6.1.1 数字化教学资源的特点

与传统的教学资源相比,数字化教学资源有以下几方面特点。[37]

(1)处理技术数字化

数字化处理技术将声音、文本、图形、图像、动画等音频视频信号经过转换器抽样量化,使其由模拟信号转换成数字信号。数字信号的可靠性远比模拟信号高,对它进行纠错处理也更容易实现。

(2)处理方式多媒体化

与传统的纯文字或图片信息相比,经多媒体计算机处理的教学资源更加丰富多彩。数字化教学资源可以通过网络实现远程传输,学生可以在异地任何一台上网计算机上获取自己需要的教学资源。

(3)学习资源系列化

资源管理人员或教学人员对数字化教学资源进行系统分类,在教学过程中向不同的学生提供不同系列的教学资源。

(4)使用过程智能化

根据不同学生的特点,选择最恰当的教学内容和教学方法,并对学生进行有针对性的个别指导。

（5）资源建设可操作化

学生和教师能够运用多种信息处理方式对教学资源进行运用和再创造，还可将自己制作的资源（如电子作业）加入数字化资源库中。

6.1.2 数字化教学资源的表现形式

在教育部制定的《教育资源建设技术规范》中，数字化教学资源的表现形式有以下几种。

（1）媒体素材

媒体素材是传播教学信息的基本素材，可分为5类，包括文本类素材、图形（图像）类素材、音频类素材、视频类素材、动画类素材。

（2）题库

题库是按照一定的教育测量理论，在计算机系统中实现的某个学科题目的集合，是在数学模型基础上建立的教育测量工具。

（3）课件与网络课件

课件与网络课件是对一个或几个知识点实施相对完整教学的软件。根据运行平台不同，可分为网络版课件和单机版课件，网络版课件可以在标准浏览器中运行，并且能够通过网络教学环境共享。单机版的课件则可直接下载到本地计算机上运行。

（4）案例

案例是指有现实指导意义和教学意义的代表性的事件或现象。

（5）文献资料

文献资料是指有关教育方面的政策、法规、条例、规章制度，对重大事件的记录、重要文章、书籍等。

（6）常见问题解答

常见问题解答是针对某一具体领域最常出现的问题给出全面的解答。

（7）资源目录索引

资源目录索引列出某一领域中相关的网络资源地址链接，以及非网络资源的索引。

（8）网络课程

网络课程是通过网络表现的某门学科的教学内容及实施的教学活动的总和，它包括两个组成部分：按一定的教学目标、教学策略组织起来的教学内容，以及网络支撑教学的环境。

6.1.3 数字化教学资源的分类

（1）根据用途划分

根据数字化教学资源的主要用途，可以将其划分为教学指导类数字化资源和教学服务类数字化资源。

教学指导类数字化资源多用于指导教学工作的开展，表现为教学指导文件、培训指导文件等。教学指导文件主要由教师使用，用于指导教学设计。例如，从专业角度来看，教学指导文件主要有专业培养方案、课程教学计划、课程教学大纲、课程教学条件、课程教学内容、教学重点难点、教学实验实践环境要求等。从职业角度来看，培训指导文件主要有职业技能标准、鉴定考核细目表（理论知识部分、操作技能部分）、国家基本职业培训包等。

教学服务类数字化资源，直接应用于教学和学习活动中，以提高教学和培训效果，主要表现为多媒体教学资源，例如，PPT、图片、视频、动画、课件、题库、网络课程、游戏、仿真软件等。教学服务类数字化资源主要由教师用于教学过程，即在教学活动的开展中使用，以取得更好的教学效果；也可供学生在学习中使用，提升学习效果。

（2）根据资源的组织形式划分

除了离散的数字化教学资源，还可以将资源以一定的形式组织起来，以方便它们为教学提供服务。这些组织形式主要包括教学软件（主要是多媒体课件）、网络化教学资源（包括网上教学资源、专题学习网站或学科网站、网络课程）、学习资源库等。[38]

6.1.4 数字化教学资源的颗粒度

数字化教学资源的颗粒度，是指资源所对应的教学内容的多少。一个资源可以对应多个知识点，也可以直接对应一个知识点，甚至只对应一个知识点的某一个方面。

从数字化教学资源的表现形式来看，它可以是一张图片，也可以是将多种媒体素材组织起来而形成的完整的网络课程。同样是数字化教学资源，图片和网络课程两者的颗粒度相差很大。

图片只与教学内容中某个知识点的一个方面相关，其颗粒度很小；网络课程则与一门课程相关，其颗粒度很大。

不同颗粒度的数字化教学资源在具体应用时存在以下不同。

（1）教学应用场景不同，教学效果不同

不同颗粒度的数字化教学资源，其教学应用场景不同。例如，教师可以使用图片来示意，在教学中用它来辅助。一张发动机构造图片，展示了发动机的内部结构，教师在课堂教学中讲解发动机的构造和原理时，会使用这张图片，让学生了解发动机的结构。

而一段关于发动机构造的视频，则是通过多种角度的结构图、实物照片、原理动画、教师讲解和操作等，来全方位地介绍发动机的组成、部件、各零部件装配位置等。在教学中，教师可以通过播放视频，让学生掌握发动机结构。学生观看视频后，可以根据自己理解和掌握的知识，有针对性地向教师提问，从而加深理解。

由于数字化教学资源的颗粒度不同，其应用于教学时所起的教学效果也不同。

（2）开发方式不同，开发使用的技术不同

不同颗粒度的数字化教学资源，其开发方式不同，开发时使用的技术也不同。一张发动机的构造图片，是对发动机进行想象拆分后，对各零部件进行描图，并按装配位置一一表示在图中。它需要绘图员使用专业绘图软件来绘制。

而一段关于发动机构造的视频，则是由教师进行教学设计，通过采集讲解、原理动画、实物图片、操作演示等图片和视频素材，然后根据视频制作的要求进行剪辑和特效制作而形成的。在开发中需要的技术有视频拍摄、视频剪辑、特效制作、视频输出、格式转换等。

由于颗粒度不同，开发的方式和技术不同，导致两者开发需要的工作量也相差很大。

（3）规范不同，比较和评价标准不同

由于颗粒度不同，表现形式不同，数字化教学资源的技术规范也不同。对于不同颗粒度的资源，难以在同一个层面进行比较和评价。

例如，图片和图片可以放在一起，比较其大小、逼真度、线条的精细度、正确性、是否准确反映实际构造等。但图片和视频就难以一同比较和评价。

6.2 基于微课的数字化教学资源

6.2.1 以微课为表现形式的数字化教学资源的特点

（1）微课是一种新型的数字化教学资源

微课的核心是微型教学视频片段（微视频），时长一般为3~8分钟。同时，还包含与该学习视频内容相对应的教学设计（微教案）、素材课件（微课件）、练习测试（微练习）、专家点评（微点评）、教学反思（微反思）、学习反馈（微反馈）等辅助性教学内容。它们以一定的组织关系和呈现方式共同"营造"了一个半结构化、主题式的资源单元应用"小环境"。因此，微课既有别于传统单一资源类型的教学课件、教学设计、教学反思等教学资源，又是在其基础上发展起来的一种新型教学资源。[39]

（2）微课以知识点为统一的颗粒度

微课是一段微小的教学视频，它的选题集中在一个知识点，即在一个微课中把一个知识点的内容讲解清楚，能够起到辅助教学的作用。

微课选题的知识点，是一门课程中最小的教学单元。围绕这个教学单元，教师开展教学设计，然后收集素材资源，通过视频拍摄、制作的方式，将素材资源、教师讲解和操作演示等有机地汇集在一起，形成关于特定知识点的教学资源。

微课不仅仅是教学过程中的素材资源，也是一个独立的教学单位，通过这个教学单位的视频展示，可以体现教师的教学设计思想、教学水平。而纯粹的素材资源，例如，一张图片，难以体现教学设计，无法呈现比较完整的教学思路。

由于微课都是基于知识点开发的，因此，微课具有统一的颗粒度。微课的统一性体现在以下几方面：基于一个知识点或技能点，一个微课视频只解决一个教学问题；以视频为表现形式；有完整的教学设计，通过"激活旧知、示证新知、尝试应用、总结归纳、融会贯通"五个环节，来呈现学习理论、教学设计原理、教学内容、教学重点和难点。

（3）微课已经成为数字化教学资源开发的主要形式

目前，基于知识点开发以微课为表现形式的数字化教学资源，已经成为各级各类院校教学改革的重点。尤其是在职业院校，教学研究和教学改革的重点在于以微课为主的数字化教学资源的开发。通过微课开发、评比，促进教学改革，提升教学效果。

教育和培训管理机构，也多通过微课资源开发、微课大赛等形式，引导和鼓励教师积极参与微课制作。

微课样例
《排球类基本动作训练
——排球正面双手垫球》

6.2.2　以微课为表现形式的数字化教学资源的优势

由于微课具有统一的颗粒度，所以可以基于微课来开发数字化教学资源。这样开发的数字化资源，有利于统一评价、统一管理，也有利于推广和应用。

（1）便于有序开发

由于微课是围绕知识点或技能点，根据学习理论和教学设计原理设计和开发，时长有严格限定的视频课程，因此可以形成微课的开发标准。

针对一门课程，在对课程进行教学设计后，形成课程的知识或技能体系。

这样，就可以在微课开发标准的指导下，系列化、规范化地开发以微课为表现形式的数字化教学资源。

通过规划，可以优先开发重要知识点的微课，然后逐步覆盖通用知识点，从而完成一门课程、一个专业的数字化教学资源建设。

（2）便于描述和评价

由于微课基于一个知识点，教学设计流程统一，表现形式一般是3~10分钟的视频，因此，可以使用统一的格式进行描述。

对数字化教学资源进行详细、准确的描述，是数字化教学资源开发的一项重要工作，它可以保证资源在更大范围内的相互可操作性和可重组性，促进资源的共建、共享，充分发挥资源的价值。

由于微课具有统一的结构，因此可以按统一的标准进行评价。例如，可以从教学设计的角度进行评价，围绕微课中教学活动的开展（导入、理解、总结、应用），评价资源服务教学的效果。也可以从视频制作的角度进行评价，如拍摄专业性、镜头的剪辑和衔接、特效等。

（3）便于推广和应用

由于微课是基于知识点开发的，可以方便地组合和利用，因此教师可以根据知识点找到可以利用的微课资源，从而在自己的教学中加以利用。

（4）满足移动学习的需要

微课时长一般在3~10分钟，又具有相对完整性和相对独立性，可以满足移动学习的需要。学生可以利用碎片化的时间，通过观看微课视频，了解、掌握一个知识点。

第二篇

微课的设计与开发

7. 微课开发流程

微课开发需要有系统化、标准化、规范化的流程，才能使得开发的微课具有较高的质量。

7.1 微课开发的主要阶段

7.1.1 单个微课开发包含的阶段

教师在开发微课时，如果只是开发单个微课，与其他微课没有关联，通常包括以下阶段：选题策划、教学设计、脚本撰写、素材收集、视频拍摄、后期制作、微课的应用和反馈等。

7.1.2 系列微课开发包含的阶段

如果是基于一个专业或专业中的一门课程，系统、全面地开发系列化的数字化资源（即系列微课），这时就要在微课选题策划之前，增加以下阶段：专业设计、课程设计、知识技能体系设计。

7.2 专业设计

专业设计是课程设计的基础。通过专业设计，明确该专业方向包含的全部课程，以及每一门课程在专业中的定位和教学目标。

对于职业院校而言，一个专业往往对应一个职业，专业设计的目的也就是让学生掌握该职业所需要的知识和技能。

专业设计这项任务往往由学科带头人承担。首先，由专人收集、整理该学科的指导性文件，包括国家教育部门、人力资源社会保障部门颁布的专业教学指导性文件、职业技能标准、鉴定考核要求等。然后，由学科带头人结合市场对人才的需求、本地或本校教学实际，制订专业培养计划、培养目标、专业课程设置、学时分配，实习方案、计划等。

没有对应职业技能标准的专业，在专业设计时，应充分考虑当前行业的发展状况、就业需要的核心知识和技能、企业对人才的知识和技能素质需求、职业或岗位（群）典型工作任务等制订专业培养计划。

7.3　课程设计

通过专业设计，明确专业的课程设置，以及每一门课程在专业中的地位和目标，为每一门课程的设计奠定基础。

7.3.1　课程设计的内容

从宏观层面来看，课程设计的内容包括课程简介、教学条件、教学方法、教学内容、教学要点、教学对象、课程教学指导文件等。

（1）课程简介

介绍课程特点、教学目标，以及课程在专业课程体系中的地位、重要性，对于知识掌握、职业能力养成的意义等。

（2）教学条件

根据教学实际需要，描述教学条件，可以分项描述。

（3）教学方法

描述教学活动、教学组织方式等。

（4）教学内容

描述课程的教学内容，可以分模块进行。也可以用图示的形式，勾勒出课程内容结构以及各内容之间的关系。

（5）教学要点

列出课程的教学要点，包括针对性的教学方式、教学方法。

（6）教学对象

描述教学或培训对象的特点，应采取的针对性教学措施。

（7）课程教学指导文件

课程教学指导文件包括教学计划和大纲、学时安排、考核方式等。

7.3.2 课程设计要体现课程特点

以保健按摩师为例,该专业设置的课程可以分为 3 类:第一类是理论知识类课程,如正常人体学、中医基础;第二类是知识与应用相结合的课程,如经络腧穴、按摩手法;第三类是偏重技能的实践类课程,如足底保健按摩、美容美体保健按摩等。

课程特点不同,课程设计自然也不同。理论知识类的课程教学条件要求相对较宽,对实习实训设备和场地的要求较少,教学方法也主要以教师课堂讲解为主。而技能类的实践课程,则需要有场地、设备和相关的材料,通过具体项目或任务的实际训练,来培养职业素质,养成相关技能。

7.4 知识技能体系设计

课程设计的另一个目标,是建立课程的知识技能体系。一门课程的知识技能体系,应该涵盖该门课程全部的知识点和技能点。传统教学往往按照课时来组织教学内容,因此,一个课时包括多个知识点或技能点,一个章节(单元或项目)可以包括多个课时,而一门课程可以包括一个或多个章节。

7.4.1 知识技能体系的层次

从整体到微观,知识技能体系可以划分为 5 个层次,即:专业(职业)、课程(章节)、课时、微课、资源,如图 7-1 所示。

7.4.2 课时设置

课时设置主要是根据教学内容、教学目标,将课程所涉及的知识点和技能点划分为教学课时,并对一个教学课时进行设计和规划。

一门课程由多个课时构成,每个课时是一个相对独立的教学单元。从该课时的课程引入开始,就需要结合教学内容的特点,设计案例导入,或情景剧导入,或背景知识导入,使得该课时从一开始就能抓住学生的注意力,做到引人入胜。课程引入后,需要明确每一个课时的教学重点、难点、教学内容,使学生了解学习目标。课时快结束时,需要针对每一个课时提供复习、练习和测试题,帮助学生巩固所学内容。

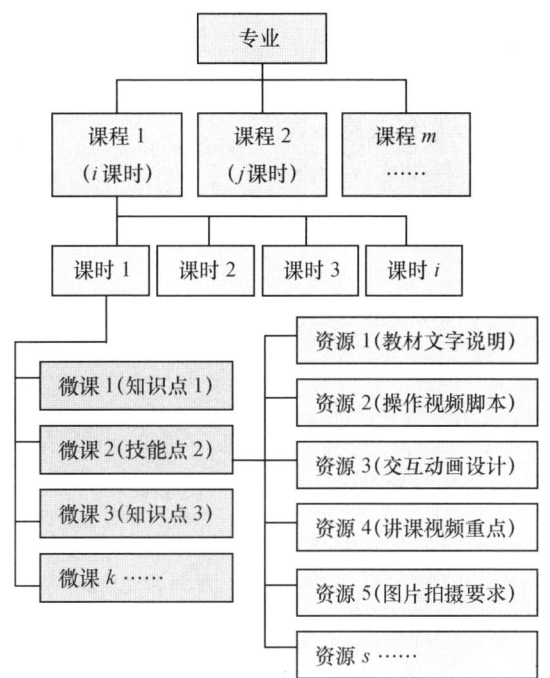

图 7-1　知识技能体系架构

7.4.3　微课开发

在知识技能体系中，每个知识点或技能点可以开发为一个微课。

微课与知识点或技能点并不是一一对应的关系。有些知识点或技能点在教学中并不是重点或难点，在微课开发时就可以跳过这些知识点或技能点。

考虑到微课资源开发需要一定的成本，在微课开发时，可以优先选择知识技能体系中的重点和难点来开发微课，满足教学实际的需要。在重点和难点微课资源开发完成后，再向普通的知识点和技能点覆盖，逐步丰富数字化教学资源。

7.5　微课选题策划

微课一方面在网络、移动设备上传播，追求的是高点击率、获得好评，达到一定的传播效果和社会影响；另一方面在教学中作为教学素材来反复使用，需要能够很好地阐释知识、演示技能，达到好的教学效果。要实现以上两个目标，就需要有好的选题策划方案。

7.5.1 微课选题策划的注意事项

（1）着眼于"微"

微课的目的是围绕一个知识点或技能点进行教学，让学生理解这个点。加上微课的学习时长限制，必须在有限的时间内将这个点讲清、讲透。因此，微课的选题要着眼于"微"。

（2）选题的界定

选题界定的原则是，一个微课只讲一个特定的知识点或一个问题，如果牵扯到其他知识点，则另设微课。根据这个原则，就可以确定微课应该包含的内容、不应该包含的内容。

如果是复杂问题，要想讲清、讲透，就需要设置多个微课来解决。

例如，微课选题"近视眼的预防"，微课的目的是引起青少年对爱护眼睛的重视，注意眼睛保健。

根据这个教学目的，微课应该包含的内容有：近视对生活、学习的影响；不良习惯会导致近视；眼睛保健常识。不应该包含的内容有：视觉成像原理、近视的成因、眼保健操的正确做法，这些内容是预防近视眼内容的延伸，因此要放在其他微课中。

（3）选题的思考

在确定微课选题之前，要思考该微课的开发背景、原因、意义、目的。对这些有了深入的思考后，就会明白微课的核心内容，从而围绕核心内容来组织微课。

例如，微课的目的是让学生掌握知识、获得技能还是培养兴趣。知识类微课要更注意逻辑关系，技能类微课要更注重直观的视觉表现及动作分解，培养兴趣类的微课要注意趣味性、生动性。一般情况下，选择教学中的重点或难点来制作微课较为符合微课的初衷。[40]

微课选题最好是针对一个主要知识点或一个主要问题，选题范围可以是教学重点或难点、有助于学习者理解与巩固或扩展所学课程的内容、实用性较强的内容或通适性内容、完整的故事、趣味性较强的内容等。

（4）微课选题示例

在"经络腧穴基础"这门课程中，根据教学需要，将它划分为17章，每章可以设置多个课时。例如，"手太阴肺经"这章，可以设置2课时，分别是"手太阴肺经循行路线""手太阴肺经腧穴定位及功用"。

作为本章学习的引导，这里设置一个案例导入微课。

微课1：手太阴肺经案例

在"手太阴肺经循行路线"课时中，可以把教学内容划分为4个微课。

微课2：手太阴肺经体内循行路线

微课3：手太阴肺经体外循行路线

微课4：手太阴肺经联系的脏腑器官

微课5：手太阴肺经循行路线总结和练习

在"手太阴肺经腧穴定位及功用"课时中，可以把教学内容划分为8个微课。

微课6：手太阴肺经常用腧穴

微课7：云门穴的定位及功用

微课8：中府穴的定位及功用

微课9：尺泽穴的定位及功用

微课10：列缺穴的定位及功用

微课11：鱼际穴的定位及功用

微课12：重点穴位的取穴及纠正

微课13：手太阴肺经腧穴总结和练习

7.5.2 微课选题策划的内容

微课选题策划的内容包括确定微课主题、明确微课预期效果、选择微课表现形式、实现微课的技术手段等。

7.6 微课教学设计

在微课选题策划的基础上，对微课进行教学设计。由于每个微课对应一个知识点或一个技能点，其教学目标明确，可以针对其特点进行创造性的设计。对于每一个知识点或技能点，教师和专家要精心设计教学情景、教学环节、教学效果评测等。

微课教学设计的主要目的，是明确微课教学的内容、教学的重点和难点、教学方法，以及微课教学中需要使用的资源、素材、设备仪器和材料等。

尤其在教学方法上，要考虑微课所对应的主题特点，即知识点或技能点，采取针对性的教学方法，对教学的各个环节进行精心设计。例如，微课的导入，是案例、新闻报告、任务，还是情景模拟、教师讲解。微课教学内容的展开，是以PPT按知识的逻辑逐步深入进行讲解，还是以实训任务按步骤一步步操作演示。在教学过程中，是否穿插教师与学生的互动，如提问、纠正错误、释疑解惑等；是否让学生进行角色扮演；是否使用其他多媒体资源，如图片、动画、视频；是否指导学生训练；是否使用任务导向，让学生完成任务；是否布置思考题或作业；等等。

微课教学设计中，既可以包括教师的教学过程，也可以包括学生参与教师教学的过程。

对于"普通光学显微镜的使用"这一教学内容，教师的微课教学设计见表7-1。

表7-1 《普通光学显微镜的使用》微课教学设计[41]

	微课名称	普通光学显微镜的使用
基本信息	所属一级学科名称	食品科学与工程
	所属专业名称	食品检验
	所属课程名称	食品微生物检验
	课程类型	□公共基础课　□专业基础课　☑专业课　□其他
	微课教学知识点	普通显微镜的使用
	微课类型	□讲授型　□解题型　□答疑型　□实验型　☑技能操作型 □表演型　□合作学习型　□探究学习型　□其他型
	适用对象	职业院校食品检验专业学生

续表

<table>
<tr><td colspan="2">微课名称</td><td colspan="4">普通光学显微镜的使用</td></tr>
<tr><td rowspan="6">教学设计</td><td>教学目标</td><td colspan="4">了解普通光学显微镜的用途
掌握普通光学显微镜的结构
使用普通光学显微镜进行低倍镜观察
使用普通光学显微镜进行高倍镜观察
使用普通光学显微镜进行油镜观察
掌握普通光学显微镜的操作注意事项</td></tr>
<tr><td>教学重点</td><td colspan="4">普通光学显微镜的结构与功能</td></tr>
<tr><td>教学难点</td><td colspan="4">普通光学显微镜的操作注意事项</td></tr>
<tr><td>学习者特征分析</td><td colspan="4">学生通过前期的学习，对食品检验实验室已经有了直观的认识，了解食品微生物检验的基本知识，为进一步学习打下基础
学生通过高职阶段基础课程的学习，对未来工作岗位的要求有一定了解，对微生物检验有浓厚的兴趣</td></tr>
<tr><td>聚集解决的问题</td><td colspan="4">在了解和掌握普通光学显微镜的结构与功能的基础上，能够使用普通光学显微镜观察霉菌、酵母菌、乳酸杆菌
掌握低倍镜、高倍镜、油镜观察的操作方法和操作要点
观察过程中，避免错误操作</td></tr>
<tr><td>教学资源准备</td><td colspan="4">（1）普通光学显微镜、微生物标片
（2）普通光学显微镜使用说明书
（3）本微课相关测验题
（4）本微课实习、实验、实训题
（5）实物图片、实拍图片，以及学习材料中涉及的其他图片，可以做成幻灯片形式展示。每张图片配以文字说明</td></tr>
<tr><td rowspan="6">教学过程</td><td>教学环节</td><td>教学要求</td><td>教学内容</td><td>教学安排与方法</td><td>时间分配</td></tr>
<tr><td>激活旧知（引导入门）</td><td>了解普通光学显微镜的构造</td><td>普通光学显微镜的主要构造</td><td>图示、动画演示</td><td>30秒</td></tr>
<tr><td>示证新知（教会理解）</td><td>掌握操作方法</td><td>使用普通光学显微镜观察霉菌、酵母菌</td><td>操作演示</td><td>150秒</td></tr>
<tr><td>尝试应用（辅导操练）</td><td>观测和操作</td><td>低倍镜、高倍镜、油镜观察的操作方法和操作要点</td><td>操作演示</td><td>210秒</td></tr>
<tr><td>总结归纳（知识提炼）</td><td>避免错误操作</td><td>显微镜的操作要点，避免错误操作</td><td>正误操作对比</td><td>60秒</td></tr>
<tr><td>融会贯通（考察应用）</td><td>实训</td><td>观看乳酸杆菌</td><td>实训</td><td>60秒</td></tr>
</table>

续表

微课名称		普通光学显微镜的使用	
其他	总结反思（自我评价）	（1）普通光学显微镜的结构利用特写镜头逐一显示，并配以文字说明 （2）操作方法进行操作视频演示，并逐步讲解 （3）操作演示视频中对正确与错误的操作进行了对比演示，使学生能够更好地理解，避免错误操作	
	作品简介	由教师介绍普通光学显微镜的结构，结合特写镜头讲解普通显微镜的组成，低倍镜、高倍镜、油镜观察的操作方法和操作要点等。以教师操作演示为主，穿插对错误操作的纠正，以及正误对比	
	编写时间	2015年6月	编写人	张磊

7.7 微课脚本撰写

在微课的教学设计阶段，已经对微课教学活动的开展进行了设计，但仅有教学设计还不足以制作出好的微课，还需要撰写微课的脚本。

脚本是微课制作的基础。脚本的重要性体现在以下几方面。

（1）脚本是教师（操作演示人员）、编导（摄像人员）、视频剪辑制作人员沟通和工作的基础

在微课教学设计中，设计的各个教学环节，如微课的课程导入、教学活动的开发、任务操作演示、教师学生的互动，都需要由教师（或操作演示人员）来执行，由编导（摄像人员）以视频的形式拍摄下来。

视频编导需要通过脚本来了解教学活动，了解镜头中参与人员的活动，了解教学的重点从而决定视频中镜头语言的展现方式。有了脚本，编导就可以与教师以及参与演示、表演、互动的相关人员沟通，从而使拍摄工作能够顺利进行，所拍摄的视频能够符合教学目的，更好地揭示教学重点和难点。可以说，脚本是编导在拍摄过程中的依据。

（2）脚本是微课教学活动开展和操作演示进行的依据

脚本对教学活动的开展、操作演示的步骤进行详细描述。在实际拍摄过程中，脚本可以有微调，但总体上要遵照脚本进行教学活动和操作演示。

（3）脚本是视频后期制作的依据

在对拍摄视频进行剪辑的过程中，要参照脚本来进行。脚本是后期制作的依据，以实现预期效果。脚本中的解说词和字幕，是视频配音和字幕的直接来源。因此，可以说脚本撰写是视频制作的基础性工作。

7.8 微课素材资源收集和制作

微课脚本对于微课制作具有指导意义，它明确了微课制作中需要的多媒体资源、制作的风格和要求。因此，在微课开始制作之前，需要参照脚本，做好多媒体资源的准备工作，即进入素材资源的收集和开发阶段。

多媒体资源的获取有两种途径，一是使用既有的资源，二是新开发资源。无论是哪种途径，涉及的资源类型都有PPT教学课件、图片、音频、视频等。

7.8.1 PPT教学课件

PPT教学课件常用于教师授课类微课视频的制作。在微课的导入、知识点讲解、要点提示、小结、布置练习和作业环节，常常使用PPT教学课件。

一般来说，教师在平时的授课过程中，已经制作并积累了PPT教学课件。可以基于平常的PPT教学课件，围绕微课开发的需要，重新制作。制作时一般要注意以下几点。

一是PPT的长宽比例。由于微课最终以视频形式呈现，目前常见的微课都以高清格式拍摄和制作，而高清视频常用的长宽比例是16∶9，因此，要求PPT的长宽比也是16∶9。这样，在微课制作中直接插入PPT时，可以使画面统一。

二是在PPT中加入适当的动画效果。PPT中能够实现简洁有效的动画效果，从而可以丰富视频的表现形式，增强画面吸引力。

7.8.2 图片

图片不仅是文字资料的补充，还能帮助学习者理解教学内容，吸引学习者的注意力。图片可以分为示意图片、实拍照片。

示意图片一般指公式图、流程图、结构图等，用来描述特定事务或过程信息等。一般由手工或计算机绘制，它的特征是以线条为主。

示意图片应清晰，图片上的文字字号在"五号"（12磅）以上，图像尺寸长或宽在 500 px 以上，解析度在 96 DPI 以上。

实拍照片是指在实验现场、操作现场、实物展示现场等地方，使用数字照相设备拍摄的真实照片。此类图片对清晰度要求较高，尺寸为 1 920 px×1 080 px（200 万像素）以上，解析度在 96 DPI 以上。

以上两种图片都可以通过扫描获取。但扫描图片需要注意底纹，一般需经过处理才能应用。

在微课制作中，由于视频拍摄一般都达到高清质量，因此，在使用图片时，也要求有较高的清晰度。

教师在提供图片时，往往取自传统出版物。考虑到传统出版物中的图片通常是黑白的，并且清晰度较低，这样的图片不建议在微课制作中直接使用。一般参照原图，进行重新设计和制作，使之成为高分辨率的彩色图片，才能够应用。

7.8.3 音频

音频有音乐、音效、配音三类。

音乐可以令人感受到各种情景，具有很强的感染力，音乐的选择必须配合教学内容的主题。

音效是指特定事件发生时所出现的声音，如笑声、脚步声、钟表的滴答声、相机快门声、啄木鸟啄木声等。适当使用音效可以起到画龙点睛的作用。

配音是指与画面或页面相配合的声音，一般用于对画面进行解释，或对文字内容进行朗读。配音往往参照脚本的解说词进行，还可以在视频中使用旁白，它的使用可以弥补文字叙述的不足。

录制音频时，最好使用指向式麦克风，这样可以降低杂音，提高声音质量。虽然声音编辑软件有去杂音的功能，但直接录制质量良好的声音才是最根本的方法。录制时，教师应使用普通话，讲话清晰。

7.8.4 视频

微课制作中用到的视频，一般使用专业摄像机拍摄，也有少数情况下用到计算机屏幕录像视频。根据教学活动的不同，拍摄的视频素材可以分为教学视频、操作演示视频、表演视频等。

7.9 视频拍摄

视频的拍摄是一项专业性很强的工作，这里简要介绍一下视频拍摄的有关环节。

7.9.1 脚本沟通

教师撰写微课脚本，视频编导阅读脚本，了解脚本中的视频拍摄场景、对象、表现形式、要求等。

在了解脚本的基础上，视频编导与教师就脚本内容进行沟通。通过沟通加深对脚本的理解，纠正视频编导的理解偏差。

基于双方的沟通，视频编导对脚本提出修改意见。教师根据意见，对脚本进行完善，使之达到拍摄要求。

7.9.2 拍摄准备

在拍摄前要做好充分的准备，包括场景（环境）准备，设备、器材、道具、服装准备，人员准备等，编导要与教师和参与人员做好充分沟通，为拍摄创造良好的条件。

例如，拍摄环境的布置，人员的仪容整理、精神状态调整，以及相关环节的练习和预演，等等。

7.9.3 拍摄过程

在拍摄过程中，编导要在脚本的基础上，根据实际情况，指导摄像和参与人员，保证拍摄的顺利进行。

根据脚本的设计，按场景、活动、步骤，进行分镜头拍摄，保证镜头不缺失。在拍摄过程中，由相关人员做好场记，为后期编辑制作提供支持。

7.10 微课后期制作

后期制作不仅需要利用视频制作软件来进行，还需要掌握一定的视频编辑制作技巧。后期制作一般包括以下几项工作内容。

（1）对拍摄的视频素材进行初剪。

（2）根据活动、场景等逻辑结构进行拼接、组合。

（3）制作活动标题，添加转场等动态效果。

（4）添加字幕、提示等辅助表现形式（包括补充的素材，如图片、其他来源的视频片段等）。

（5）根据要求制作动画，添加到视频中。

（6）根据需要决定是否配音、加整片提示字幕、添加背景音乐等。

（7）制作片头、片尾。

7.11 微课审定发布

7.11.1 教师自主制作微课的审定

职业院校教师自主制作的微课，建议采取以下审定流程。

（1）主创人员审看

一般要由主创人员认真观看2~3遍，如果发现视频中存在问题，及时进行修改和完善。

（2）聘请专家审看

一般聘请行业专家、视频专业人员进行审看，提出修改意见，也可以在院校内部组织不同方面的人员共同审看，并根据反馈意见进行修改。

一般来说，经过上述两个环节的审看，微课就可以在课堂教学中使用了。

7.11.2 出版机构制作微课的审定

由出版机构制作的微课，一般采取以下审定流程。

（1）初审

由视频剪辑制作人员初审，发现错误并修改。

（2）复审

由策划编辑、部门主任共同（或轮流）对微课进行审看，提出修改意见。复审的主要职责：一是发现字幕、配音方面的错误；二是发现层次、结构上的问题；三是就视频的制作技巧提出意见；四是审核片头、片尾和微课的整体性等。根据修改意见，由制作人员进行修改。

(3) 外审

即提交教师或专家审看。视频剪辑制作完成后,统一交付职业院校的教师或专家,由相关专业教师(脚本撰写人员、操作演示人员、教学教研专家等)进行全面审看,以发现视频在专业知识方面的问题,最后再返回由制作人员根据反馈意见修改。

根据视频的质量情况,专业教师和制作人员可以对微课进行多次审看和修改。

(4) 终审

由出版机构负责人(或其指派的具有高级职称的专业人员)对微课视频进行终审。

经过终审后的微课可以正式发布,交付职业院校教师使用,也可以公开出版发行。

8. 微课教学设计

  微课选题确定以后，就要对微课进行教学设计。微课要在 3~10 分钟的时间内，对知识点或技能点进行清晰明了的讲解，让学生通过观看微课就能掌握这个知识点或技能点，这就需要通过教学设计来达到教学目标。教学设计是微课脚本写作、视频拍摄和后期制作的基础，也是决定微课质量的核心环节。

  2014 年，胡铁生依托全国首届高校微课教学比赛平台，面向来自全国的参赛教师实施了一项在线问卷调查，结果表明有 84.63% 的教师认为"教学设计"是微课制作过程中最重要的环节。[42]

  陈智敏、吕巾娇、刘美凤[43]在对 2013 年"第十三届全国多媒体课件大赛"参赛的 295 个微课作品进行分析时，指出了当前微课教学设计中存在以下 5 个方面的问题。

  一是微课作者对微课的认识存在偏差，很多微课呈现为课堂录像的直接切片。微课没有经过精心设计，不能体现其作为课堂教学和自身技术有机合成体的重要特征。

  二是选题定位不准，导致教学目标不够聚焦。作品的主题分散，知识点太多，使得学生很难在有限的时间内进行有效的学习。

  三是导入太长或者导入没有意义，使得微课不够短小精悍。

  四是过于注重教学活动的组织而忽略了教学内容。

  五是没有进行教学的总结或总结没有实质性内容。

  上述问题，应通过加强微课的教学设计来解决。

8.1 微课教学设计应遵循的学习理论

教育教学的目标是提升学习效果,为学生提供有效的教学资源支持。学习理论是教学设计的基础,在微课的设计和开发过程中,用成熟的学习理论作为指导,能够使得开发的微课符合学生的学习规律和认知规律,产生好的教学效果。

8.1.1 经验之塔理论

经验之塔理论是由美国教育家戴尔在 1946 年提出的,也称视听教学理论。经验之塔理论包括做的经验、观察的经验、抽象的经验三个层次[44],如图 8-1 所示。

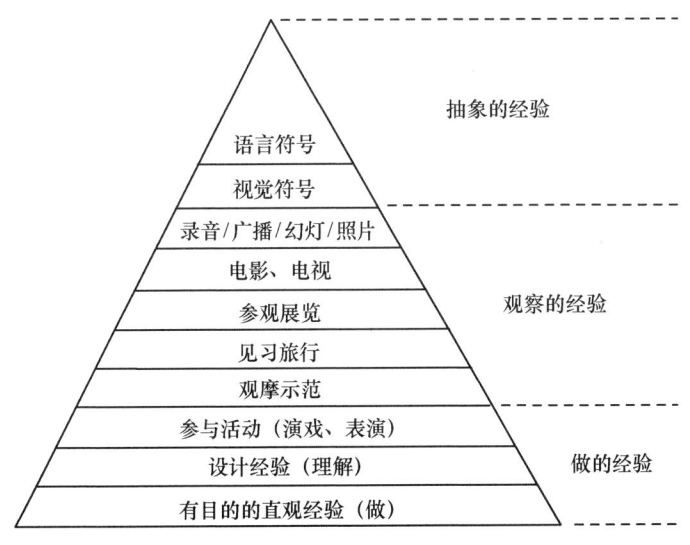

图 8-1 经验之塔理论图示

经验之塔理论把学习经验分为具体经验和抽象经验,教育教学应从具体经验下手,逐步从形象向抽象发展,符合人类的认识规律和学习者的学习路径。数字化教学资源位于"经验之塔"的"塔腰",能够突破时空的限制,为学习者提供"替代经验",解决学习过程中具体经验和抽象经验的矛盾,弥补直接经验的不足。[45]

在网络技术和数字技术广泛应用的今天,教学媒体已经发生了很大的变化。微课作为一种视听媒体，是当前数字化资源开发的首选。好的微课，能够为学生提供具体和易于理解的经验，提升学习效果。

在微课的设计和开发过程中，应该依据经验之塔理论，正确处理具体经验和抽象经验的关系，区分不同学生的特征及不同的掌握程度，设计开发出合适的数字化教学资源。

8.1.2 建构主义学习理论

建构主义学习理论最早可追溯至瑞士皮亚杰的认知发展理论。20世纪90年代以来，建构主义学习理论逐渐成为教育技术领域的核心理论。

建构主义学习理论认为，学习就是人们在解决问题时，主动地从周围环境中获得意义，建构个人意识的过程。学生是学习的主体，知识是在主体的意义建构和新旧经验的相互作用中形成的。建构主义的基本特征表现在三个方面，即学习的自主性、情境性和社会性。[46]

建构主义学习理论的主要特点是重视学生的主体地位，尊重学生、考虑学生、服务学生。建构主义学习理论强调"以学生为中心"，强调"情境"对知识建构的重要作用，强调协作学习，强调利用各种信息资源来支持学习。[47]所以，教学设计应该以建构主义学习理论为指导，以学生为主，注重发挥学生的主动性，重视学生已有的经验和认知水平，为学生创造建构主义学习环境。

8.1.3 人本主义学习理论

人本主义学习理论是在人本主义心理学的基础上产生的。人本主义心理学产生于20世纪中期，以马斯洛和罗杰斯为代表，主要研究健康的人格和自我实现。

人本主义学习理论认为，学习的主体是有思想、有情感的人，教育的目的不应该被限制为仅传授知识和技能，而要把重点放在学生情感的发展、健康人格的培养上。学习的目的就是让学生成为一个完整的人，一个具有高度适应性和自由的人，一个充分起作用的人，也就是使学生整体人格得到发展。[48]

人本主义反对传统教学中向学生一味灌输知识和材料的"无意义学习"，主张进行与学生个人密切相关的"有意义学习"，认为提高教学效果的有效途径就是促进学生进行有意义学习。因为有意义学习能把逻辑与直觉、理智与情感、概念与经验、观念与意义等结合在一起。[49]

在开发和利用数字化教学资源的过程中,应该以"人本主义学习理论"为依据,以学生为中心,创设真实的情景,注重师生间情感互动环节的设计,为小组合作式学习的实施提供条件。

8.1.4 多元智能理论

多元智能是美国哈佛大学心理学家加德纳教授在其1983年出版的《智力的结构:多元智能理论》中提出的。[50]他认为,人的成就不是简单地取决于智商。智商高的人无非是语言智力高和数学逻辑智能高。而事实上,人除了这两种智能外,还具有音乐智能、空间智能、身体运动智能、人际关系智能、自我认知智能。也就是说,人共有七种智能。到1995年,加德纳又对其理论做了补充,提出除了前面的七种智能外,还有一种自然认知智能。

不同智能结构类型或者说不同智能倾向的学生,其学习风格也有许多不同。多元智能理论要求教师真正从学生出发,不仅要了解学生的智能及智能发展需要,而且要给予尊重,并努力创造合适的条件。

在开发和利用数字化教学资源时,应该以多元智能理论为指导,重视多元化评价手段。

上述四大学习理论都强调以学生为中心,在开发微课数字化教学资源时,有必要以四大经典学习理论为依据。以经验之塔理论为依据,就应该遵循学生的认识规律;以建构主义学习理论为依据,就应该充分发挥学生的能动性;以人本主义学习理论为依据,就应该充分发挥学生的主体性;以多元智能理论为依据,就应该正确判断学生的智能类型。[51]

8.2 微课教学设计原理

随着微课比赛的开展,微课已经成为各级院校教学研究和教学实践的热点。微课资源的开发和制作,其最重要的目标是用于教学,在教学中运用,取得好的教学效果。因此,在微课的开发和制作中,不仅要注重内容形式的呈现,更重要的是要注重教学设计。

为了保证微课的教学效果，方便微课制作者的交流，这里建议应用五星教学原理来进行微课的教学设计。

五星教学原理是美国教学设计专家David Merrill提出的教学模式。该原理包括五大教学要义：聚焦问题、激活旧知、示证新知、应用新知、融会贯通（见图8-2）。Merrill认为，只有在教学中贯彻了这五大原理，才能称为"五星级的教学"。[52]

图8-2　五星教学原理的五大教学要义

五星教学原理的实质就是具体的教学任务（如教事实、概念、程序或原理等）应置于循序渐进的实际问题解决情境中完成，即先向学生呈现问题，然后针对各项具体任务展开教学，接着再展示如何将学到的具体知识运用到解决问题或完成整体任务中去。只有达到了这样的要求，才是符合学生学习过程和心理发展要求的优质高效的教学。[53]

其核心内容包括以下五个方面。

（1）当学生聚焦于解决实际问题时，才能够促进学习。

（2）当激活原有知识并将它作为新知识的基础时，才能够促进学习。

（3）当向学生展示论证新知识时，才能够促进学习。

（4）当学生尝试应用新知时，才能够促进学习。

（5）当新知识与学生的生活世界融为一体时，才能够促进学习。

五星教学模式以"聚焦解决问题"为核心，包括"激活原有知识""展示论证新知""尝试应用练习"和"融会贯通掌握"各阶段循环圈，它主张将具体的教学任务置于循序渐进的实际问题情境中来完成，才是符合学生心理发展要求的优质高效的教学，如图8-3所示。[54]

如何设计微课，使微课能在有限的时间内达到高效的教学，五星教学模式给予了明确的启示。即应以"问题"为核心来设计和开发微课，使得每个微课中基本都包括激活旧知（引导入门）、示证新知（教会理解）、尝试应用（辅导操练）、总结归纳（知识提炼）、融会贯通（考察应用）等教学环节。

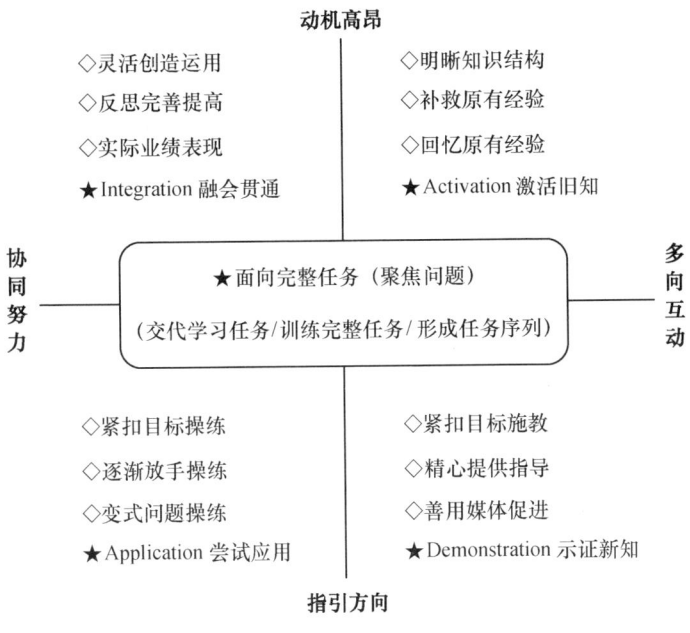

图 8-3 五星教学模式

微课的设计和开发者要针对每个微课对应的知识点，提炼出现实生活中的实际问题，这是吸引学生投入学习的关键，也是设计制作微课的前提。而对于学生，通过学习微课能否达到融会贯通，以及实现知识的迁移则是衡量微课优劣的标尺。要保证微课教学的有效性，就要使其教学设计真正符合教学规律，真正体现以"学生为主体"的思想，最终使微课成为真正具有教学功能的有效教学产品。[55]

8.3 微课教学设计的内容

教学设计是应用系统方法分析和研究教学问题和需求，确定解决问题和需求的教学策略、教学方法和教学步骤，并对教学结果做出评价的一种计划过程与操作程序。

微课教学设计是根据微课的教学目标与功能，应用系统方法综合考虑教学中各要素之间与整体的本质联系，并在设计微课时综合协调它们之间的关系，形成时间短、内容精，以视频为主要载体的微课。[56]

前面已经总结了微课开发的流程，而微课教学设计是微课开发流程中最重要的一个环节。微课教学设计的内容有：教学内容分析、学生分析、教学目标的阐明、教学策略的制定、学习活动设计、学习环境设计、媒体传递设计等方面，最终形成教学设计方案，如图8-4所示。

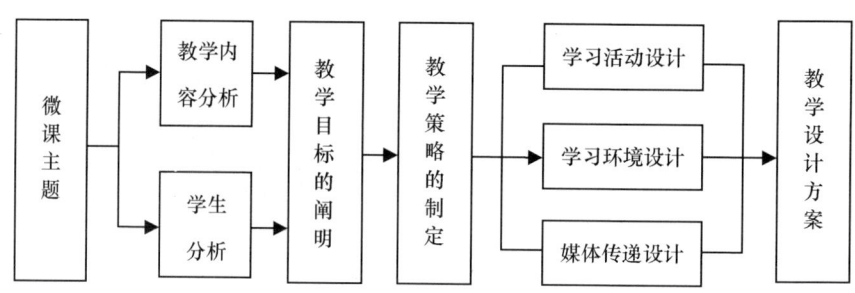

图8-4　微课教学设计的内容

8.3.1　教学内容分析

根据确定的微课选题，对教学内容进行分析。

微课的教学内容分析，是对学生使用微视频进行学习时的初始能力变化为微课学生希望达到的终点能力，所需要的先决知识和技能、态度、行为和经验等及其上下、左右关系进行详细剖析的过程。教学内容分析有助于确定学习内容的广度、深度和呈现方式。[57]

首先，微课的内容要适当、正确、无科学性错误。其次，微课的内容要精练、紧凑、逻辑清晰，避免不相关的内容。最后，微课内容要联系学生实际，更好地促进教学目标的实现。只有内容分析足够清晰，呈现的微课才会逻辑清晰、易于理解。

8.3.2　学习者分析

迪普伊（Dupuis）[58]认为："微课实施起来更具有灵活性，最关键一点是能够关注到个体的差异，满足学习者的个性化需求。"微课主要是为学生自主学习服务的，有学科、学段的区别，所以教学目标和教学内容应当适应学习者的年龄和认知发展水平；同时还应该针对不同水平的学习者做出不同的处理，进行个别化教学。

8.3.3 教学目标的阐明

微课中的教学目标应该明确具体，重点、难点突出，应向学生呈现出所要学习的主要知识点或主要问题，以引起学生的注意。

在微课中，教师对教学目标的阐述可以或明或暗。明，是指教师可以用屏幕文字直接告诉学生学习目标，也可以用口述方式告诉学生学习目标；暗，是指教师虽然没有明确地说出教学目标，但是教师头脑中的教学目标要清晰，用各个教学活动引导学习者达成教学目标。

8.3.4 教学策略的制定

微课教学策略的制定涉及教学的组织（导入、吸引学生注意、总结）、教学活动与教学顺序的设置、教学媒体的选择、教学的组织形式。

需要注意的是，微课与传统课堂相比缺少面对面的交流，与远程教育常用的三分屏网络实时授课相比也缺少在线的实时解答和交流。由于缺乏交互，微课需要吸引学生的注意力，而提问是一种有效的策略，可以引导学生思考问题并共同参与到问题的解决中来。

8.3.5 学习活动设计

学生的学习和发展动力来源于学生与环境的相互作用。学生认知机能的发展、情感态度的变化都应归因于这种相互作用。站在学生的角度看，这种相互作用便是学习活动。因此，学习活动的设计必须作为教学设计的核心设计内容来看待。学习活动的设计最终表现为学习任务的设计，通过规定学生所要完成的任务目标、成果形式、活动内容、活动策略和方法来引发学生内部的认知加工和思维，从而达到发展学生心理机能的目的。[59]

8.3.6 学习环境设计

从设计的角度来看，学习环境是学习资源（特指媒体资源）和学习工具的组合，这种组合实际上是旨在实现某种目标的有机整合。在学习活动发生时，学习环境又被称为学习情景，其中必然包含人际关系要素。学习环境的设计主要表现为学习资源和学习工具的整合活动。在设计时也应考虑人际支持的实施方案，但人际支持通常表现为一种观念而不是具有严格操作步骤的实施法则。[60]

8.3.7 媒体传递设计

媒体传递设计的任务是决定通过何种媒体形式、按照何种呈现顺序、以什么样的组织形式向学习者传递信息。

媒体传递是边缘层次的设计活动，教学设计应将重点放在学习活动上。以学为中心来设计数字化教学资源，必须强调和注重情景、问题、协作、互动、交流、引导、帮助等支持自主学习的教学策略的设计。[61]

8.4 微课教学设计模板

为了使微课教学设计标准化、规范化，既符合学习理论和教学设计原理的要求，又涵盖教学设计的全部内容，有必要在微课教学设计中应用模板来进行教学设计。基于五星教学原理的微课教学设计模板见表8-1。

表8-1　　　　　　　　微课教学设计模板[62]

	微课名称				
基本信息	所属一级学科名称				
	所属专业名称				
	所属课程名称				
	课程类型	□公共基础课　□专业基础课　□专业课　□其他			
	微课教学知识点				
	微课类型	□讲授型　□解题型　□答疑型　□实验型　□技能操作型 □表演型　□合作学习型　□探究学习型　□其他类型			
	适用对象				
教学设计	教学目标				
	教学重点				
	教学难点				
	学生特征分析				
	聚集解决的问题				
教学过程	教学环节	教学要求	教学内容	教学安排与方法	时间分配
	激活旧知（引导入门）				
	示证新知（教会理解）				

续表

<table>
<tr><th colspan="2">微课名称</th><th></th><th></th><th></th><th></th></tr>
<tr><td rowspan="4">教学过程</td><td>教学环节</td><td>教学要求</td><td>教学内容</td><td>教学安排与方法</td><td>时间分配</td></tr>
<tr><td>尝试应用（辅导操练）</td><td></td><td></td><td></td><td></td></tr>
<tr><td>总结归纳（知识提炼）</td><td></td><td></td><td></td><td></td></tr>
<tr><td>融会贯通（考察应用）</td><td></td><td></td><td></td><td></td></tr>
<tr><td rowspan="3">其他</td><td>总结反思（自我评价）</td><td colspan="4"></td></tr>
<tr><td>作品简介</td><td colspan="4"></td></tr>
<tr><td>编写时间</td><td colspan="2"></td><td>编写人</td><td></td></tr>
</table>

在进行微课教学设计时，可以根据课程特点对上述模板进行适当调整，更好地服务于自己的微课教学设计。

《汽车维修钣金基础技能实训——损伤门板粗修复》微课教学设计实例见表8-2。

表8-2 《汽车维修钣金基础技能实训——损伤门板粗修复》微课教学设计[63]

<table>
<tr><th colspan="2">微课名称</th><th>汽车维修钣金基础技能实训——损伤门板粗修复</th></tr>
<tr><td rowspan="7">基本信息</td><td>所属一级学科名称</td><td>汽车维修工程</td></tr>
<tr><td>所属专业名称</td><td>汽车维修</td></tr>
<tr><td>所属课程名称</td><td>汽车维修钣金基础技能实训</td></tr>
<tr><td>课程类型</td><td>□公共基础课　□专业基础课　☑专业课　□其他</td></tr>
<tr><td>微课教学知识点</td><td>门板修复</td></tr>
<tr><td>微课类型</td><td>□讲授型　□解题型　□答疑型　□实验型　☑技能操作型
□表演型　□合作学习型　□探究学习型　□其他类型</td></tr>
<tr><td>适用对象</td><td>职业院校汽车维修专业学生</td></tr>
<tr><td rowspan="4">教学设计</td><td>教学目标</td><td>了解门板修复作业防护用品
掌握制作仿制损伤门板的方法
能够对门板损伤做出评估
掌握损伤门板的粗修方法</td></tr>
<tr><td>教学重点</td><td>制作仿制损伤门板一件</td></tr>
<tr><td>教学难点</td><td>损伤门板粗修复的方法</td></tr>
<tr><td>学生特征分析</td><td>学生通过高职阶段基础课程的学习，掌握汽车维修的基础知识，能够将理论与实践相结合，具有较强的动手能力
学生通过前期的学习，对汽车钣金工作岗位的要求有一定了解，对门板修复有浓厚的兴趣</td></tr>
</table>

续表

微课名称		汽车维修钣金基础技能实训——损伤门板粗修复			
教学设计	聚焦解决的问题	损伤面积较大，板件碰撞时有延展变形，需要使用车身修复机进行缩火作业才能完成 门板变形区域有折痕，修复时要把折痕和塑性变形用小锤和手垫铁整平 车门损伤部分油漆已经全部破坏，修复时一定要把旧漆膜打磨干净才能焊接垫圈拉伸修复			
	教学资源准备	1. 配备车身修复机 2. 配备钣金整形手工工具一套 3. 配备单动打磨机与带式打磨机各一把 4. 本微课实训题 5. 参考资料：《汽车维修钣金基础技能实训》 6. 实物图片、原理图片，每张图片配以文字说明			
教学过程	教学环节	教学要求	教学内容	教学安排与方法	时间分配
	激活旧知（引导入门）	认识工具、设备、装置、实训防护用品	实训台架及功能防护用品的穿戴要求	展示	20秒
	示证新知（教会理解）	门板修复备料	仿制门板制作 损伤制作	画线动画展示 仿制门板制作演示 损伤制作演示	90秒
	尝试应用（辅导操练）	损伤门板粗修复	门板损伤的评估 小锤与手垫铁配合维修 缩火作业修复 粗修整后打磨 粗修整后检查	操作演示	210秒
	总结归纳（知识提炼）	实训5S管理	5S管理	讲解	30秒
	融会贯通（考察应用）	实训及缺陷点评	实训中产生的缺陷 产生缺陷的原因	指导、演示	30秒

续表

	微课名称	汽车维修钣金基础技能实训——损伤门板粗修复	
其他	总结反思（自我评价）	1. 门板损伤修复部分用检验卡尺测量不能有高点 2. 损伤修复部分允许有低点，低点的深度不能大于0.5毫米，低凹部分的面积要求不要大于20毫米×20毫米，约一个拇指的面积 3. 门板损伤修复后，修复部分不能有损伤折痕，损伤修复区域不能有弹性变形 4. 修复部分不能有介子焊接黑点与缩火氧化黑色印迹	
	作品简介	通过对门板损伤做出评估，确定修复方法。粗修复操作包括锤打、缩火作业、打磨、粗修整后的检查等	
	编写时间	2015年10月	编写人

9. 微课脚本写作

9.1 脚本基础

脚本是指表演戏剧、拍摄电影等所依据的底本又或者书稿的底本。脚本是故事发展的大纲,用以确定故事的发展方向。脚本描述的内容包括:故事发生在什么时间,什么地点,有哪些角色,角色的对白、动作、情绪的变化,等等。

脚本分为文学脚本(又称文学剧本)、分镜脚本(又称分镜剧本、导演台本、故事板)。

9.1.1 文学脚本

文学脚本在电影艺术和表演艺术中必不可少,电影、电视剧、舞台剧、话剧、音乐剧、戏曲等一般都是在脚本基础上进行艺术创作的。

徐克导演的《笑傲江湖》结尾部分的文学脚本见表9-1。

表9-1　　　　　　　　　　文学脚本

```
岳不群:说什么?竟然敢跟我讲辈分!
令狐冲:什么身份都行。你瞪着眼睛撒大谎就不对。华山派不能为一个人的野心而牺牲。
岳不群:你这个叛徒,我要杀一儆百。
(二人又一场大战,杂物乱飞。令狐冲后退,撞到染坊晾晒织物的架子。剑气纵横。令狐冲被岳不群剑气冲倒在地。)
岳不群:你的剑气不过是我的三成。你能进入我十尺范围就打吧!
令狐冲:(跃起,挺剑直刺)荡剑式!滚滚滚……
岳不群:(惊讶)什么招式?
令狐冲:独孤九剑!(斩断岳不群手腕,剑落,插地。)
岳灵珊:爹!(冲向前来,挡住令狐冲。)
令狐冲:啊!
```

续表

> 岳不群：啊！
> 岳灵珊：爹……（对令狐冲）放他条生路吧！你已经断了他的经脉。
> 令狐冲：华山不是他一个人的。说一套，做一套。他才是真正的叛徒！
> （令狐冲将剑向后一丢，骑马回去将岳灵珊拉上马去。）
> （响起主题曲，二人一骑扬尘而去。岳灵珊回望。）
> （染坊院中，岳不群捂着手腕呆坐着。岳不群从怀中掏出染满鲜血的"笑傲江湖"曲谱，愤而撕掉，朝天扬起碎屑。苍茫广漠中，令狐冲与任盈盈等会合，一起离去。）

文学脚本以对白为主，通过对话的方式来呈现故事的发展。在对话的过程中，对角色的动作、表情进行描述，对故事发生的场景也进行细致的描述。文学脚本确定了故事的大纲，为视频拍摄提供了基础。

9.1.2 分镜脚本

分镜脚本也称分镜头脚本，是在文学脚本的基础上，对艺术创作进行的进一步呈现描述。一般在视频作品的拍摄过程中使用分镜脚本，这是由于视频拍摄需要由多人配合来完成，例如，演员的表演（动作、对白、表情等），摄像师的拍摄（镜头的运用、画面的构成、画面的重心和中心等），后期制作人员剪辑和特效制作（字幕、解说词、配音、音效、音乐等）。分镜脚本对这些进行详细的描述，有助于相关人员进行配合，从而制作出满意的视频，达到导演想要的效果。

写作分镜脚本的关键是运用影视作品的视听语言落实镜头的设计构思。根据分镜脚本的描述方式，可以将其分为3类，即文字类、图文类、动态类。

（1）文字类

文字类分镜脚本是采用文字来描述镜头中的内容、细节和要求等。一般以表格的方式来呈现。

文字类分镜脚本的构成包括镜头序号、机号、景别、镜头运动、镜头时间、画面内容、台词或解说词、音响效果、音乐、备注等。

1）镜头序号。镜头序号是按组成视频的镜头先后顺序，用数字标出的某一镜头的代号。拍摄时不必按镜头序号拍摄，而编辑时必须按镜头序号进行编辑。

2）机号。现场拍摄时，往往用2~3台摄像机同时进行拍摄，机号代表这一镜头是由哪一号摄像机拍摄。用两台以上摄像机拍摄时，使用机号可以为后期剪辑时镜头的组接提供方便。若是采用单机拍摄，就不必标出机号。

3）景别。景别代表在不同距离观看被拍摄的对象，有远景、全景、中景、近景、特写等，能根据内容、情节要求反映对象的整体或突出局部。

4）镜头运动。摄像机拍摄时镜头的运动技巧，例如，推、拉、摇、移、跟等。

5）镜头时长。表示该镜头画面的长短，一般是以秒来标明。

6）画面内容。用文字阐述所拍摄的具体画面。为了阐述方便，推、拉、摇、移、跟等拍摄技巧也在这一栏中与具体画面结合在一起加以说明。有时也包括画面的组合技巧、组接技巧等。

镜头画面的组合技巧，如分割画面和键控画面等；镜头之间的组接技巧，如切、淡入淡出、叠化、圈入圈出等。在分镜头脚本中，一般在技巧栏只标明镜头的组接技巧。

7）台词或解说词。演员的台词或者对应一组镜头的解说词，必须与画面密切配合。

8）音响效果。在相应的镜头处标明使用的效果声。

9）音乐。注明音乐的内容及起止位置。

10）备注。方便导演记事用，导演有时把拍摄外景地点和一些特别要求写在此栏。

分镜脚本创作时，可在Excel表格中制作一个表头，包括上述各项，也可以根据拍摄的需要，合并相关项目，构成分镜脚本的写作模板。

在写作模板中，按镜头逐一描述，就构成了一个完整的分镜脚本（见表9-2）。

（2）图文类

图文类分镜脚本是在文字描述的基础上，进一步绘制出分镜头的画面，以使参与人员更加清楚地了解镜头的构成、画面的布置等。好莱坞大片在拍摄前，由专业的分镜师（或导演）来绘制分镜头，可以手绘也可以借助

表 9-2　《汽车维修钣金基础技能实训——损伤门板制作》微课分镜脚本

镜号	景别	镜头运动	时长	画面内容	解说词	备注
			10 秒	标题：汽车维修钣金基础技能实训		
				小标题：损伤门板制作		
1	全景	定	20 秒	操作演示人员依次穿戴好防护用具	第 1 步　佩戴实训防护用品 操作人员穿戴好实训工作服、工作帽、手套、安全鞋、防护眼镜和耳塞	
2	特写	拉到全景	10 秒	戴上防尘口罩	在打磨钢板时佩戴防尘口罩	
3	全景	定	5 秒	用一块干净的毛巾，仔细擦拭板件	第 2 步　钢板检查画线 将板件先除油	
4	全景	跟	20 秒	左手持板件，右手持挫子在板件边缘打磨，去除板件边缘上的毛刺	再去除毛刺	
5	特写	定	20 秒	在板件上量好尺寸，按照图纸画线	然后根据折弯加工图纸的尺寸把板件需要折弯的线画好，画线尺寸误差控制在 ±0.2 mm 以内	增加 Flash 动画呈现
6	全景	定	20 秒	将画好线的板件，固定在折弯夹具上，沿着划线进行加工，直到形成折弯	第 3 步　仿制门板制作 按照画线尺寸进行加工折弯	
7	全景	定	20 秒	同样方法，制作其他两处损伤	折弯完成后再制作两处门板损伤	
8	全景	定	10 秒	将制作完成的损伤门板，固定在修复夹具上	第 4 步　门板固定 将仿制门板固定在修复夹具上	
9	特写	跟	20 秒	用钢直尺检查门板的平直度	用钢直尺检查门板是否有低凹现象，如果有低凹现象就需要重新检查固定	

Photoshop 来绘制。

图文类的分镜脚本包括镜头序号、镜号、时长、画面内容、说明、音效、备注等（见图9-1）。其中，最重要的就是画面内容。在这一栏中，绘制出镜头的详细情况，尺寸一般是16∶9的矩形框。如果在矩形框内绘制的内容不够清楚，还可以在这个框以外的地方绘制补充的内容。

镜号	时长	画面内容	说明	音效	备注

图9-1 图文类的分镜脚本格式

（3）动态类

动态类分镜脚本是在图文类分镜脚本的基础上，将绘制的画面内容进一步做简单的后期处理，变成一个动画预览视频。也就是说，在画好的内容中增加部分运动的要素，并加上简单的特效和音效，就形成了动态类分镜脚本。

9.1.3 对脚本的要求

脚本要能够指导拍摄和制作，保证微课开发的顺利进行。因此，微课制作对脚本的要求较高，具体有以下要求。

（1）反映教学设计思想

微课教学设计是脚本撰写的依据，脚本必须反映教学设计的思想，满足教学设计的全部要求。

（2）清晰描述教学过程

微课脚本必须结合教学设计，按照教学设计的思路，准确、清晰地描述教学全过程，使得活动构成清晰。

微课的教学过程包括导入、教学活动的开展、教师的演示操作、在教学过程中使用的多媒体资源、教师与学生的互动、教师总结、练习与复习等。脚本要根据微课中教学活动的开展，对教学过程、教学环节进行清晰、详细的描述，使视频编导、制作人员对教学活动有所了解。

（3）描述每个教学环节的拍摄重点

对教学过程进行切分，形成一个个教学环节，每个教学环节又细分为多个拍摄镜头。使用镜头语言，对教学环节进行描述。教学环节中的哪些对象，适宜给远景、全景镜头；哪些对象或细节，适宜给近景、特写镜头。每个教学环节拍摄的时长、重点都要有所体现。

（4）根据需要配上字幕和解说词

好视频通过观看画面就能够了解视频要表达的含义。但如果无法完全用画面表达，就要通过字幕和解说词来对画面进行补充说明。

如果需要在镜头上添加字幕，就需要提供准确的字幕文字。

在微课制作中，不同类型的微课对解说词的要求不同。例如，讲课实录式的微课，由于是教师在讲解知识点，可以不需要解说词。但如果是操作演示视频，教师只进行操作演示或实验，没有同步讲解，就需要通过解说词来对画面上的操作进行解读。并要求解说词顺畅连贯、逻辑性强、朗朗上口、用词规范，口语化和书面用语协调，适合视频风格。

解说词一般通过配音的方式添加到视频中并配上字幕。解说词必须完整、正确，这样配音人员才能够对照脚本进行配音。

（5）对后期制作提出要求

例如，视频整体风格是明快愉悦、严谨庄重、轻松活泼还是动感欢快；视频转场和过渡使用何种效果；不同教学环节之间的衔接和切换是否添加标题和过渡效果，是否使用动画效果及何种动画效果；视频的标题层级、逻辑关系的呈现方式，标题的字体字号如何设计；配音、同期声、背景音乐如何处理；以及片头、片尾有何要求等。

9.2 微课脚本写作流程

微课脚本的写作流程，可以按以下四步进行（见图9-2）。

9.2.1 脚本大纲

脚本大纲要对微课制作的主要内容、流程等进行描述。脚本大纲没有严

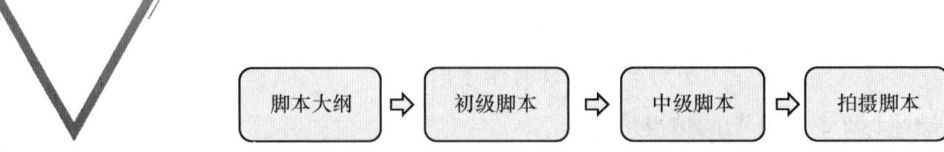

图 9-2　微课脚本的写作流程

格的规范，能够体现微课的主要内容和制作思路即可。

前面介绍的微课教学设计中包括了教学目标、教学重点和教学难点，还包括详细的教学过程，如激活旧知（引导入门）、示证新知（教会理解）、尝试应用（辅导操练）、总结归纳（知识提炼）、融会贯通（考察应用）等。因此，也可以用微课的教学设计作为脚本大纲。

9.2.2　初级脚本

初级脚本的作用是帮助教师把要拍摄的课程内容，从文字语言转化为画面语言，也是将教学讲解、演示操作步骤进行细化和规范化的一个重要过程。

微课的初级脚本一般由熟悉教学的一线教师完成，可以写成分镜脚本的形式，但这要求教师熟悉脚本语言。实际工作中，由教师写出清晰的教学过程和操作步骤即可（见表9-3）。

表 9-3　《汽车维修钣金基础技能实训——手工制作》微课初级脚本[64]

任务名称	手工制作
人员、时长	演示人员：贺玉兵，指导人员：邹成斌，预计操作时长：30 分钟
活动目标	1. 了解手工成型的相关工艺 2. 掌握手工制作盆形件的操作方法
活动准备	设备准备：汽车钣金多功能实训台架 辅料准备：钢板
操作步骤	
活动 1	盆形件制作备料
第 1 步	手工制作防护
	1. 穿实训工作服 2. 戴实训工作帽 3. 穿实训安全鞋 4. 戴防护眼镜 5. 戴防护耳塞 6. 戴防尘口罩

续表

任务名称	手工制作
第2步	盆形件实训材料制作
	1. 盆形件实训材料是从修复后的仿制门板中提取的 2. 用扁嘴大力钳固定好门板 3. 用錾子从左向右錾切，第一遍錾切轻一点，要求錾切的精确度，第二遍可以加大錾切力度，第三遍要求錾切分离板件 4. 分离好门板的上下板件后，再将门板下部用扁嘴大力钳固定好 5. 用铁皮剪刀将两边钢板焊接材料剪切分离，中间的板件为手工制作盆形件实训材料
第3步	制作材料修整
	1. 将剪切好的盆形件实训材料四边用小锤轻轻修整一遍，要求板件四边平整 2. 然后用角尺检查四个角的角度和板件长、宽、对角线尺寸，尺寸偏差大就用剪刀再修整，最后去除板件边缘毛刺
活动2	盆形件展开放样
第1步	盆形件展开分析
	1. 先检查剪切的板件是否是正方形，然后测量四边尺寸，接着再测量对角线 2. 对照盆形件实物，仔细观察实物的正面与反面工件形状，运用理论知识将工件展开放样在平面钢板上
第2步	中间筋线画线
	1. 将实训板件水平面、垂直面两条中心线画好，再以两条中心线为基准将中间制筋的四边线画好 2. 将制筋线的里面线条引到钢板反面，然后把制筋的四圆角内切圆心定位好，最后把四角圆弧画好
第3步	四边折弯画线
	1. 以两条中心线为基准将四边折弯的线条画好 2. 将折弯的边四角重叠的边角剪切去除，用小锤修整后再用锉刀去除边角毛刺
第4步	展开画法检查
	1. 将画好的手工制作盆形件实训板件用小锤修整后，再用锉刀去除边角毛刺 2. 用钢直尺重新检查确认一下，所有尺寸误差控制在0.5 mm以内
活动3	盆形件正方形筋线制作
第1步	内外筋线制作
	1. 制筋外筋线锤击一遍 2. 依据轨迹画好内筋线 3. 制筋内筋线锤击一遍

续表

任务名称	手工制作
第2步	固定筋线延展
	1. 盆形件定位后固定好 2. 线錾子匀称锤击延展
第3步	筋线正反修整
	1. 将盆形件从底模上取下，放在平台上，先用线錾子修整制筋的外筋线 2. 反过来再修整制筋的内筋线
第4步	筋线四周修整
	1. 将板件平放在平台上，先轻轻敲击四个圆角外边 2. 然后对应筋线的板件边缘用小锤轻击延展，直到板件平整为止
活动4	盆形件四边折弯制作
第1步	折弯线制作
	1. 筋线制作好后将工件反放在平台上，用薄胶皮垫在板件下面 2. 将四边折弯的线条用线錾子轻轻地敲一遍，要求有轨迹和轻微角度即可
第2步	折弯边弯曲
	1. 将工件放在底模上对好位，用大力钳将其固定好 2. 用小锤将四边均匀地分几次敲击成直角，敲击时尽量锤击折弯边的边缘，四条折弯边要求尽量成型角度一致
第3步	折弯边修整
	1. 将弯曲好的工件取下放在手工平台上，用垫铁衬托在折弯直线边后面，再用线錾子将折弯线条修整一下 2. 将直角弯曲时的圆角整平直一点，然后把弯曲的直角边通过收边与放边的方法进行修整
第4步	折弯边二次修整
	1. 将垫铁放在折弯边内侧 2. 用力抵住直角边用小锤将其敲击平整，修整后再检查一下折弯边角的准直度，可以通过收放边来调整 3. 调整后再修整折弯边的边缘准直度
活动5	盆形件制作完工检查
第1步	制筋检查修整
	1. 把盆形件平放在手工台上，用力压住轻轻敲击正方形筋线的四个圆角位置 2. 敲击力过大导致筋线低时可以反过来修整，直到平整为止

续表

任务名称	手工制作
第2步	折弯边检查修整
	用线錾子沿折弯线向下锤击，使折弯边轻微反向弯曲，再用垫铁衬托折弯边内侧收缩延展板件，直到修直为止
第3步	平整度检查修整
	通过锤击工件的四个角来修整
第4步	完工整理
	1. 手工制作盆形件完工后，要对实训工具进行检查与保养 2. 线錾子要及时打磨去掉卷边 3. 实训工具归位 4. 打扫干净实训台

微课样例
《汽车维修钣金基础技能实训
——手工制作》

9.2.3 中级脚本

微课的中级脚本一般由编导人员完成，可以由策划编辑和编导人员对初级脚本进行审读和修改。策划编辑主要审查脚本中的知识点，确保内容的科学性、正确性和规范性。编导人员主要负责对初级脚本进行分析，了解教师对微课的教学设计、制作要求，从而运用镜头语言将初级脚本转换为可供指导拍摄的分镜脚本。

编导人员完成分镜脚本后，还要与负责的教师一起沟通，让教师理解导演人员的拍摄意图，看是否符合教师的教学要求。分镜脚本要使用更符合影视画面的镜头语言，从而方便教师和编导人员沟通。

分镜脚本有着相对固定的格式，主要由镜头、景别、画面、解说词等构成。不同类型的微课，其制作过程中要强调的重点不同，因此在描述上也会有所不同，但格式上大同小异，具体样例见表9-2。

9.2.4 拍摄脚本

在中级脚本的基础上，进一步聘请专家来审核，对脚本内容进行把关。此外，为了保证拍摄的顺利进行，还要从脚本中归纳出拍摄前需要的材料、各类器材、人员、拍摄环境，以提高拍摄效率。

景泰蓝制作系列微课中的一个拍摄脚本见表9-4。

表9-4 《8吋百花图案掐丝工艺实训——烧丝和码"鳞儿"》微课拍摄脚本[65]

序号	提示文字	解说词	工具材料准备
1	烧丝		
2	步骤1	将满足使用量的膘丝缠绕成圈状，置于烧丝铁盒内	
3	步骤2	待电炉升温至700℃左右，佩戴隔热面罩及手套，用烧活铁钳夹住烧丝铁盒边缘放入炉体内，烧丝时间为1~2分钟。平开式电炉在开合炉门过程中的炉温变化较大，所以开合动作要快，尽可能减少炉温扩散	1. 膘丝 2. 烧丝铁盒 3. 平开式电炉 4. 烧活铁钳
4	步骤3	用烧活铁钳将烧丝铁盒平稳取出，放置于地面冷却	
5	步骤4	降温后放置于工位操作台面上备用。烧制后的膘丝称为熟丝	
6	码"鳞儿"	码"鳞儿"的作用是为了保证产品在磨活工序时不会造成"惊蓝"。惊蓝是指在磨活过程中砂石与点蓝成品进行摩擦撞击后，蓝料出现裂纹 制作时应该掌握8英寸圆盘码"鳞儿"的大小，过大或过小将不能与圆盘及图案比例相匹配，影响整体艺术效果 使用绕径棒将熟丝绕成需要的大小、弧度，一般用于简单器型上下口，称作"龙鳞""鱼鳞"	1. 绕径棒 2. 熟散丝 3. 拓印完成的铜胎圆盘 4. 白芨盘 5. 粘活镊子 6. 剪刀
7	步骤1	用右手握住绕径棒，左手将熟散丝绕在所需绕径棒上，将散丝比齐，满足所需要的弧度，右手使用剪刀断丝。断丝又称为断"鳞儿"	
8	步骤2	重复操作，直到满足使用量	
9	步骤3	将铜胎圆盘固定放好，将白芨盘放置于右侧斜上方	

续表

序号	提示文字	解说词	工具材料准备
10	步骤 4	右手持粘活镊子夹起"鳞儿"蘸取白芨，以右手无名指及小指置于胶碟边缘控制白芨蘸取量，保证平均蘸取白芨，过多则脏活，过少则粘丝不牢。熟丝烧成后较软，尽量避免蘸取白芨时变形	
11	步骤 5	码"鳞儿"效果检查	
12	要点回顾	（抠像，实拍教师现场同期声）操作过程中，要注意两点	
13	码"鳞儿"	在码"鳞儿"时注意保持一致，布局安排合理	
14	断"鳞儿"	在断鳞时要使用正确的手法操作	

微课样例
《8吋百花图案圆盘掐丝工艺实训
——烧丝和码"鳞儿"》

9.2.5 脚本写作注意事项

在实际脚本写作中，教师常常步入一些误区，应引起注意。

（1）微课脚本不是摘要

有的教师对自己的专业领域非常了解，认为只需要一个摘要就可以开展微课教学活动，从而拍摄成为视频并制作成为微课，一些没有明确的环节，可以在教学活动的开展过程中，由教师进行临场发挥，这显然是一个误区。

虽然教师对微课的教学任务非常了解，但脚本不仅仅是给教师看的，更是与视频编导、制作人员沟通和交流用的。拍摄和制作人员对专业领域不一定了解，仅对照摘要无法进行工作，无法完成视频拍摄和制作。因此，教师要撰写完整的脚本，对微课的教学全过程进行详细描述；同时，提供完整、正确的解说词，让拍摄和制作人员能够全面了解微课的内容。

《液位报警器的制作》的微课脚本见表9-5。该脚本只给出了大的场景，需要进一步进行整理、细化。一是对任务进行划分，列出构成任务的多个活动，包括准备、导入、总结；二是对活动进行详细描述，细化到具体的步骤，增强对拍摄的指导作用。

表9-5　　　　　《液位报警器的制作》微课脚本[66]

微课名称	液位报警器的制作		制作人		（略）	
所属课程	电子技术基础					
适用对象	高级工					
微课时长	7分钟					
教学目标	使学生掌握液位报警器的制作、焊接技能、元件的检测、报警器的检测和验证					
设计思路	通过制作液位报警器，使学生更加理解电路中元件的工作方式					
录制编辑工具	摄像机、录像剪辑软件、配音软件					

制作过程

内容	画面内容	解说词	提示字幕	时长	背景音乐	备注
片头	展示各种锅炉的液位报警器	在学校，在医院，在各种工作场所我们都会看到一种简单的供应热水的装置，那就是锅炉。在锅炉使用时一定要加装液位报警器，若是水位过低，锅炉就有爆炸的危险，若是水位过高，又可能出现开水溢出的现象。那么就让我们来学习一下液位报警器这个神奇的装置吧	液位报警器	30秒	《致爱丽丝》	无
主要内容	认识液位报警器的电路图	那么首先让我们来了解一下液位报警器的电路图	液位报警器的电路图	20秒	《致爱丽丝》	
	认识电路图中所需要的电气元件	液位报警器的电路其实很简单，元器件只有7个，分别是1个芯片，2个电阻，3个电容，还有1个喇叭	芯片、电阻、电容、喇叭	60秒	《致爱丽丝》	无

续表

内容	画面内容	解说词	提示字幕	时长	背景音乐	备注
主要内容	优化电路	虽然电路图我们已经了解了，但实际操作中为了使空间利用率最大，减少故障率，我们应该对电路进行优化得到较为理想的电路连接图	优化电路	30秒	《致爱丽丝》	无
	安全用电	焊接时请注意电烙头温度合适时再开始，同时注意不要使电烙头碰到电线	安全用电	10秒	《致爱丽丝》	无
	焊接材料准备	焊接时我们需要用到电烙铁、焊丝、电源等材料，那么就请学生们自行去库房领取材料	电烙铁、焊丝、电源	30秒	《致爱丽丝》	无
	进行电路焊接	焊接操作前认真分析连接图，利用材料做好元件的布置，做好必要的标记，然后按焊接工艺要求进行元件焊接	布局合理，便于操作，注意安全操作，按焊接工艺要求进行	180秒	《致爱丽丝》	无
	焊后检测	焊接完毕，要对焊接进行检测，检查有没有不牢固的地方	检测过程	15秒	《致爱丽丝》	无
	验证	现在，液位报警器已经做完了。让我们来验证一下它是否能有效进行报警	验证过程	15秒	《致爱丽丝》	无
片尾		作者、单位、音乐、日期等		30秒	《致爱丽丝》	无
说明	每个环节以真人操作为主					

（2）脚本不是教材的照搬

有的教师把教材搬到脚本之中，认为教材已经描述得够清晰了，这是脚本写作的另一个误区。

教材是对知识点和技能点的阐释，但不能体现教师的教学设计，不能准确地反映教学全过程。由于教材不描述微课对应任务的具体活动、具体步骤、具体过程，因此对于视频拍摄和微课制作没有直接的指导意义。教材只能作为微课制作的参考资料。

脚本是对任务包含的活动过程以及活动具体步骤的详细描述，用于指导演示操作、表演或讲解，描述知识点或技能点在视频画面上呈现的方式和表现手法。因此，在脚本写作中，必须注意脚本与教材的区别。

《食品中金黄色葡萄球菌的检验》的微课脚本见表9-6。该脚本层次结构清晰，明确了微课的教学任务，把教学任务细分为相互衔接的活动和操作步骤。脚本中简要地描述了屏幕画面，以及相应的解说词和字幕，并预估了各个活动的时长。视频编导和制作人员可以基于此脚本与教师（演示操作人员）进行沟通，并在此基础上进行完善，使脚本对拍摄和制作具有指导意义。

表9-6　　　《食品中金黄色葡萄球菌的检验》微课脚本[67]

序号	结构一	结构二	画面	解说词	字幕	时长
1	片头		课程统一片头		课程名称+微课名称	15秒
2	一、金黄色葡萄球菌简介		被金黄色葡萄球菌污染的食品照片　人感染后出现中毒症状的照片　金黄色葡萄球菌的图片　部分实验室操作镜头	金黄色葡萄球菌广泛存在于自然界中，食品极易受其污染，是人类化脓感染中最常见的病原菌。该菌能产生肠毒素，作用于肠壁，刺激呕吐中枢，产生急性胃肠炎症状。金黄色葡萄球菌为革兰氏阳性球菌，直径为0.5~1.0 μm，无芽孢，无鞭毛，大多数无荚膜。在固体培养基上的形态一般呈葡萄状，液体培养基中可呈单个、成对或短链状排列	金黄色葡萄球菌为革兰氏阳性球菌，直径为0.5~1.0 μm，无芽孢，无鞭毛，大多数无荚膜	60 s
3		1. 检测依据	图片	依照《食品安全国家标准　食品微生物学检验　金黄色葡萄球菌检验》（GB 4789.10—2010）进行检验。采用定性检验法	GB 4789.10—2010	30 s

续表

序号	结构一	结构二	画面	解说词	字幕	时长
4	一、金黄色葡萄球菌简介	2. 检测流程图	检测流程图（根据国家标准提供清晰大图）	检测流程如下：检样的预处理、样液的10倍系列稀释、增菌等步骤，培养5天，观察并记录结果，出具检测报告		30 s
5	二、检测准备	1. 样品及仪器设备	拍摄实验所需样品及仪器设备	准备实验所需的样品及仪器设备，包括拍打器、接种环、酒精灯、电子秤、火柴、移液管、喷壶、酒精棉	检测样品、拍打器、接种环、酒精灯、电子秤、火柴、移液管、喷壶、酒精棉	60 s
		2. 培养基的配制及灭菌	培养基、标签说明（近景）指出培养基的同时，画面中打出各部分的名称 生理盐水罐225 mL和3支9 mL分装的生理盐水试管 吸量管图片	所需要的培养基有：（1）10%氯化钠胰酪胨大豆肉汤（2）7.5%氯化钠肉汤（3）血琼脂平板（4）Baird–Parker琼脂（BP）（5）脑心浸出液肉汤（BHI）（6）营养琼脂小斜面 所需要的试剂有：（1）兔血浆（2）革兰氏染色液 玻璃仪器的灭菌：取1 mL吸量管5~6支单独包扎，160 ℃干热灭菌2 h，冷却后备用	（1）10%氯化钠胰酪胨大豆肉汤（2）7.5%氯化钠肉汤（3）血琼脂平板（4）Baird–Parker琼脂(BP)（5）脑心浸出液肉汤(BHI)（6）营养琼脂小斜面	90 s
6	三、样品处理	1. 消毒 2. 梯度稀释	整个实验的操作以流程图的形式逐步给出。当前步骤先给放大的特写，到图片的中央，然后回到步骤所在流程图中的位置，整个实验完成后流程图补充完整	以无菌操作，称取25 g样品置入盛有225 mL 7.5%氯化钠肉汤或10%氯化钠胰酪胨大豆肉汤的无菌均质杯内，或放入盛有225 mL稀释液的无菌均质袋中 用拍打器拍打15~30 s，此时样品稀释10倍	25 g 225 mL	60 s

续表

序号	结构一	结构二	画面	解说词	字幕	时长
7	四、增菌		拍摄生长菌的7.5%氯化钠肉汤	将上述样品匀液于(36±1)℃培养18~24 h，金黄色葡萄球菌在7.5%氯化钠肉汤中呈混浊生长，污染严重时在10%氯化钠胰酪胨大豆肉汤内呈混浊生长	(36±1)℃培养18~24 h	30 s
8		1. 分离	拍摄接种过程：培养物分别划线接种到血琼脂平板和Baird-Parker琼脂平板上，拍摄手部近景	将上述培养物分别划线接种到血琼脂平板和Baird-Parker琼脂平板上 同时接种金黄色葡萄球菌和表皮葡萄球菌的标准菌株作为阳性对照和阴性对照 注意：酒精灯火焰周围是局部无菌环境，接种操作应尽量在火焰周围		60 s
9	五、接种	2. 培养	培养箱温度特写：(36±1)℃ Baird-Parker琼脂平板特写 由整个平板推到单个菌落特写	（1）血琼脂平板于(36±1)℃培养18~24 h，Baird-Parker琼脂平板于(36±1)℃培养18~24 h或45~48 h （2）金黄色葡萄球菌在血琼脂平板上形成较大的圆形菌落，光滑凸起、湿润、金黄色，菌周围可见完全的溶血圈 （3）金黄色葡萄球菌在Baird-Parker琼脂平板上，菌落直径为2~3 mm，颜色呈灰色到黑色，边缘为淡色，周围为一混浊带，在其外层有一透明圈。用接种环接触菌落有似奶油至树胶样的硬度，偶然会遇到非脂肪溶解的类似菌落，但无混浊带和透明圈	(36±1)℃培养18~24 h	90 s

续表

序号	结构一	结构二	画面	解说词	字幕	时长
10		3. 鉴定	染色镜检：显微镜特写镜头（提供图片）	用接种环挑取上述可疑菌落进行革兰氏染色，并在显微镜下观察，金黄色葡萄球菌为革兰氏阳性球菌，排列呈葡萄球状，无芽孢，无荚膜，直径为 0.5~1 μm		30 s
11	五、接种	4. 血浆凝固酶试验	按解说词	（1）用接种环挑取 Baird-Parker 琼脂平板或血琼脂平板上可疑菌落 1 个或 1 个以上，分别接种到 5 mL BHI 和营养琼脂小斜面，(36±1)℃培养 18~24 h （2）每支冻干兔血浆中加入 0.5 mL 灭菌生理盐水，振摇至完全溶解，再加入 BHI 培养物 0.2~0.3 mL，振荡均匀	(36±1)℃培养 18~24 h	60 s
12				（3）置于 (36±1)℃培养箱或水浴箱内，每半小时观察一次，观察 6 h，如呈现凝集或凝固体积大于原体积的一半，判定为阳性结果，否则为阴性 （4）同时以已知血浆凝固酶试验阳性和阴性葡萄球菌菌株的肉汤培养物作为对照 （5）如对结果感到可疑，挑取营养琼脂小斜面的菌落到 5 mL BHI 肉汤，(36±1)℃培养 18~48 h，重复凝固酶试验	(36±1)℃培养，每半小时观察一次	60 s

续表

序号	结构一	结构二	画面	解说词	字幕	时长
13	六、填写原始记录表与检测报告	1. 填写原始记录表	原始记录表填写原始记录表	将观察结果填写至原始记录表上		30 s
14		2. 填写检测报告	填写检测报告	根据食品质量标准判断检测结果是否合格		30 s
总时长 12 min						

微课样例
《食品微生物检验
——食品中金黄色葡萄球菌的检验》

（3）脚本要经过多次修改完善

有的教师认为脚本写完了，就可以用于拍摄。这也是一个误区。

教师撰写的脚本，需要与视频编导、策划编辑进行多次沟通，以保证脚本内容的正确性、描述画面的可拍摄性、视频效果的可实现性。

在沟通过程中，教师、编导、策划编辑会对脚本提出修改意见，使之更合理、可行。根据沟通结果，教师和编导对脚本进行修改和完善，最终形成拍摄脚本。

9.3 技能操作类微课脚本样例

9.3.1 《机夹可转位车刀刀片的拆卸与安装》

《机夹可转位车刀刀片的拆卸与安装》微课的初级脚本见表9-7。

表 9-7 《机夹可转位车刀刀片的拆卸与安装》微课初级脚本[68]

微课名称	机夹可转位车刀刀片的拆卸与安装
所属课程	零件数控车床加工
所属专业	数控加工专业
微课时长	6 分钟
适用对象	中级工班学生
教学目标	能规范操作，会更换机夹可转位车刀刀片
设计思路	由常用数控车床加工用机夹可转位刀具磨损或损坏后更换刀片的需要，引入刀片的拆卸与安装学习内容，边操作边讲解并强调注意事项，最后总结装拆方法及规范操作注意事项
片头	北京轻工技师学院、零件数控车床加工、教师照片 机夹可转位车刀刀片的安装与拆卸
主要内容	导入 数控车床加工用机夹可转位完好及损坏后的刀具实物图，动画小鸟画面及声音，启发学习者进行对比，激发兴趣，引入学习内容 正文 解说词：(配图片和实物) 此图是刀尖角为 35°的刀体结构图，与 80°的刀体结构一样。由①压块、②夹紧螺钉、③扳手、④锁销、⑤扳手、⑥刀垫等零件组成 如何拆卸呢？ 先用六角扳手打开②号夹紧螺钉 再用小号六角扳手打开④号锁销 取下废旧刀片就可以更换了 拆刀的注意事项：(小鸟画面和声音提醒) 顺序要正确 拆卸刀片时一定要先打开②号夹紧螺钉，再打开④号锁销 如果②号夹紧螺钉是锁紧状态，④号锁销是拧不动的 反螺纹情况 在拆卸刀具时，如果发现②号夹紧螺钉的内六角有损坏而无法打开时，请将刀具翻过来，在刀具的背面，也就是②号夹紧螺钉的另一端，通过它同样可以打开②号夹紧螺钉。因为反螺纹的原因，在背面我们要沿顺时针方向拧，才能打开②号夹紧螺钉 如何正确安装呢？(小鸟画面和声音提醒) 装刀前，先用气枪把刀片座附件吹干净，不要有铁屑一类的东西 把⑥号刀垫放入刀体上，然后将④号锁销拧入刀体，旋入 2~3 圈就可以，再把刀片放到刀垫之上，与锁销配合，最后拧紧锁销即可

续表

微课名称	机夹可转位车刀刀片的拆卸与安装
主要内容	将②号夹紧螺钉拧进①号压块内,用③号扳手把②号夹紧螺钉拧入刀体内并锁紧即可 安装应注意哪些问题呢?(小鸟画面和声音提醒) ④号锁销在锁紧时,力量不要太大,只是起到定位刀片的作用,如果拧的力量太大,容易发生紧死无法打开 擦拭刀具,清理现场(小鸟画面和声音提醒) 小结(小鸟出来总结) 机夹可转位车刀刀片的拆卸与安装,你学会了吗
片尾	动画小鸟画面及声音感谢、制作人
说明	全场配以轻音乐,要求画面清新

微课样例
《数控车床零件加工——机夹可转位车刀刀片的拆卸与安装》

9.3.2 《盘金绣、圈金绣》

盘金绣、圈金绣是"燕京八绝"中京绣的刺绣针法,该微课的脚本见表9-8。

表9-8　　　《盘金绣、圈金绣》微课脚本[69]

序号	节标题	解说词	展示画面
1	教学目标	关键词:京绣、基础针法、盘金绣、圈金绣 所属课程:刺绣工艺 教学目标:使学生掌握盘金绣、圈金绣技法及其应用	背景+字幕 无解说 约10秒

续表

序号	节标题	解说词	展示画面
2	针法概述	盘金绣是传统京绣最有代表性的针法之一，又称平金绣、金针绣。可以追溯到陕西扶风法门寺出土的唐代金衣绣半臂 盘金绣是用金线或银线在缎面底布上盘出图案纹样的刺绣，适宜制作皇帝龙袍上的金龙、祥云、海水、江崖，以及女装上的凤凰、孔雀等纹饰。盘金绣绣品光亮、厚实、齐整、金光夺目、富丽奢华 圈金绣也叫钉金绣，绣制方法与盘金绣基本相同，圈金绣法只限于圈画纹样的轮廓，内部针法随意。常见的有圈金打籽绣、圈金平针绣	
3	针法操作	步骤1：将捻好的金线绕在线轴上露出两头 步骤2：先固定好丝线，用丝线短针横扎于金线的线头，从原针眼里拉下去 步骤3：按图样轮廓从外边缘绣起，逐步向里铺扎而成 步骤4：以金线为辅线，丝线为钉线，每隔3毫米用丝线钉一针 步骤5：遇到有转折的图案，可将接近转折点的金线单线向里盘旋一圈后，与原来的金线再合并按顺序进行，以减少起头、藏头的繁杂工序	1. 工具全景展示：面料（提前画好图案）、绣架、绣绷（绷好）、绣针、消失笔、小剪刀、盘金或圈金用线等工具和材料 2. 按照步骤近景特写操作画面
4	针法要点	1. 盘金绣、圈金绣用料讲究，用棉纱线做芯，用黄金、白银锤箔，捻成金银线来盘金，用天然彩色合股线固定金银线 2. 两根金线必须从头盘到底，中间不能断掉或换线，否则前功尽弃，不能补救 3. 盘金绣行与行之间，钉针要相互间隔，均匀钉牢铺好的金线。圈金绣法只是圈画纹样的轮廓，钉针之间的间隔要均匀 4. 盘金绣用金色铺绣，图案的底料宜采用深色库缎为宜，这样对比强烈，突出主题花纹，使绣品更显得精致富丽	
5	针法回顾		完整流畅盘金绣、圈金绣针法展示，无配音

微课样例
《刺绣针法
——盘金绣、圈金绣》

9.4 实验演示类微课脚本样例

实验演示类微课《微生物接种》的拍摄脚本见表9-9。

表9-9　　　　　《微生物接种》微课脚本[70]

序号	画面	字幕	解说词
1	课程统一片头	课程名称+ 微课名称	
	一级标题	一、接种技术简介	
2	在无菌室进行微生物接种操作的实验员 镜头由近景慢慢拉至远景，最后定格整个无菌室		接种是将一种微生物的培养物或含微生物的样品移接到另一灭过菌的新培养基中 接种的关键是使用接种工具进行无菌操作，确保菌种不受污染
	二级标题	1. 接种工具	
3	先是给出整个画面，然后依次拍摄	接种针 接种环 涂布棒	目前较常用的接种工具是接种环和接种针。接种环多用于挑取菌苔或液体培养基；接种针多用于挑取菌丝、孢子丝等。由于接种要求或方法不同，接种针的针尖部常做成不同的形状，如刀形、耙形等。有时滴管、吸管也可作为接种工具进行液体接种 若需在固体培养基表面将菌液均匀涂布，还需要用到涂布棒
	二级标题	2. 接种方法	

续表

序号	画面	字幕	解说词
4	接种图片 动作特写： （1）划线接种 （2）液体接种 （3）三点接种	（1）划线接种 （2）液体接种 （3）三点接种	常用的接种方法有三种 （1）划线接种。这是最常用的接种方法。即在固体培养基表面作来回直线形的移动，就可达到接种的目的 （2）液体接种。从固体培养基中将菌洗下，倒入液体培养基中，或者从液体培养物中，用移液管将菌液移至液体培养基中，或从液体培养物中将菌液移至固体培养基中，都可称为液体接种。此法常用于菌种的扩大培养 （3）三点接种。即把少量的微生物接种在平板表面上，成等边三角形的三点，让它们各自独立形成菌落后，来观察、研究它们的形态
5	一级标题		二、无菌操作技术
	实验员在无菌室进行操作 镜头由远景慢慢拉至近景，最后定格在手中的无菌操作		所谓无菌操作，即在进行微生物培养时，为获得无杂菌污染的微生物，需要在接种操作过程中实施的一系列防止外源微生物侵入的操作手段和技术
	二级标题	1. 培养基、操作工具灭菌	
	1. 用高压蒸汽灭菌器皿 2. 用酒精灼烧接种工具		培养基在使用前必须彻底灭菌，一般用高压蒸汽灭菌。容器、接种工具、培养皿、吸管、试管、接种环（针）、涂布棒等可利用干燥箱或酒精灯火焰进行干热灭菌
	二级标题	2. 操作环境无菌	
6	图片 1. 无菌室 2. 超净工作台 3. 局部无菌	无菌室 超净工作台 局部无菌	常用以下三种途径实现环境无菌 （1）无菌室，即在专门的微生物检验室进行操作 （2）超净工作台，为微生物检验操作提供局部高度洁净的无菌工作区域 （3）局部无菌，酒精灯可以创造局部无菌环境，其稳定燃烧的火焰周围和顶部形成不含微生物的无菌区域
	一级标题		三、划线接种
	二级标题	1. 贴标签	

续表

序号	画面	字幕	解说词
7	实验员穿戴好工服、工帽 特写：贴上标签，注明菌种、接种日期、接种人姓名	标注信息	接种前在距试管口 2~3 cm 位置上贴上标签，注明菌种、接种日期、接种人姓名等
	二级标题	2. 消毒	
8	对工作台面、手进行表面消毒，点燃酒精灯		用酒精棉球对工作台面、手进行表面消毒，点燃酒精灯
	二级标题	3. 手持试管	
9	特写：握持试管 注意管口应与平板边缘对齐（打圈标注） 旋松棉塞	注意：管口应与平板边缘对齐	（1）左手握好平板，将菌种斜面置于平板之上，食指压好，注意管口应与平板边缘对齐 （2）在火焰旁用右手将菌种试管的棉塞旋松，以便于接种时拔出
	二级标题	4. 接种环灭菌	
10	动作放慢：右手同拿笔方法持接种环 将接种环加热，再将接种环提起垂直放在火焰上		待接种环烧红，将其斜放，沿环向上，烧至可能碰到培养皿的部位，再移向环端，如此快速来回通过火焰数次
	二级标题	5. 试管口灭菌	
11	取下棉塞，放好 试管口通过火焰		在火焰旁用右手旋松棉塞，将其取出，左手握住试管，棉塞不得随意放在工作台上或与其他物品接触。迅速将试管口通过火焰 2~3 次
	二级标题	6. 挑取菌种	
12	用接种环将菌种取出，注意挑取过程不要碰到试管壁		将灼烧过的接种环深入菌种管，先使环接触没有长菌的培养基部分，使其冷却至少 5 s，然后轻轻蘸取少量菌体，将接种环快速移出菌种管
	二级标题	7. 划线接种	
13	特写：从斜面培养基的底部向上 Z 形来回密集划线	划线接种 注意：切勿划破培养基	在火焰旁迅速将沾有菌种的接种环深入另一只斜面试管。从斜面培养基的底部向上 Z 形来回密集划线

续表

序号	画面	字幕	解说词
	二级标题	8. 塞上棉塞	
14	塞回棉塞		取出接种环，灼烧试管口，并在火焰旁将棉塞塞上
	二级标题	9. 接种环灭菌	
15	将接种环灼烧灭菌，放下接种环，再将试管塞旋紧		接种环在放回工作台前应再次在火焰上灼烧灭菌，以免造成工作台污染
	二级标题	10. 培养	
16	倒放在培养箱中 培养箱温度设定	划线接种完成	将接种过的平面倒放在37 ℃恒温培养箱中培养24 h
	一级标题	四、液体接种	
	二级标题	1. 摇匀菌种	
17	轻轻摇动盛有酵母菌菌液的试管		轻轻摇动盛有酵母菌菌液的试管，注意不要将菌液溅到管口或管帽上
	二级标题	2. 接种	
18	菌种吸取 菌种移取		取一支灭菌吸管，尾部插入洗耳球，插入摇匀的菌液中，吸取10 mL菌液将锥形瓶瓶塞打开，移入所取菌种
	二级标题	3. 倒置培养	
19	将已取样菌种的三角瓶放入37 ℃恒温水浴摇床中培养 特写：培养温度	液体接种完成	取下洗耳球，将用过的吸管放入指定筒中。将已取样菌种三角瓶放入37 ℃恒温水浴摇床培养24 h
	一级标题	五、微生物接种中的注意事项	
20	画面一对一错对比 接种前在试管口无任何信息（×） 接种前在试管口标注必要信息，信息完整清晰（√）		（1）接种前在试管口注明菌种、接种日期、接种人姓名等必要信息，信息应完整清晰

续表

序号	画面	字幕	解说词
21	两组画面对错对比 接种环灭菌用内火焰，未灼烧头部（×） 接种环灭菌用外火焰，动作熟练，灼烧彻底（√） 接种后接种环直接放在工作台上（×） 接种后接种环再次灼烧灭菌（√）		（2）待接种环烧红，将其斜放，沿环向上，烧至可能碰到培养皿的部位，再移向环端，如此快速来回通过火焰数次，最后将接种环提起垂直放在火焰上，灼烧接种环头部。为防止污染，接种后接种环应再次灭菌
22	画面一对一错对比 管口与平板边缘未对齐（×） 管口与平板边缘对齐（√）		（3）握好平板，将菌种斜面置于平板之上，食指压好，注意管口应与平板边缘对齐
23	画面一对一错对比 挑取菌体时接种环碰到管壁，划线时划破培养基（×） 挑取菌体时接种环未碰到管壁，划线时未划破培养基（√）		（4）取出菌体时接种环不要碰到管壁；从斜面培养基的底部向上Z形来回密集划线时，切勿划破培养基
24	画面一对一错对比 移液管管口碰到锥形瓶瓶壁，或没入培养基（×） 移液管管口未碰到锥形瓶瓶壁，未没入培养基（√）		（5）液体接种时注意移液管管口不要碰到锥形瓶瓶壁，也不要没入培养基
25	画面一对一错对比 工作台未整理，凌乱（×） 工作台干净整齐（√）		（6）操作结束后，将工作台整理干净，便于下次使用

微课样例
《食品微生物检验
——微生物接种》

9.5 表演类微课脚本样例

"航空物流基本礼仪"课程中的《物品递送》微课的拍摄脚本见表9-10。

表9-10   《物品递送》微课脚本[71]

微课名称	航空物流基本礼仪——物品递送
表演人员	男、女两名民航服务人员 男、女两名乘客
拍摄场地	机场候机楼，要求背景环境整齐；双机位拍摄
服装要求	候机楼服务人员标准正装 乘客扮演者所穿衣服不能有明显标识（Logo）、横竖条纹、亮片
道具准备	托盘、纸杯、剪刀 一摞报纸、不同大小的杂志 不带标识的大瓶含气饮料 带有标识（建议为学校标识）的礼品三份 桌椅一套

镜号	景别	镜头运用	时长	画面内容	解说词
			30秒	几组航空服务镜头	"端、拿、倒、送"是民航服务人员在客舱服务过程中的必备技能，掌握服务的基本原则，进行姿态的基础练习，可以提升乘务人员的服务质量
				节标题	端：托盘的使用展示
1-1	中景+特写	定	10秒	双手端托盘	双手端盘
1-2	中景+特写	定/拉	10秒	盘竖着端，大小臂成90°夹角	盘竖着端，大小手臂成90°夹角
1-3	中景+特写+手腹部齐平特写	定	10秒	端托盘的后部，手放在托盘的后三分之一处	端盘子的后半部，手与腹部齐平
1-4	中景+拇指特写	定/拉	10秒	四指并拢托住托盘的下部	四指并拢拖住盘子的下部，拇指扶在盘子的外沿
1-5	全景+脚步特写	定/跟	10秒	双手端盘，右手握住水杯，盘子不动，身体转向右前方45°	转身时，身子转动，盘子不转

续表

镜号	景别	镜头运用	时长	画面内容	解说词
1-6	全景+中景+侧景	定	10秒	右手水杯递给右前方乘客，左手端盘仍然保持指向正前方	
1-7	远景+手部特写	定	20秒	托盘放于身侧站姿展示	当盘子内没有物品时，将盘子竖起。右手持盘子中部，盘面朝身体内侧，双手自然垂于身体两侧，手指并拢
1-8	远景+手臂特写+远景	定/跟	10秒	托盘放于身侧走姿展示	行走过程中，右手轻微摆动，左手正常摆臂
				节标题	拿：书报杂志服务
2-1	全景+特写	定	10秒	杂志和报纸的摆放	摆法：相同的报纸摆在一起，报纸刊头向外，刊头从左到右按照由大到小的顺序进行摆放，杂志要每本分开呈扇形
2-2	全景+左手特写+右手特写+手臂特写+中景	定	10秒	候机楼服务人员拿杂志姿态展示	拿法：左手四指并拢，手心朝上托住报纸或杂志的底部，拇指在里侧。右手四指并拢手心朝上，拇指扶在报纸或杂志中上方，手臂伸直
2-3	中景+特写	定	10秒	将中间和里面的报纸杂志用右手的拇指和食指捏住一边	送法：杂志最外边的可以直接取送
2-4	中景+特写	定	10秒	沿着边缘至上角，抽出杂志	中间和里边的，右手拇指和食指捏住报纸的一边，沿着边缘右上角，掌心向上抽出
2-5	中景+特写	定/跟	10秒	将刊物送到乘客面前时，刊头在上，正对乘客	刊头向上，朝向乘客
2-6	中景+特写	定	10秒	服务人员45°对准旅客，与乘客眼神交流	
				节标题	倒：含气饮料服务展示

续表

镜号	景别	镜头运用	时长	画面内容	解说词
3-1	特写	定/跟	20秒	纸巾对折，手持纸巾，开瓶	将纸巾对折，左手用纸巾挡于饮料瓶口，右手开瓶，以防含气饮料溢出
3-2	特写	定	10秒	左手持杯	左手持杯，将纸巾放于中指、无名指和小指之上托住杯底，其余两指自然环住杯底下三分之一处
3-3	中景+全景+中景+特写	定/跟	10秒	右手持瓶，右脚后退，倒饮料，倒至杯子七成	左手持杯，右手持饮料瓶中部，右脚后退半步，重心在右脚上，将左手放于腹部前方，饮料倒至杯子七成
3-4	全景+中景+特写	定	10秒	先放下饮料瓶。递送时与乘客眼神交流	倒完后先将饮料瓶放回原处，再将水杯送给乘客
				节标题	送：递送物品的服务礼仪
4-1	中景	定	5秒	一男一女两名乘客	递送服务原则：从前至后，先里后外，先女士后男士
4-2	全景+中景	跟	10秒	先递送物品给女士	
4-3	中景	定	10秒	再将物品递送给男士	
4-4	特写	定	5秒	物品摆放，标识朝向乘客	递送方法：用托盘摆放整齐美观，从身体内侧向外放置。标识正面对向乘客
4-5	全景+特写	定	10秒	物品双手递交于乘客	递送物品时，以直接交到对方手中为好，不到万不得已，最好不要将所递的物品放在别处
4-6	全景+特写	定/跟	10秒	将热水放在桌上对话："先生/女士您好，热水放在您的桌子上了，请您注意温度。"	

续表

镜号	景别	镜头运用	时长	画面内容	解说词
4-7	全景	定	10秒	与乘客对坐，递交物品时，服务人员起立递交	若双方相距过远，服务人员应主动走近接物者。假如自己坐着的话，还应该尽量在递物品时起身站立为好
4-8	特写	定/跟	10秒	递交剪刀，握住尖刃处	将带尖、带刃或其他容易伤人的物品递给他人时，切勿以尖、刃指向对方

微课样例
《航空物流基本礼仪
——物品递送》

9.6 人物专访类微课脚本样例

在制作"燕京八绝"之一景泰蓝系列微课时，安排了对景泰蓝制作大师钟连盛的人物专访类微课。《创新是最好的传承——国家级非物质文化遗产景泰蓝制作技艺代表性传承人钟连盛》微课的制作脚本见表9-11。

该脚本中，微课制作的素材来源共有8类：A组——对钟大师的专访，B组——钟大师活动的拍摄镜头，C组——景泰蓝制作车间的拍摄镜头，D组——博物馆拍摄镜头，E组——珐琅厂内外景拍摄镜头，F组——自备素材，G组——钟大师提供素材，H组——外景作品镜头。

表 9-11　　《国家级非物质文化遗产景泰蓝制作技艺
代表性传承人钟连盛》微课脚本[72]

序号	组别	镜头画面	解说词
		标题	导语
1	F	风云、石狮、古建筑、玉器、瓷器、刺绣视频	在中国，绝大多数的传统工艺品都是官民共享，比如瓷器或玉器，都能在民间看到工艺精湛的制品
2	F	故宫、大殿、甬道	而唯有一件器物在清朝末年之前几乎从未走出过宫廷
3	D	民国及以前景泰蓝著名作品（配标签）作品细节	那就是极富皇家宫廷气质的纯手工工艺品——景泰蓝。景泰蓝由于用料奢华且工艺复杂，一直都深藏宫廷，是皇家专享的特殊器物
4	D	景泰蓝作品	"范铜为质，嵌以铜丝，花纹空洞，杂填彩釉，夕谓之景泰蓝，今谓之珐琅。"这是晚清《陶雅》中对于景泰蓝的描述
5	C	设计、制胎、掐丝、点蓝、烧蓝、磨光全流程镜头	景泰蓝工艺集绘画、冶金、锻造、窑业、玻璃熔炼、金属雕錾、玉石镶嵌等多种工艺为一体，堪称中国传统工艺的集大成者
6	D	景泰蓝成品（镶嵌宝石）	
7	D	景泰蓝制作流程展示景泰蓝成品	景泰蓝的魅力正是来自于这种多元化传统技艺的相互融合
8	C	工厂制作大全景	作为曾一度濒临失传的国家级非物质文化遗产，景泰蓝同时面临着保护传承与创新发展的问题
9	D	宾客参观博物馆	
10	E	珐琅厂厂牌、外景	
		标题	人物小传
11	B	钟大师在办公室打电话走进车间指导制作（保留现场声）	钟连盛，1962年出生于北京，中国工艺美术大师，国家级非物质文化遗产景泰蓝制作技艺代表性传承人
12	C	车间各工序流程制作单人景（着重操作）	景泰蓝制作工艺极其复杂，其制作融汇了文化艺术审美综合修养和众多工艺技能
13	B	办公室伏案工作接待客人下楼遇到人交谈车间指导工作	新中国成立以来，景泰蓝制作这一领域评选出来的国家级工艺美术大师一共也就6位，而现年55岁的钟连盛则是其中最"年轻"的一位
14	B	博物馆踱步参观	作为新时代最"年轻"的领军人物，钟连盛和从事这一行业的技师匠人们身上，担负着将景泰蓝这门民族传统技艺传承和发展下去的使命

续表

序号	组别	镜头画面	解说词
15	C	车间各工序流程制作单人景（着重人）	
16	D	博物馆通道无人	
		标题	因画入局
17	G	青少年时照片 画画时的照片	少年时的钟连盛喜欢画画，一直都希望自己能够进入专业的美术院校进行深造
18	A	采访1：学习画画经历	可当时正值高考刚刚恢复，可供选择的美术院校很少。就在这时，北京珐琅厂为适应时代发展开办了技校，钟连盛听说在技校里能学画画，便毅然投身报考。从走进技校大门的那天起，钟连盛就没闲着，除了紧张系统的学习课程外，一有机会就外出写生，这一画就是三年
19	F	学校上课、脚步场景	三年的技校生活使钟连盛的画技有了飞跃地进步
20	G	关于绘画知识的书 不同类型画稿	全面地学习了中外绘画基础、中国历代美术、工艺美术发展史、中国历代传统装饰艺术等，积累了丰厚的传统文化素养
21	C	画设计稿	而且接触到了当时较为先进的设计理念，为后期景泰蓝的设计创新打下了坚实的基础，也开启了他国粹景泰蓝的传承之路
22	D	绘画古籍	
23	G	与实用生活相结合的设计稿、成品图 《花开富贵》效果图	
		标题	执艺学习
24	C	各种群体工作场景	景泰蓝是一种纯手工制作的工艺品，工序繁复至极
25	G	镀金视频、图片资料	
26	C	所有工序制作画面	从设计造型、纹样，到制胎、掐丝、点蓝，到烧制、磨光、镀金，需要100多道工序
27	C	单个掐丝技师背影、动作	其中，掐丝是整个景泰蓝工艺中最"魔幻"的一道
28	C	多图案、多器型掐丝成品	没见过景泰蓝制作的人很难想象这么复杂多变的图案
29	C	单人掐丝、粘丝过程特写	是用专门的镊子将铜丝掰出花样，再一点点粘上去的
30	C	掐丝成品细节特写 掐丝过程	最小的图案不过是毫厘之间，但制作者却要花几个小时的工夫

续表

序号	组别	镜头画面	解说词
31	A	采访2：练习掐丝	为了学会这招，钟连盛常一手拿镊子，一手用指甲反复练习，拇指都被挤出了血。正是那段苦日子锻造了钟连盛今天的综合技能水平
		标题	两代匠心　一份坚守
32	E	珐琅厂厂牌、外景	在北京市珐琅厂
33	E	珐琅厂外景、花、树、空旷车间、走廊	钟连盛遇到了一位对他一生从艺和创作都产生深远影响的人——北京市珐琅厂第一任总工钱美华大师
34	D	钱美华作品	钱美华大师不仅是景泰蓝设计第一人，也是梁思成、林徽因的弟子
35	FG	钱美华照片	
36	A	采访3：钱美华对其影响	为了林徽因临终前的一句嘱托："景泰蓝是国宝，不要在新中国失传"，她把毕生精力投入到了这个行业中
37	FG	与钱美华合影	正因为受到钱美华大师敬业精神的感染
38	B	伏案工作	加之自身在从事景泰蓝创作过程中对于景泰蓝艺术的热爱
39	F	雨天	即便在景泰蓝处于低谷的时期
40	B	走进工厂大门指导交流工作	钟连盛也没有丧失信念，始终坚持着对传统景泰蓝技艺的传承
		标题	更新理念　设计创新
41	F	20世纪90年代街景	20世纪90年代初，景泰蓝遭遇严冬期
42	F	国外经济、国内商场	国外市场饱和，国内市场没打开
43	F	王府井、前门街景、购物	同时，市场上景泰蓝质量良莠不齐，图案单调落伍
44	F	宫殿、景泰蓝经典作品	昔日皇家工艺濒临失传
45	B	站着观察设计图 与其他技师讨论、开会	在景泰蓝发展的困难时期，钟连盛和他的同事们并没有因此放弃
46	G	厂内开会的照片	
47	C	电脑设计图制作	
48	G	《花开富贵》施工过程图 其他与生活相关物件的设计图	他们将当代设计理念和传统技艺相结合，依靠紧跟时代、贴近生活的新设计理念开发创作新产品，带领景泰蓝艺术逐渐走出低谷
49	D	《花开富贵》 其他物件	

续表

序号	组别	镜头画面	解说词
50	D	《荷梦》系列全景	《荷梦》系列是钟连盛创新的一次尝试
51	D	《荷梦》系列细节	其灵感来自一次龙潭湖的偶然之行。一个夏末的傍晚，夕阳的余晖洒在荷花湖面，两只小野鸭无忧无虑地在水面上游荡，刹那间一幅温馨、优美、浪漫、和谐的金色画面进入了他的脑海
52	A	采访4：《荷梦》创意来源（只用声音）	
53	A	采访5：《荷梦》制作过程	为了表达好这一感受，钟连盛没有生搬硬套景泰蓝几十年来开光的单一形式，而是采取大面积留白无丝的方式处理大面积水面波纹画面。他同掐丝和点蓝技师共同研讨，反复试验，使工艺与主题紧密相连，最终烧制出充满了崭新时代气息和强烈艺术感染力的《荷梦》
54	C	工厂忙碌大场景	在新时代背景下，景泰蓝在创作形式及应用领域上又开始寻求新的突破
55	H	朝外C区《花开富贵》喷水池整体	2005年，钟连盛为朝外C区设计并全程监制、指导、攻关完成大型环境装饰《花开富贵》景泰蓝艺术喷水池工程
56	G	《花开富贵》设计图、效果图	这块喷水池呈巨大的钥匙形状，主体部分是一个圆角三角形盆体，余部为三个长方凹弧形盆体组合。作品最宽处8米，长18米，总面积80余平方米
57	H	《花开富贵》喷水池整体、细节	整个作品规模庞大，气势宏伟，与整体环境和谐地融为一体。作品中各种花叶层层叠叠，并通过红黄色调及层次的设计，体现出富丽、高贵、辉煌的效果
58	A	采访6：《花开富贵》制作过程	景泰蓝的制作与池子的土木工程需要同时进行，没有失败和回旋的余地，必须全盘考虑到各个环节。并且烧制这么大的景泰蓝，根本没有炉子能放得下，于是作品被"大卸85块"后，才放进炉子里烧制。《花开富贵》在设计应用领域、生产制作工艺及装饰艺术效果等方面都是一次成功的创新，是当时最大的景泰蓝作品
59	G	《景泰蓝转经轮》《生命的旋律》制作过程资料照片	此后钟连盛又与珐琅厂各工序技师和相关工程技术人员合作相继完成了新加坡佛牙寺超大型《景泰蓝转经轮》工程和中华民族艺术珍品博物馆《生命的旋律》大型喷水池工程，以及多项重大室内景泰蓝装饰工程，形成了景泰蓝艺术史上的新超越
60	D	APEC会议用门把手、门框	
61	G	《景泰蓝转经轮》《生命的旋律》多角度成品照片 其他室内装饰工程照片	

续表

序号	组别	镜头画面	解说词
62	F	景泰蓝在实际生活中的应用照片 U盘、放大镜、钢笔等	如今，景泰蓝的应用越来越广泛。在室内装饰工程、高端产品包装、生活实用品等多个领域，景泰蓝工艺都展示出惊人的潜质
63	D	APEC会议雁栖湖集贤厅景泰蓝大小斗拱、壁饰等装饰	特别是2014年APEC会议雁栖湖集贤厅景泰蓝大小斗拱、壁饰等装饰工程，令很多人感叹，古老的传统技艺又实现了一次华丽转身
		标题	以师带徒　薪火相传
64	D	钟连盛作品集中展示	呈现在世人眼前的景泰蓝流光溢彩、精美华贵，而在这份华丽背后却是景泰蓝匠人们默默的坚守与付出
65	C	多工序 单个工序细节	是上百道工序的环环相扣，是每个细节的精雕细琢
66	C	多工序技师个人操作	景泰蓝技艺的学习过程漫长又繁复，一般人从从事景泰蓝制作到能够熟练掌握技艺，运用自如，需要十几年的学习与实践
67	C	车间大场景	因而目前从事景泰蓝制作的从业者普遍年龄偏大，人才断档是景泰蓝等传统技艺在发展道路上无法回避的问题
68	E	珐琅厂外景 树木、花朵摇动	
69	F	工美大师工作室成立	作为非遗传承人，钟连盛在弘扬发展景泰蓝优秀技艺的同时，还亲自带徒授艺
70	G	开会、接待外宾等重要活动照片	
71	B	指导徒弟场景	结合自己的艺术创作和工艺实践的经验，言传身教、耐心指导，对徒弟们进行有计划、有针对性的培养
72	C	徒弟工作场景	通过几年的传艺，钟连盛所带的几位徒弟已经能够独立创作，并在各类展会评奖中崭露头角，成为景泰蓝技艺的新生力量
73	CG	徒弟的代表作品	
74	A	采访7：对景泰蓝传承发展的愿景	景泰蓝技艺薪火相传，传承有序是钟连盛最大的心愿

微课样例

《创新是最好的传承——国家级非物质文化遗产景泰蓝制作技艺代表性传承人钟连盛》

9.7　情景动画类微课脚本样例

《大国工匠——工匠精神系列动画宣传片》其中一集《追梦的大飞机首席钳工技师——大国工匠之钳工胡双钱》微课的初级脚本见表 9-12。

表 9-12　　　　《大国工匠之钳工胡双钱》动画脚本

追梦的大飞机首席钳工技师——大国工匠之钳工胡双钱
人物： 胡双钱，中国商飞上海飞机制造有限公司数控机加车间钳工组组长，担任我国 C919 大型客机研发首席钳工技师。胡双钱毕业于上海飞机制造厂技工学校，在 35 年的工作中，参与过上千架飞机的生产，出于高度的责任感和严谨的工作态度，经他手加工生产的零部件从没有出过一次质量差错。他先后获得过"上海市质量金奖""全国五一劳动奖章"，并荣获"全国劳动模范"称号。 他是怎样成为"大飞机首席钳工技师"的呢？ 故事： 　　　　　　　　　　第一幕　儿时理想 镜头一：(20 世纪 70 年代) 古旧的街道，窄窄的小胡同里。三个小孩追着跑着玩。胡同里传来孩子们一阵阵的笑声。少儿时期的胡双钱手举着纸叠的飞机跑得最快。 镜头二：后边两个孩子追，其中一个喊："喂，等等我……" "胡双钱，让我也玩玩你的飞机。" 镜头三：这个时候，伴随着轰鸣声，天空中飞过一架真正的飞机（老式飞机，要真实）。 镜头四：胡双钱立刻停了下来，朝着天空望去。 镜头五：两个孩子追了上来，也都朝着天空望去，嘴里喊着："快看，飞机，飞机……" 镜头六：胡双钱稚嫩的眼睛里闪过飞机掠影，说："长大了，我一定要造飞机，真正的飞机，大飞机。" 然后，用力一挥手，纸飞机飞了出去。欢快的背景音乐响起……

第二幕 技校学习

镜头一：镜头一转，纸飞机仿佛进行了时空的穿越，飞到了1977年的高考现场窗户前，年轻的胡双钱正在考试中，答卷上写着"1977年全国高考试卷"。

镜头二：邮递员骑车来到胡双钱家楼下，拿着一份邮件，朝着楼上的窗户挥手。胡双钱兴奋地开窗户，探出头来，问："有我的信？"

镜头三：胡双钱飞奔过来，双手接过邮件，只见信封上边写着"5703上海飞机制造厂技校 录取通知书"。

镜头四：胡双钱向上挥拳，做了一个"耶……"的庆祝动作。

镜头五：技校开学，大门口（技校牌子、厂牌子并列挂在一起），胡双钱背着行囊面带微笑过来。

镜头六：早上五点半，宿舍胡双钱床边闹钟响起，然后起床、叠被子，旁边的室友睡得香甜。胡双钱来到学校自习室，开始晨读。

镜头七：三三两两的学生，在篮球场打着篮球，镜头透过去，不远处，学校的车间实训室里，胡双钱在向老师请教问题。

老师一边讲解，一边在黑板上画图，胡双钱认真地点头领会。

镜头八：老师操作，胡双钱在旁边打下手，一边帮忙递接工具，一边认真看着老师操作的每个步骤。

镜头九：晚上，学校阶梯自习教室，胡双钱一边看资料，一边在旁边白纸上画飞机模型。墙上的钟表显示时间从9点走向11点，自习室的学生一个个减少，最后就剩下胡双钱。

镜头十：车间实训室，这次是胡双钱来操作，旁边的老师频频微笑点头，表示认可。

镜头十一：毕业典礼，胡双钱作为优秀毕业生，接受奖励。

第三幕 艰难时刻

镜头一：上海飞机制造厂机加车间钳工工段，在车间里，师傅喊："小胡，去把工具箱给我拿来。"胡双钱应道："好嘞！"

镜头二：一位同事对胡双钱说："我下午有点事得出去，但我手头还有几个急件需要完成，只能你来帮我了。"小胡一边在机床上操作，一边答应："好，你去忙吧，我来做。"

镜头三：又一位同事对胡双钱说："小胡，经理让我们明天去客户那里拿样品，也不多，一个人就拿得住，你自己去吧，我就不去啦。"小胡："哦，好，没事，我来搞定吧。"

镜头四：中午吃饭的时候，一位同事和他聊天，同事说："唉，不知道你最近听说了没有，咱们厂快不行了。"

镜头五：胡双钱疑惑地问："啊？出什么事了吗？咱厂不是在执行运-10飞机研制计划吗？我有幸能参与进来，还正准备攒足了劲头好好干呢！"

镜头六："嗨，你是不知道啊，计划终止啦，现在工厂发展进入了困难期。"

胡双钱一听，有些迷茫了，说："原来是这样啊！那可怎么办啦？"

同事说："没发现好几个伙计都离开了吗？都去民营企业寻找出路去啦！哦，对了，小张去的那家民营企业的老板听说了你的事，知道你技术好，又能吃苦，说准备开出3倍工资的高薪把你要过去呢。我估计呀，他们明天可能就来找你谈了。多好的事啊，羡慕死了。"

镜头七：胡双钱顿了顿，没说话，看了看车间和几个干活的同事。脑海中闪现出小时候看着天空说的话（回放镜头）："长大了，我一定要造飞机，真正的飞机，大飞机。"声音仿佛还在回响。

续表

第四幕 转民品寻找出路

镜头一：胡双钱正在车间忙碌，昨天和他说话的同事急匆匆地走过来，问道："听说你放弃了那家公司的聘请？"

镜头二：胡双钱一边干活一边不紧不慢地说："是啊，虽说是高薪，可是去了就得任凭公司差遣，全身心投入赚钱行列。可我的理想是造飞机。"

镜头三：同事不说话，默默点了点头。

镜头四：胡双钱停下手里的活，认真地对同事说："虽然目前厂里困难，只能接受一些电风扇、绞肉机、公交车座椅等民用产品订单，勉强维持生产。但咱们不能轻视这些民用产品，要与生产飞机一样，本着严谨细致的一贯作风，磨炼自己的技术。把本领练好了，将来总是有机会的。"

镜头五：同事佩服地竖起大拇指，说："有志气，我支持你！"

第五幕 技能竞赛

镜头一：经理办公室，经理在和两位下属商量事情，一个是年轻的职员，一个是老师傅。经理桌上有个文件"上海市钳工技能大赛通知"。

镜头二：经理说："看这次比赛派谁去合适，听说比赛项目还挺难的。"

镜头三：年轻职员指着旁边的老师傅说："经理，肯定得张师傅过去啊，他在咱厂里干的时间最长，经验最丰富，派他去，肯定能拿奖。"

镜头四：张师傅说："我就算啦。咱厂的这批年轻小伙子们一个个都挺能干的。那个胡双钱就不错，各方面表现也很优秀，年轻人就该出去展示展示。"

镜头五：经理点点头："嗯。"

镜头六：钳工技能大赛闭幕仪式，一片掌声，一个老评委给胡双钱颁发证书，握着他的手说："想不到啊，小伙子，你才20岁，就获得了第四名的好成绩，前途不可限量啊！好好干，年轻人！"

第六幕 迎来机会

镜头一：厂里会议室，几名美国人和厂里的高层领导签约，并握手。背后墙上条幅写着"MD82飞机生产项目签约仪式"。

镜头二：经理办公室，经理、张师傅和胡双钱。

经理说："这次的合作项目，是咱厂的重大发展契机，这次就张师傅你来带队负责技术指导吧。"

经理转向胡双钱："小胡啊，这次张师傅还特意点名要了你，让你跟着一起参与。"

镜头三：张师傅："每次的技能大赛，他都积极参与，并且都取得了不错的成绩。我相信小胡可以的。我想在工作的同时，把我所有的经验都传授给他，也让咱厂更多的年轻人担起重任来。"

镜头四：胡双钱激动地说："谢谢经理，谢谢张师傅，我会努力的，一定不会让你们失望。"

镜头五：美国客户和厂领导在一架飞机前面合影，还有胡双钱。合影后，一位美国客户对胡双钱竖起大拇指。

第七幕 参与飞机研制项目

镜头一：ARJ21飞机研制生产基地。ARJ21飞机的生产进入后期阶段，一位领导和胡双钱握手，胡双钱的背后是一辆辆车拉的飞机的零部件。

镜头二：领导说："我国自主研制的双发动机新支线客机，多亏了你们提供的零件，才使得研制工作顺利推进。我邀请你参加新的大飞机项目。"

续表

  胡双钱说:"制造国产大飞机,这是我的梦想!"
  镜头三:多媒体会议室,电子大屏上出现 C919 飞机的 3D 模型图,一位讲解者在前边对着屏幕给大家讲,下边坐满了公司的高层和技术人员,胡双钱在靠前的位置坐着。
  镜头四:讲解者说:"接下来,说下我们的工作重点。C919 国产大型客机的研发生产是我国科技创新重大专项。C919 大飞机可是我们的'国家名片',是中国梦的重要组成部分。该项目对工艺质量要求极其严格。"
  镜头五:胡双钱认真听着,不时拿笔记录着会议内容。
  镜头六:讲解者说:"这次,经过公司核心领导层的讨论决定,特任命胡双钱同志为本次任务的首席钳工技师。下面就请胡双钱师傅发言。"
  镜头七:胡双钱上台,脑海中再次闪现小时候看飞机的画面镜头,他对大家说:"从小我就有一个梦想,有朝一日,能够亲手制造出大飞机。如今,我已经踏上了实现梦想的征程,非常感谢大家的信任,能给我提供这么好的机会,让我实现我的飞机梦。我一定不辱使命,保证圆满完成任务。"
  台下人们鼓掌。

第八幕　钻研

  镜头一:生产车间,胡双钱在给技师们讲解:"每一项加工工作分解为三步:一是在加工前仔细核校图纸,二是在加工中精益求精,三是完成后反复检查确认。钳工操作的要领是,慢、稳、精、准。这样才能保证加工精度。"
  镜头二:大家都认真地听着。
  镜头三:一个技师举手提问:"胡师傅,在加工定位圈时,零件的直径小,零件定位直口的孔径更小。加工完孔径的内圆尺寸后,内径无法进行打表测量,也没有专用量具。这个精度如何保证啊?"
  镜头四:胡双钱说:"这个问题我在工作中也碰到过。我琢磨了好久。来,大家看看这个。"他一边演示手中的工具,一边讲解。"用块规加上标准的圆柱销进行辅助测量。"他把工具递给技师们传阅。
  镜头五:众人传阅,纷纷称赞道:"哎呀,厉害呀胡师傅,这个直接为提高工件精度提供了保障。"
  "有了这个神器,再也不用担心小件、微件测量的难题了。"

第九幕　手工加工

  镜头一:车间里一派忙碌的景象。胡师傅坐在桌子旁,在图纸上写写画画。
  镜头二:两个技术工人过来汇报工作,说:"胡师傅,现在我们遇到一个难题,急需一个特殊零件,如果从原厂调配,需要几天时间。"
  另一个工人说:"但这样一来就会耽误咱们的工期进度。怎么办啊? 胡师傅。"
  镜头三:胡双钱说:"我看看……"技术工人把手里的图纸展开,指给胡双钱看。
  镜头四:工人说:"这个零件的精度要求是 0.24 毫米,不到一根头发丝直径的二分之一。"
  "是啊! 这样的零件本来要靠先进的数控车床来完成,但现在我们厂里没有匹配的设备呀。"
  镜头五:胡双钱说:"嗯,我知道了。去准备下钛合金毛坯,一台传统的铣钻床,现在就现场加工。"
  镜头六:两名技术工人当场蒙了,张大嘴巴一起说:"现在?"

续表

镜头七：墙上的钟表显示是上午 10 点，胡双钱开始作业。两名技术工人在旁边看着，时针从 10 点转到 11 点，胡双钱说："好了，你们看看。" 镜头八说：工人："哇，今天真是开了眼了，只用一小时的时间就做出来了。胡师傅，你真是太酷了。" 第十幕　国产大飞机 镜头一：2015 年 11 月，中国商飞在上海举行 C919 大飞机首次下线仪式，各电视台、报纸、网络正式宣传中国可以自主生产大型客机。 镜头二：在现场，胡双钱看着起飞的大飞机，眼睛湿润了。 点评： 35 年，经手加工生产数十万个零部件，却从没有出过一次质量差错，这听起来似乎有些不可思议，但胡双钱做到了。胡双钱把这个成绩的取得，平淡地概括为"用心"。"用心"正是工匠精神的内核。要成为一个好的工匠，必须是一个有责任心的人。有责任心，才能够坚守岗位，不为外界的利益所动；才能坚持梦想，为国产大飞机的成功贡献自己的力量。中国制造，尤其是高端制造业，就需要一大批胡双钱这样"用心"的技术工人和技师。

动画样例
《追梦的大飞机首席钳工技师
——大国工匠之钳工胡双钱》

9.8　如何把教材转变为微课拍摄脚本

前面讨论了文学脚本、分镜脚本，以及脚本写作过程中的脚本大纲、初级脚本、中级脚本、拍摄脚本、解说词等，并给出了几种类型微课脚本的样例。

脚本是微课开发的关键环节，没有好的脚本，微课开发难以获得成功。而在脚本写作和确定的过程中，教师起着至关重要的作用。在微课脚本写作的实践中，由于教师熟悉和擅长的是教材和教学内容，可能对于微课脚本写作存在一定的畏难情绪。为了帮助教师进一步熟悉脚本写作，这里以《门板修复的精修整》微课开发为例，介绍怎样把教材内容转变为微课的拍摄脚本。

9.8.1　教材中门板修复的精修整的内容

教师在确定微课选题以后，应围绕选题的知识点进行教学设计。教师在开展教学设计和脚本写作时，往往依据自己所掌握的资料进行。教师最熟悉的资料就是教材。

对于门板修复的精修整内容，教材描述见表9-13。

表9-13　　　　　教材中门板修复的精修整的内容[73]

一、门板修复精修整操作

1. 粗修整后打磨

打磨好缩火的氧化黑点后，再使用纱布圆盘打磨机上下来回均匀打磨修复后的平面，打磨时不要用太大力度，只要去除修复平面的氧化和毛刺即可，用手触摸感觉顺滑就可以了。

2. 打磨后平面修整

打磨后用钢直尺从损伤下部向上部逐步平移检查确认，检查时标识好高点位置，再用小锤与垫铁轻轻整合修复平面上较大的高点。修整时一定要控制好锤击力度，以防止钢板修复后再次延展变形。

3. 修复机拉伸修复

修复后平面上还有较小的低凹点，用三角介子焊接拉拔来修理。三角介子对准低凹点中心小电流焊接，用小吊锤的反向锤击力把凹陷拉平，力度要求拉平即可，切忌力度过大而拉高。反复修整，直到合格为止。

4. 精修整后打磨

当板件修的质量达到标准时，就要打磨修理区域的焊接点和氧化点，打磨时力度尽量以不打出火花为宜，采取分散打磨的方式，边打磨边冷却，以防止板件因打磨时温度过高而引起再次变形。

二、门板修复精修整相关知识

1. 介子拉拔修复原理与方法

采用焊接垫圈拉拔低点，同时敲击四周高点的修复方法与虚敲原理一样，作业时要注意拉伸介子焊接的强度，以防止敲击时脱落而使板件穿孔和伤人。

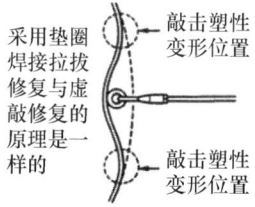

焊接垫圈用惯性锤拉拔低点

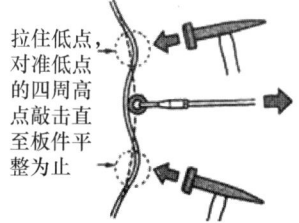

拉住低点同时敲击四周高点

续表

作业前要先试焊,调整好电流后再焊接三角垫进行拉拔,拉住低点时均匀地轻轻敲击四周高点位置直到低凹处拉平为止,较小低点只需拉平即可。

先将板件上所有低点拉平整,再检查整个平面是否还有高凸、发软现象,如果有这些现象就证明损伤区域的缩火量不够,还要继续缩火。修复区域整体平整后才能检修小的高低点。精修的过程需要反复多次,直到修复质量符合要求为止。

如选用垫圈焊接拉伸作业,去除垫圈的方法如下图所示。如果去除的方法不对就会对修复面板造成新的损伤。

2. 带式打磨机

带式打磨机是钣金修理作业时常用的研磨工具,使用时要用从动轮的顶端砂带打磨,精修复时常用于去除焊接点和氧化点,也用于板件的边角毛刺打磨和尺寸精度修整,车身上比较狭窄的部位需要打磨时也比较适用。使用前后都要进行润滑保养。使用的砂带更换方法如下图所示。

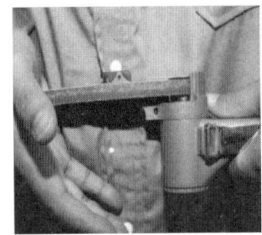  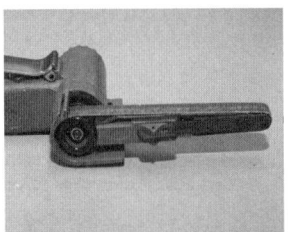

将转动轮压下自锁　　　　装好砂带打开自锁　　　　打开开关试用确认

3. 单动打磨机

单动打磨机是打磨修复平面用的,也是车身修复时去除旧漆膜的主要工具,使用时利用圆盘上部纱布进行研磨,圆盘下部距离板件大约一个手指间隙,轻轻接触打磨板件开动开关,一般采用上下运动的轨迹来匀速打磨。单动打磨机使用前后都要进行润滑保养。研磨使用方法如下图所示。

 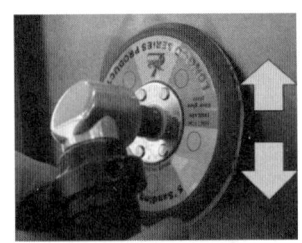

圆盘下部大约一个手指间隙　　　　采用上下匀速打磨方法

9.8.2 《门板修复的精修整》微课脚本大纲

分析教材内容，对《门板修复的精修整》微课进行选题分析和定位，从而形成微课的脚本大纲。

教材中关于门板修复的精修整有两方面的内容：一是精修整的操作；二是与精修整相关的知识。微课选题着眼于"微"，通过选题分析，确定选题为精修整操作。

微课的教学内容是精修整的操作，需要对应视频拍摄列出主要操作步骤。教材中的内容，与实际技能操作中的步骤存在一定的差异，一定要以实训任务中的技能操作步骤为准。

对于精修整的相关知识，其中的"介子拉拔修复原理与方法"是与精修整密切相关的修复原理，可作为本微课的教学内容。而对于"带式打磨机""单动打磨机"这两个工具的使用，可以在其他微课中详细介绍。本微课只简要介绍工具在精修整中的使用方法和使用要点。

通过上述分析，形成的微课脚本大纲见表9-14。

表9-14　　　　《门板修复的精修整》微课脚本大纲

微课名称：门板修复的精修整
教学目标：通过介绍精修整的操作步骤，让学生了解介子拉拔修复原理，掌握精修整操作方法和注意事项
教学重点：精修整的操作步骤、介子拉拔修复原理
工具设备：车身外形修复机、钢直尺和画线工具、小锤和垫铁、三角介子、吊锤、带式打磨机、单动打磨机
操作步骤：
步骤1：打磨氧化黑点
步骤2：测量并标识低点
步骤3：使用吊锤拉拔修复低点
步骤4：测量并标识高点
步骤5：采用电极缩火方法修复高点
总结

由于微课的脚本大纲主要反映教学内容和教学思想，因此，也可以用微课教学设计来代替（见表9-15）。

表 9-15　　　　《门板修复的精修整》微课教学设计

微课名称		门板修复的精修整			
基本信息	所属一级学科名称	汽车维修工程			
	所属专业名称	汽车维修			
	所属课程名称	汽车维修钣金基础技能实训			
	课程类型	□公共基础课　□专业基础课　☑专业课　□其他			
	微课教学知识点	门板修复的精修整			
	微课类型	□讲授型　□解题型　□答疑型　□实验型　☑技能操作型 □表演型　□合作学习型　□探究学习型　□其他型			
	适用对象	职业院校汽车维修专业学生			
教学设计	教学目标	让学生掌握汽车维修钣金中门板修复的精修整方法和操作			
	教学重点	低点的修整、高点的修整			
	教学难点	介子拉拔修复原理与方法			
	学习者特征分析	职业院校学生注重动手能力培养，但基础知识较为薄弱，因此需要对操作中涉及的原理进行详细介绍，用通俗易懂的方式呈现，便于学生理解			
	聚集解决的问题	低点的拉拔修整、高点的缩火修整			
教学过程	教学环节	教学要求	教学内容	教学安排与方法	时间分配
	激活旧知（引导入门）	回顾相关知识和操作	车身外形修复机、相关工具、设备使用方法 缩火操作	教师用 PPT 讲解回顾相关知识 演示安全操作要求	45 秒
	示证新知（教会理解）	门板精修整的要求	拉拔原理	动画	45 秒
	尝试应用（辅导操练）	掌握操作步骤和操作方法	测量并标识低点，拉拔修复低点，测量并标识高点，用缩火方法修复高点	按步骤操作演示 分解动作，要求细致到位	180 秒
	总结归纳（知识提炼）	与粗修整的不同	对比关键操作	对比操作	30 秒
	融会贯通（考察应用）	操作注意事项	精修整的操作要领	通过正误操作对比加深学生理解	60 秒

9.8.3 《门板修复的精修整》微课初级脚本

教师在完成教学设计和脚本大纲后,就要投入初级脚本的写作。初级脚本必须全面、完整地描述教学内容,按照微课教学的展开进行详细描述。

教师根据自己的教学设计,将本微课的教学内容按照教学活动的顺序一步步展开,并用文字描述出来。对于技能操作则要描述每一步的操作细节。

《门板修复的精修整》微课的初级脚本见表 9-16。

表 9-16 《门板修复的精修整》微课的初级脚本

步骤 1:打磨氧化黑点
在精修作业前,首先要把缩火时的氧化黑点打磨干净
注意:
打磨力度要适中,尽量不要产生火花,避免损伤到修复板件的厚度,影响修复质量
打磨后的板件会因打磨发热而产生新的变形,用小锤与垫铁轻轻地修复平整即可
步骤 2:测量并标识低点
门板经过粗修后,修复区域内只有比较小的凹凸点
用钢直尺测量出低点,并标识准确位置
步骤 3:使用吊锤拉拔修复低点
更换焊接拉锤,调整车身外形修复机的焊接参数后,再试焊确认
小的凹陷一般采用三角介子焊接,然后使用吊锤拉拔修复
三角介子焊接时,只是焊接在钢板的表面
注意:
拉拔时要求与板件呈垂直方向,拉拔力度适中,凹陷拉平即可
不能拉拔过大而产生新的高点
重点:
拉拔介子图解动画
步骤 4:测量并标识高点
先拉拔修复区域的低点,待低点全部拉平后,再用钢直尺测量,找出板件的高点,并标识具体位置
步骤 5:采用电极缩火方法修复高点
对板件上的小高点,采用电极缩火方法修复
精修与粗修的缩火作业方法有些不同。精修时因板件变形量比较小,缩火时电极头对准高点,轻微向下压着,开始缩火
缩火黑点的直径控制在 3 mm 左右,然后用小锤虚敲缩火位置,接着迅速用风枪进行冷却,就可以使小高点收缩平整

9.8.4 《门板修复的精修整》微课中级脚本

中级脚本又称分镜脚本，是使用镜头语言来描述微课视频，指导微课视频的拍摄和制作。中级脚本主要由编导人员来写作，在写作中使用镜头语言，但在分镜脚本写作的过程中，编导人员离不开教师的支持。

教师需要与编导人员就初级脚本进行沟通，让编导人员了解教师的意图。编导人员要认真听取教师的教学设计、教学活动和教学安排，理解教师的微课制作目标和意图。只有在与教师进行充分沟通的基础上，编导人员才能写出符合教师要求的分镜脚本。尤其是重点和难点内容，分镜头如何展示才能让学生领会和理解，景别如何处理，何时使用远景、何时使用近景或特写，都要在脚本中体现出来。

编导人员和教师擅长的领域不同，因此需要双方密切合作。

编导人员有拍摄经验、懂拍摄技巧，擅长运用镜头语言将教学场景以视频画面的形式呈现给学习者。但编导人员作为视频拍摄的专业人士，不了解微课的教学重点和难点，学生容易在哪些地方犯错误，哪些地方需要深入的解读或阐释等。因此，编导人员需要将自己的技术嫁接在教师的教学设计之上。没有教学设计，编导人员的技术将无用武之地。

教师擅长教学，拥有丰富的教学经验，对学习者的特征有深入了解，对教学内容的重点和难点有独到的把握，知道如何设计和组织教学活动，能够让学习者更轻松地掌握知识。但教师对于镜头语言和视频拍摄的流程、技巧等不熟悉，因而需要在脚本写作的过程中与编导人员沟通，把自己的教学意图传达给编导人员。

对于操作技能类的微课，由于编导人员不一定了解专业技能的操作，为了写好分镜脚本，除与教师沟通外，还可以要求教师在实训场地进行简单的预备演示，让编导人员对教师的操作有所了解，从而使写出的脚本更符合拍摄实际，更好地利用拍摄技巧和镜头传达技能操作细节。

分镜脚本有固定的写作规范，可以使用模板来填写每个镜头内容（见表9-17）。

表 9-17　　　　　　　　《门板修复的精修整》微课中级脚本

镜号	景别	镜头运用	时长	画面内容	解说词	备注
				1. 作业前的准备		
1	全景+近景	定/拉	20秒	工作间全景 车身外形修复机近景+部分工具特写 教师着工作服标准站姿	在门板修复的精修整作业前，准备好相关设备和工具	
2	全景+特写	定/跟	20秒	教师穿戴防护用具如工作帽、口罩、护目镜、手套等，完成后恢复标准站姿	并做好个人安全防护	
				2. 打磨氧化黑点		
3	特写	定	5秒	展示门板粗修复后的缩火点		标注不同大小缩火点
4	近景+特写	定/跟	20秒	使用带式打磨机，小心地打磨缩火时的氧化黑点	在精修作业前，首先要把缩火时的氧化黑点打磨干净	
5	近景+特写	定/跟	20秒	使用单动打磨机将修复区域打磨平整		
6	近景+特写	定/跟	5秒	用手触摸，感知修复区域的状况 对因打磨产生的轻微变形，用小锤轻轻敲击，修复平整		
				3. 测量并标识低点		
7	近景+特写	定/跟	20秒	用钢直尺测量，找出低点 用记号笔标识低点	用钢直尺测量出低点，并标识准确位置	在低点处画小圆圈
				4. 使用吊锤拉拔修复低点		
8	近景	定	10秒	手持焊接拉锤，并对工具进行检查	更换焊接拉锤	

续表

镜号	景别	镜头运用	时长	画面内容	解说词	备注
9	特写	定	5秒	车身外形修复机，调整焊接参数	调整车身外形修复机的焊接参数后	
10	特写	定	5秒	在一块小钢板上，进行试焊确认	再试焊确认	
11	近景+特写	定/跟	15秒	使用焊接拉锤，对准低点，进行拉拔作业 拉拔后用手抚摸检查，确认是否继续拉拔	小的凹陷一般采用三角介子焊接，然后使用吊锤拉拔修复 三角介子焊接时，只是焊接在钢板的表面	增加拉拔原理动画
				5. 测量并标识高点		
12	近景+特写	定	10秒	完成所有低点的拉拔作业后，再次使用钢直尺测量，标识出门板上的高点	先拉拔修复区域的低点，待低点全部拉平后，再用钢直尺测量，找出板件的高点，并标识具体位置	高点用叉号表示
				6. 采用电极缩火方法修复高点		
13	近景+特写	定	10秒	手持电极缩火枪	对板件上的小高点，还是采用电极缩火方法修复	
14	近景+特写	定	10秒	对准高点进行缩火作业	精修与粗修的缩火作业方法有些不同。精修时因板件变形量比较小，缩火时电极头对准高点，轻微向下压着，开始缩火	
15	近景+特写	定	10秒	用小锤虚敲缩火位置	缩火黑点的直径控制在3 mm左右，然后用小锤虚敲缩火位置，接着迅速用风枪进行冷却，就可以使小高点收缩平整	标注缩火直径

9.8.5 《门板修复的精修整》微课拍摄脚本

拍摄脚本是在分镜脚本的基础上进一步完善形成的。编导人员将完成的分镜脚本交给教师和相关专家进行审核,教师主要审核脚本的描述是否达到了预期的教学要求和教学效果;专家主要审核脚本中的解说词、字幕、描述等是否正确。

分镜头脚本审核后,由编导人员和教师根据专家意见进行修改,进一步补充、完善。增加详细的拍摄要求、注意事项,描述拍摄的准备工作,如准备设备、工具、材料等。还要描述在视频制作中要加入的字幕、解说词等,以及视频制作中需要引入的其他素材,如图片、动画等。所以,拍摄脚本对于微课视频的拍摄和制作具有非常重要的作用。

对于需要用动画来呈现的原理和方法,还需要进一步给出动画制作的脚本。动画制作脚本可以单独撰写,也可以与视频脚本一起形成微课的整体脚本。在《门板修复的精修整》微课中,使用拉拔介子来修整低点是重点,对其原理使用动画来展示。这里给出独立的动画脚本(见表9-18)。

表9-18　《门板修复的精修整》微课中拉拔介子动画脚本

帧号	帧描述	备注
1	门板侧视图,中间显示低凹点	门板竖立放置,侧视图表示为长而窄的长方形
2	三角介子焊接拉拔工具,对准低凹点	简化表示为箭头、套筒、把手三部分
3	套筒向下拉动,使得低凹点校正	数次拉拔,低凹点不断趋平
4	低凹点完全校正	小低点精修整完成

9.8.6 《门板修复的精修整》微课解说词

微课视频中的解说,可以使用视频拍摄时的讲解或演示教师的同期声。有时由于拍摄场景背景音较大,或者讲解、演示教师的普通话不标准,就需要配音解说,以确保微课制作的效果。

解说词是配音的基础,应该做到严谨、正确,与画面内容相匹配。为了做出好的视频,需要把解说词从脚本中抽取出来,集中进行审核和校对。

在视频初步剪辑制作完成后,编导人员和教师要再进一步核对解说词,然后进行配音、加字幕等后期制作。这样能够避免因出现差错而返工。

需要提醒的是，有的编导人员和教师会觉得，按照上述流程去编写一份细致的脚本没有太大的必要。但除非是非常有经验的编导人员，能够准确地掌控拍摄现场各种情况，对专业领域也有较深的理解，能够准确把握教师的教学意图，否则，一份细致、准确的拍摄脚本对于微课制作必不可少。

微课样例
《汽车维修钣金基础技能实训
——门板修复》

10. 技能操作类微课制作实践

10.1 视频拍摄团队的确定

构建视频拍摄团队有两种方案，一种是由教师自主承担拍摄和制作工作，另一种是将微课制作中的视频拍摄和剪辑制作委托给专业团队。

第一种方案较为经济，但微课制作水平往往受制于教师的视频拍摄技巧和剪辑制作水平。第二种方案需要一定投入，但好处是专业团队拥有专业设备，具有视频拍摄和剪辑制作的专业经验，通过与教师的配合，能够拍摄制作出高质量的微课。

10.1.1 教师拍摄制作团队

教师可以根据一些简单微课的视频制作需求，组建一个精干的拍摄团队。与专业拍摄团队所不同的是，微课负责教师在其中可能会身兼数职，既要担起导演、摄像的职责，也要做好脚本文案的写作，而场记、灯光、道具及设备等工作，教师可以安排其他老师或工作能力较强的学生干部来承担。

需要提醒的是，在没有专业摄像师拍摄的情况下，拍摄者需要保证整个拍摄过程中没有虚焦、晃动、曝光过度或白平衡不准等问题。

10.1.2 专业拍摄制作团队

专业的微课视频拍摄制作团队，其组成包括导演、导演助理、摄像师、文案、制片人、灯光师、录音师、场记、设备管理等工作人员。

教师在与专业团队的合作过程中，可以承担相应的角色。例如，负责微课脚本写作的教师可以担任导演助理或制片人，随时与导演沟通拍摄情况，监督整个拍摄任务的时间进度和成本。

场记、设备管理等服务工作，也可以由教师来担任。文案一职可以由负责微课脚本的策划编辑担当。

通过教师和专业团队的组合，微课视频的专业拍摄团队可以包括导演、微课负责教师（兼制片人及导演助理）、策划编辑、灯光师、录音师和助理（具体执行场记、设备及道具管理的职责）等。

10.2 视频拍摄设备的准备

10.2.1 视频拍摄设备介绍

视频拍摄需要的设备包括摄像设备、声音设备、灯光设备、存储设备、辅助设备等。

（1）摄像设备

在微课拍摄时，可以使用专业摄像机、单反相机、家用摄像机，也可以利用智能手机等便携设备。

1）专业摄像机。专业影视拍摄所用的摄像机（见图10-1）是高清数码摄像机，是目前最适合用来拍摄微课视频的摄像设备。使用专业摄像机，可以获得高质量、高清晰度的影像。

所谓高清，是指物理分辨率在720像素以上的视频格式。关于高清的标准，国际上公认的有两条：视频垂直分辨率超过720像素（逐行扫描）或1 080像素（隔行扫描），视频宽纵比为16∶9。例如，（1 024×720）像素（逐行扫描），（1 920×1 080）像素（隔行扫描）。

物理分辨率在720像素以下的，称为标清。例如，（480×320）像素，（640×480）像素。

随着屏幕显示技术的发展，人们对画面的质量要求越来越高，标清分辨率的画面已经明显不能满足日常需要，因此高清分辨率和超高清分辨率的需求越来越多。

超高清是指达到"4K分辨率"的视频。4K分辨率是1 080的4倍，即3 840×2 160＝1 920×2×1 080×2。超高清也适用于"8K分辨率"，8K分辨率是4K的4倍，即7 680×4 320＝3 840×2×2 160×2。

2）单反相机。单反相机（见图10-2）使用单镜头反光新技术（简称SLR）。该技术是在相机中的毛玻璃的上方安装了一个五棱镜，并且以45°角安放在胶片平面的前面，这种棱镜将实像光线多次反射改变光路，将影像送至目镜，使摄影者可以从取景器中直接观察到通过镜头的影像，也使取景范围和实际拍摄范围基本上一致。

图10-1 专业摄像机

图10-2 单反相机

高清单反相机可以拍摄出高清画质的视频，相对于专业摄像机，它具有体积小、便于携带等优点。其缺点是，在摄像方面，不能像专业摄像机一样在拍摄时进行实时对焦。因此，在拍摄过程中有可能会出现对焦不准的问题。

3）家用摄像机。家用摄像机（见图10-3）具有携带方便、操作简单、价格便宜、便于推广的优势，在制作简单微课时，可以使用家用摄像机拍摄。但是要制作高质量的微课，还是要使用专业摄像机。

4）便携式摄像机。便携式摄像机有多种品牌，GoPro摄像机（见图10-4）是一款小型可携带、固定式、防水防震相机。GoPro摄像机已被广泛运用于拍摄冲浪、滑雪、极限自行车及跳伞等极限运动。

5）智能手机及其他移动终端。智能手机（见图10-5）可以通过内置或是外接的数码相机进行静态图片或视频短片拍摄。随着手机摄像头像素的提高，其拍摄效果也越来越接近传统卡片相机甚至低端单反相机。

（2）声音设备

1）内置麦克风。数码摄像机内设置有麦克风，用作拍摄时的录音。

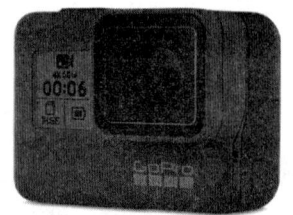

图 10-3　家用摄像机　　　　图 10-4　GoPro 摄像机

对于家用的数码摄像机来说，很多麦克风都安装在机体里面，这样的好处是节省空间，方便携带。但是内置麦克风可能会在录音的同时录下机器转动的声音，这些噪声在后期制作中很难分离和去掉。

2）外置麦克风。专业摄像机通常使用外置麦克风（见图 10-6）。

图 10-5　智能手机　　　　图 10-6　专业摄像机的外置麦克风

外置麦克风的功能和内置麦克风一样，它的好处是可以避免录下机器转动的声音，并且外置麦克风上的隔风层还能减少空气流过的声音。

3）无线麦克风。无线麦克风有多种，常用的是领夹式麦克风（见图 10-7），俗称"小蜜蜂"，一般属于电容式麦克风，可用于大型会议、户外演讲、授课讲学等场合的录音。它的特点是体积小、重量轻。

图 10-7　领夹式麦克风

（3）灯光设备

灯光设备在影视拍摄中非常重要，不同类型灯光有不同的作用和效果，灯光的合理运用能大大提高视频的质量。

1）LED 聚光灯（见图 10-8），可调亮度和色温，无需色纸可调灯光色彩，低发热，LED 屏显示参数。

2）菲尼尔透镜聚光灯（见图 10-9），是 3 200K 色温钨丝灯，可调节聚光度，通过菲尼尔透镜达到聚光效果。

图 10-8　LED 聚光灯　　　　　图 10-9　菲尼尔透镜聚光灯

3）钨丝泛光灯（见图 10-10），是 3 200K 色温开放式泛光灯。

4）Kinoflo 灯光（见图 10-11），是新闻采访和演播室最常用的灯光，可以选配 3 200K 色温或 5 500K 色温的灯管。

 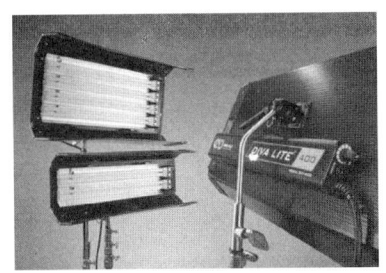

图 10-10　钨丝泛光灯　　　　　图 10-11　Kinoflo 灯光

5）LED 摄像机头灯（见图 10-12），用于近距离新闻采访拍摄。

6）LED 外拍便携灯（见图 10-13），亮度色温可调，由电池供电。

7）柔光灯箱（见图 10-14），由内部单一光源配合柔光罩达到柔光效果。

（4）存储设备

数码相机将图像信号转换为数据文件保存在存储介质上，市面上常见的存储介质有 CF 卡、SD 卡、SM 卡和小硬盘。存储卡除可以记载图像和影音文

图 10-12　LED 摄像机头灯　　图 10-13　LED 外拍便携灯

件外，还可以记载其他类型的文件，通过 USB 和计算机连接。

在备份素材时，需要用到移动硬盘。移动硬盘多采用 USB、IEEE 1394 等传输速度较快的接口，可以较高的速度与系统进行数据传输。

（5）辅助设备

辅助设备包括道具、服装等。拍摄现场所需道具应提前与主讲教师、导演进行沟通，依据拍摄脚本中出现的相关器材，列出详细清单，在开拍前准备妥当，做到拍摄过程中能及时运用。

图 10-14　柔光灯箱

10.2.2　拍摄设备的准备

开拍以前，摄制团队应根据拍摄内容、拍摄要求提前制订好拍摄设备的使用方案。为了制作较高质量的微课，一般要准备的设备包括以下几类。

具备较高稳定性三脚架的专业级高清数码摄像机，尽量采取双机位拍摄。

专业的灯光照明设备。因为某些微课无法采取棚拍的形式，必须到教学实地去拍摄，而教学实地的光线环境是难以控制的，所以准备一套完备的灯光设备十分必要。

录音设备。拍摄前，要测试一下录音设备，保证录音质量。

一些需要关注的细节，例如，摄像机的电池、存储卡，在拍摄前都应做到"电量足、空间够"，否则将严重影响拍摄进度。

在没有专业拍摄设备的情况下,教师也可以选择使用家用摄像机或智能手机进行拍摄。目前市面上很多物美价廉的家用摄像机,都具备高清拍摄功能。智能手机等智能移动设备的普及和成像水平的日益提高,也成为微课拍摄设备的选择之一。对于灯光的使用,可以寻找采光条件佳或室内灯光好的空间来进行拍摄,也可以使用台灯等辅助照明设备。

10.3　技能操作类微课的特点

技能操作类微课的教学目的是帮助学生理解技能操作过程、掌握操作步骤,通过一步步操作让学生掌握技能操作的要点和技巧。技能操作类微课具有以下特点。

一是现场感强。技能操作类微课的拍摄一般在实训场地进行,例如,车间、工地、工作室等。学生在观看微课时,能够得到现场感,从而提前熟悉工作环境和技能操作设备、工具等。

二是直观性好。技能操作类微课通过全景、中景、近景、特写的运用,能够直观地展示技能操作的关键点,让学生有直观的认识,进而掌握操作要点和操作技巧。

三是步骤清晰易于掌握。技能操作类微课是按照操作流程,一步步地进行演示,将连贯的操作切分为更易于了解和掌握的步骤,便于学生从小处着手,一步步掌握,进而熟悉整个操作流程,最终掌握操作技能。

10.4　技能操作类微课的教学设计

根据技能操作类微课的特点,在教学设计时要注意以下几点。

一是明确实训任务。技能操作类微课是以任务为出发点的,在教学设计中,最重要的是实训任务的设计,通过任务来导入微课。

二是做好实训准备。技能操作类微课以操作演示为主,因此需要认真做好实训准备,例如,检查设备、工具、材料,了解安全注意事项,做好个人防护等。

三是细化实训流程。将实训流程细化,直到不能再分割为止,形成一个个操作步骤。每个操作步骤要简明、清晰,具有可操作性。细致的实训流程和操作步骤,是拍摄好技能操作类微课的必要条件。在每个操作步骤中,都要明确该步操作中的注意事项。

四是检查和整理。按实训流程完成每一步的操作后,并不代表技能操作的完成,还要进行任务完成后的检查和设备整理。微课中也要体现出良好的操作习惯。

五是总结和要点回顾。由于技能操作类微课是按流程演示的,操作步骤是细分的,因此,在技能操作完成后,还要进行总结和要点回顾,从而让学生对整个流程有更深入的认识。同时,在总结中做出正、误的对比,对易错环节进行强调,提升学习效果。

10.5 汽车维修钣金基础技能实训课程系列微课制作实践

《汽车维修钣金基础技能实训》是深圳第二高级技工学校与中国劳动社会保障出版社合作出版的汽车维修教材。为了使教材更好地服务于汽车维修专业教学,教材主编贺玉兵老师提出制作3个实训任务的技能操作视频。

10.5.1 实训任务和微课设计

教材主编提交了实训任务的基本描述,通过任务分析,确定了3个任务的12个微课设置,见表10-1。

表10-1　　　　　汽车钣金实训任务和微课设计

实训任务	微课设置
实训任务一:门板修复	微课1:损伤门板制作
	微课2:损伤门板粗修
	微课3:损伤门板精修
	微课4:门板修复缺陷及产生原因
实训任务二:钢板焊接	微课5:焊接底板制作
	微课6:焊接面板制作
	微课7:组合焊接
	微课8:钢板焊接缺陷及产生原因

续表

实训任务	微课设置
实训任务三：手工制作盆形件	微课9：盆形件展开放样
	微课10：盆形件正方形筋线制作
	微课11：盆形件四边手工折弯
	微课12：盆形件制作缺陷及产生原因

10.5.2 制订拍摄计划

拍摄现场设在深圳第二高级技工学校，拍摄团队由学校的教师和出版社的专业摄像人员、责任编辑共同组成。

在教师完成微课设计和初级脚本后，由责任编辑和视频导演共同对脚本进行修改，使之既符合技能操作演示的要求，又符合专业视频拍摄的要求。

双方制订了周密的微课拍摄制作计划。在拍摄阶段，由出版社的编导、摄像人员和责任编辑选择一个周末，赶赴深圳第二高级技工学校，在汽车专业实训基地完成拍摄。拍摄完成后，由视频编导、剪辑人员在北京完成初剪和效果制作，发送给教师审看。形成修改意见后，由教师来北京现场沟通，并现场指导制作人员完成动画效果制作。

10.5.3 拍摄实训现场的环境准备

拍摄过程中团队注意拍摄环境的干净整洁，环境布景做到突出拍摄主体，无遮挡，环境统一，有效提高了视频成像效果。

由于汽车专业实训基地空间开阔，多个实训区域布局在同一空间，为了保证拍摄效果，利用隔板对拍摄主场景进行了合理的围护，围绕汽车钣金实训台形成相对整洁的拍摄环境。

10.5.4 技能实训的视频拍摄

严格按照拍摄脚本的操作步骤进行拍摄，做好场记，便于后期剪辑。

拍摄时，编导做好总指挥，调动演示教师、指导教师、摄像人员、灯光人员协同作业。按照实训的操作步骤，一步步进行每个镜头的拍摄。在进行技能操作演示时，指导教师负责按照脚本进行指挥，发出操作指令，演示教师按照指令进行每一步的操作。

拍摄过程采用多机位、多角度拍摄，保证在拍摄到关键操作的同时，能够给学生提供更多角度观摩的可能。

在双机位拍摄时，两位摄像人员相互配合，一位负责全景和中景，一位负责近景和特写。为了保证拍摄的顺畅进行，一般特写镜头在完成一个实训任务后，再进行补拍。

关键节点时，也会拍摄一些照片，作为视频制作时的素材。

10.5.5 剪辑制作

拍摄完成后，视频剪辑人员根据拍摄脚本，对本次拍摄的素材进行整理，形成有效、可用的视频片段。

剪辑完成后，根据脚本进行各组镜头之间的组接，形成完整的技能操作演示视频。在此基础上，进一步进行特殊效果制作。

汽车钣金实训微课的特点是，主创教师设计了一系列展示原理、方法的动画。由于视频剪辑制作人员对原理的理解不深刻，这些动画的制作需要由教师来指导。在动画制作过程中，贺玉兵老师在北京指导视频制作人员，使得制作的动画达到了通俗易懂、揭示原理的效果。

微课样例
《汽车维修钣金基础技能实训
——钢板焊接》

10.6 技能操作类微课的应用

技能操作训练是学生形成关键技能的必要环节。学生只有在真实的环境和真实的设备上训练，才能获得技能、积累经验。技能训练占用机时，需要消耗一定的材料，因此成本较高。有时受制于本地的实训条件，有些实训还不能在本地完成，例如，设备的型号不同等。为此，制作技能操作类微课很有必要。

微课视频用于实训任务前的预习和准备，可以让学生熟悉任务和环境、设备和工具、安全和防护，提高学生的学习兴趣。

学生在实训前，通过反复观看微课视频，可以了解操作的详细步骤，掌握操作的技巧和要领。这样，学生在实训时，由于已经了解了每个步骤的注意事项并做到心中有数，就可以更加熟练地进行操作，减少错误和损耗，降低对机时的占用，从而更好地掌握操作技能。

在实训过程中，可以一边播放微课视频，一边让学生参照进行操作，作为实训时的参考和对照。

实训完成后，学生还可以观看微课视频，加深对技能操作的理解和掌握，促进技能的形成和深化。

11. 实验演示类微课制作实践

11.1 实验演示类微课的特点

实验演示类微课的教学目的是帮助学生认识和理解实验现象、性质，通过实验来揭示原理、规律等。实验演示类微课具有以下特点。[74]

一是直观性。实验演示类微课重在展示实验的过程与规范操作，目的是让学生看得懂，并且能模仿操作。因此，实验演示类微课要直接展示实验操作过程，按实验操作步骤，逐步呈现每个操作细节，使学生能看到直观、清晰的实验过程、技巧、现象和结果。

二是探究性。实验教学的目的是在实验过程中培养学生的探究能力，教给学生科学的思维方法。实验演示类微课在内容设计上，注重实验方法、过程的探究，让学生在探索过程中得到锻炼。

三是原理性。实验教学以学科原理为指导，按照一定的方法或步骤展开，这些步骤通常都有内部的原理和逻辑。

11.2 实验演示类微课的教学设计要点

根据实验演示类微课的特点，在教学设计时要注意以下几点。

一是实验目的。实验演示类微课的重点在于实验演示，因此，微课的导入多采用开门见山的方式，主要介绍实验背景、实验目的。

二是实验原理。在实验演示前，教师应根据学生的基础，将必要的实验原理做快速的回顾，对实验中涉及的相关术语进行简单介绍。

三是实验要求。实验要求通常包括实验环境、实验仪器、实验材料、注意事项等。教师应该在实验操作前说明实验要求。

四是实验过程。实验过程是整个微课的重点，通常包含实验准备、操作步骤及实验现象。一般是录制操作者实验演示过程，然后根据呈现需求，后期进行编辑，突出重点。

五是总结和要点回顾。在实验演示类微课的结尾，应对整个实验过程进行适当的小结，如实验原理、实验现象、操作步骤、实验或操作注意事项等。教师还可在小结完毕后，对微课内容进行拓展，例如改良实验的方法、对实验原理的追问、实验结果的应用等。

11.3　食品微生物检验课程系列微课制作实践[75]

北京轻工技师学院是国家首批中等职业教育改革发展示范校、国家级高技能人才培训基地和国家一体化课程改革试点单位。在学院领导的大力支持下，食品检验专业学科负责人张磊老师带领专业教师，积极开发数字化教学资源，以微课开发带动专业教学研究。

11.3.1　微课开发团队和分工

食品微生物检验课程系列微课的开发、制作采取专业教师与专业拍摄团队相结合的方式。

食品检验专业学科负责人张磊老师带领专业教师，组成系列微课的教学设计团队，承担了微课的教学设计、初级脚本写作、拍摄场地和实验条件准备以及微课讲解和实验演示等工作。

拍摄场地为北京轻工技师学院食品检验专业实验室，由专业教师负责样品、设备、仪器的准备和拍摄环境的布置。

中国劳动社会保障出版社音像电子部视频责任编辑王黛薇带领视频编导、摄像和剪辑人员，组成视频专业拍摄团队，承担了微课脚本修改、视频拍摄设备和现场环境准备、视频拍摄和剪辑、微课制作等工作。

11.3.2　微课教学设计

在食品检验专业学科负责人张磊老师的带领下，教师团队确定了食品微生物检验的课程设计。按照实际教学情况，整理出食品微生物检验课程的知识和技能体系，并从中选出 20 个知识点作为本次微课开发的目录（见表 11-1）。

表 11-1　　食品微生物检验课程系列微课目录

序号	微课名称
1	普通光学显微镜的使用
2	革兰氏染色
3	霉菌的制片
4	酵母菌的计数
5	微生物培养基的制作
6	干热灭菌
7	高压蒸汽灭菌
8	无菌室灭菌及检测
9	微生物分离
10	微生物接种
11	菌种保藏——斜面保藏
12	样品前处理
13	食品中菌落总数的检测
14	食品中菌落总数的快速检测
15	食品中大肠菌群的检测 1——检测准备及初发酵实测
16	食品中大肠菌群的检测 2——复发酵实测
17	食品中大肠菌群的快速检测
18	食品中霉菌酵母菌的检测
19	食品中乳酸菌的检测
20	食品中金黄色葡萄球菌的检测

11.3.3　微课拍摄脚本的写作和审定

微课目录确定后，由责任编辑与各微课负责老师充分沟通，初步确定微课表现形式及时长。各微课的负责老师根据微课表现形式及时长，对微课进行教学设计，合理安排教学内容，形成初级脚本，交付责任编辑审核。

责任编辑在接到初级脚本后，对脚本的内容进行分析并修改完善。一是分析教学设计是否合理，教学内容是否能够得到充分的展现；二是微课的表现形式是否具有吸引力，能否通俗易懂地展示教学内容，满足学习者的学习要求；三是媒体选择是否恰当。

在分析的基础上，还要对脚本内容的科学性、正确性进行审核，修改脚本中的差错，统一体例格式。对于脚本中的专业性问题，如果责任编辑不能修改处理，则提出问题、画上问号，然后与初级脚本的修改稿一并返给负责教师进行审核，修改存在的问题。

负责教师在初级脚本修改稿的基础上，处理责任编辑提出的问题，并对微课内容进行完善补充，完成中级脚本提交责任编辑。

责任编辑针对中级脚本进行审核，检查问题是否处理完毕，文字内容是否准确，体例格式是否统一。在此基础上，由责任编辑和视频编导一起，根据拍摄内容，把脚本用更精细的镜头语言表述出来，变成可以指导实际拍摄的分镜头脚本。还要重新审读解说词，保证解说通顺、正确、逻辑清晰。修改完成后，正式定稿，作为最终拍摄脚本。

11.3.4 实验演示类微课的视频拍摄

本系列微课涉及大量的实验用仪器设备及材料，为了保证拍摄时能够顺利进行，这些工具、物品都需要提前准备，还需要制备和培养样品，负责老师做了大量准备工作（见图11-1）。

图11-1 仪器设备及材料准备

每次拍摄前，责任编辑都会再次核对脚本，与摄像人员讨论拍摄细节及安排，准备拍摄器材；同时会与负责老师再次确认实验室准备工作是否完成，再次提醒老师拍摄注意事项。

每次拍摄均由3~4人组成拍摄团队，即1~2名现场编导负责把控内容及与老师沟通，另外 2~3 名现场摄像负责镜头设计及拍摄。拍摄均采用专业摄像机双机位拍摄（见图 11-2），并根据拍摄环境现场布光。

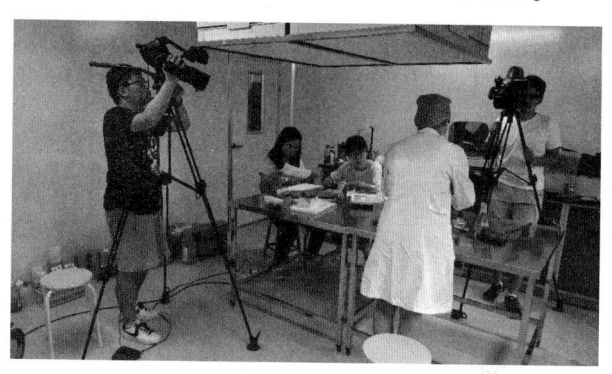

图 11-2　拍摄现场

拍摄时现场编导会与教师对课程内容进行再次核对，根据现场实际拍摄情况调整脚本内容，拍摄完成后整理成新的脚本作为后期剪辑的依据。

11.3.5　实验演示类微课的剪辑制作

拍摄完成后，指定两名视频编辑各完成一个微课的粗剪，然后组织音像电子部的全体工作人员观看，提出修改建议，根据修改建议制定微课整体剪辑制作风格。

根据参与拍摄情况，将全部微课分配给相应视频编辑，按照最新的脚本进行后期加工。后期加工要注重时刻保证画面清晰流畅，微课结构完整、脉络清楚、内容准确、重点难点有侧重有突出，在保证内容正确的基础上还要求增加视频课程的观赏性。

实验演示类微课的剪辑制作，应注意以下几点。

一是特写的运用。实验演示类微课有大量实验现象、实验操作需要展示，微课对于实验过程中的关键步骤、关键现象变化应给予特写。

二是快慢的处理。微课视频的展现方式，除了镜头的放大、缩小，还可以有画面的快进与慢放。针对重复的实验操作、反应过程较慢的实验画面，可以通过后期编辑对内容进行快进，从而保持微课的节奏。相反，对个别实验现象呈现时间很短，或肉眼无法快速捕捉到的实验内容，则可通过高速摄像设备录制实验现象，再进行后期视频处理，重新慢放呈现给学生观看。

三是要点总结和正误的对比。在实验演示中，要适时进行总结，让学生了解演示和操作的要点。同时，视频中要突出重点和难点，采用正确案例与错误案例对比，让学生快速了解常见的不规范操作，从而避免犯同样的错误。

四是标注和字幕。针对关键步骤，可以使用标注的方式加以提示，突出关键。灵活使用标注，用不同颜色、不同大小的字体来表现不同内容，让学生始终被一些关键信息吸引。对于重要概念或者容易出错的地方，也应该设置提示标注，引起学生的注意。同时，字幕的显示不能过快，要留给学生阅读和记录的时间。在实验中有些实验器材的操作很细微，不容易察觉，更应配合字幕以引起学生的注意，起到强调的作用。

11.3.6　审核和修改

全部课程完成第一次剪辑和制作后，提交部门主任进行审核，根据审核意见进行第一次修改。修改完成后，整理剪辑过程中遇到的问题，提交责任编辑与负责教师一并沟通后解决。责任编辑结合问题修改拍摄脚本，将拍摄脚本中的解说词整理为配音稿，发专业人员配音。

视频后期编辑根据配音调整完善视频，对微课视频进行特效包装，完成第二次微课视频剪辑和制作。

第二次剪辑制作完成后，提交负责教师审看，主要对内容的准确性进行审核，根据教师的修改意见完成第三次微课剪辑制作，提交评审验收。

11.4　实验演示类微课的应用

实验演示类微课的应用场景主要有四种。

一是学生课前预习。在实验课程前，教师提供相关的学习材料，包括微课视频，要求学生通过观看微课视频进行预习。

通过预习，学生对实验原理、方法，以及实验的过程、步骤、技巧都有了一定的了解，从而提升学习兴趣、增强实验的信心。

二是教师在课中，用微课代替课堂实验。观看微课能够起到很好的教学效果，但并不能代替教学过程。因此，在观看微课前，教师要做好引导，让学生带着问题、任务去观看；在学生观看微课后，及时反馈、互动，确保实验演示类微课与课堂教学有机融合。通过两者融合，真正发挥出微课的价值，也体现出教师课堂教学的水平。

三是学生在实验室应用微课进行模仿实验。与教师现场实验演示相比，微课有能够反复播放的优点。由于每一位学生的理解能力和关注点不同，有的学生可以很快掌握实验的关键，有的学生却并没有理解。如果是教师现场实验，则需要重复多次。而利用微课，则可以通过重播来实现。学生在实验中通过反复观看微课，可以了解实验的细节，充分发挥学生的主观能动性，掌握实验过程中的每一个环节，达到更好的学习效果。

四是课后的复习。通过课后观看微课进行复习，可以让学生加深印象，对知识和原理的理解更加透彻。

微课样例
《食品微生物检验
——样品前处理》

12. 讲课类微课制作实践[76]

讲课类微课是在传统的录课基础上，结合移动学习的需要发展起来的。传统的视频课程一般按课时录制，可以在教学过程中随堂录制，也可以在专业演播室中录制。在移动阅读日益普及的情况下，按课时录制的视频课程（一般每课时 40～50 分钟）已经不能满足移动学习的需要。因此，有必要结合微课的形式，按微课的要求来制作视频课程。

讲课类微课一般成系列制作，形成支持网络和移动学习的基于微课的视频课程。

12.1 讲课类微课拍摄前的准备

讲课类的视频课程在拍摄之前，应尽量做好前期准备工作，以减少正式拍摄时不必要的时间浪费。准备工作主要包括 PPT 课件的规范化调整、着装要求、提前熟悉拍摄场景和设备等。

12.1.1 确定授课教师

根据课程情况和要求，物色专业领域内具有较强专业背景、从事本课程教学 3 年以上的教师，或在专业领域具有较高研究水准的研究人员，作为授课教师。

除了专业背景外，还要求授课教师具有良好的思想政治素质和职业道德，在教学中传递正能量；形象端庄，具有积极向上的精神风貌，能够激励学生的学习行为。

为了保证制作好的微课资源能够交流、共享，还要求授课教师能够流畅地使用普通话进行教学。

12.1.2 课程设计和微课设计

授课教师在了解学生特点的基础上,要有针对性地做好课程设计。

一是课程知识体系设计,即课程要包括的教学内容,这些教学内容是如何组织和衔接的。

二是微课设置和选题定位,即围绕课程教学目标,结合课程知识体系,列出知识点列表。根据知识点列表,确定课程教学中的微课如何设置。除了根据知识点设置微课,考虑到课程的衔接性,还要适当根据知识点之间的关系,增加一些概述性或总结性的微课。在此基础上,对微课选题进行分析和定位,确定微课的教学目标。

三是微课教学设计。对每一个微课进行教学设计,考虑其导入、教学活动的开发、知识的理解和应用、总结归纳和要点提示、练习或任务的布置等。

12.1.3 教学课件的制作

在微课教学设计的基础上,为每一个微课制作精美的 PPT,以便在视频课程拍摄中使用。

12.1.4 拍摄环境的选择

高质量的视频课程不能使用随堂实录的形式,这是因为在随堂实录的情况下,教室环境较为散乱,背景噪声较大。因此,目前制作的视频课程,都是在专业的演播室中拍摄制作的。

专业演播室一般配置有高清屏幕,屏幕尺寸要求在 80 英寸以上,可以满足 PPT 播放的要求,教师结合 PPT 课件进行讲授。同时,专业演播室具有多组灯光,四周有降噪吸音墙,能够提供良好的拍摄环境。

12.2 PPT 教学课件制作的具体要求

PPT 教学课件是视频课程的重要组成部分,教师的讲课要基于 PPT,拍摄视频课程时,要以 PPT 为主要场景。同时,PPT 课件也是学生理解教学内容的重要途径,因此,为了保证讲课类微课达到较高的水平,必须对 PPT 提出较高的要求,在规范、统一的基础上制作出精美的 PPT 教学课件。

12.2.1 页面设置

目前微课视频一般都是高清格式,播放屏幕的长宽比为 16∶9。因此,PPT 课件的页面比例也应设为 16∶9,这样在播放 PPT 时,就可以铺满整个大屏幕(见图 12-1)。

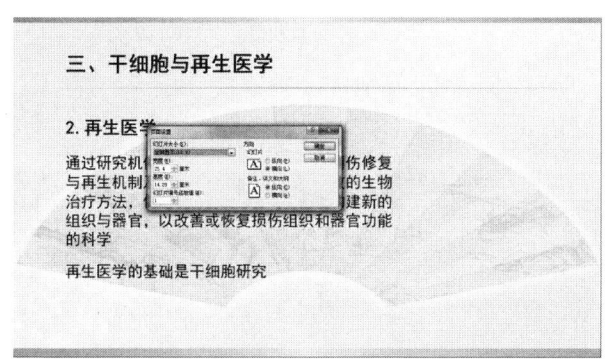

图 12-1 页面比例调整

12.2.2 内容布局

为了达到较好的效果,对 PPT 课件的内容布局也要做统一要求。可以在 PowerPoint 演示文稿制作软件中,选择"视图"并勾选"网格线"复选框,这样在 16∶9 的 PPT 制作页面中,就会出现 9 行 16 列的网格提示线(见图 12-2)。

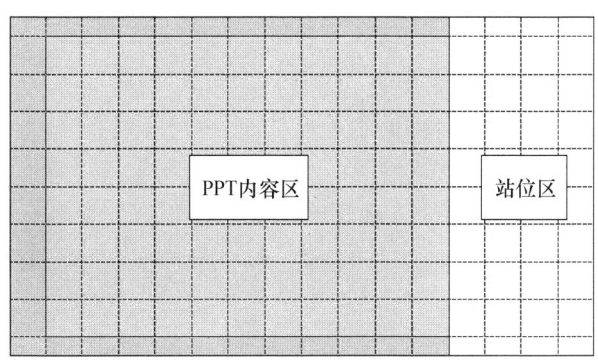

图 12-2 PPT 网格

(1) 边缘区

在 PPT 课件的边缘留下一定的空距,即上、下各半行,左侧 1 列。上下左三个方向留有空距,目的是方便拍摄时的取景和后期剪辑制作,同时保持整体页面的美感。

特别是一些在后期制作时需要增加图标标识（Logo）的课程。标识一般要加在整个页面的左上角,提前预留空距就很容易添加,而且不会遮挡 PPT 文字信息（见图 12-3）。

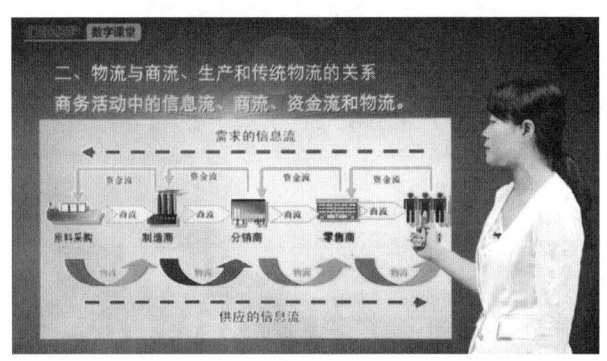

图 12-3　空距方便为课程添加标识

(2) 站位区

讲课时,授课教师统一站在大屏右侧,因此在 PPT 右侧预留 1/4 的空白区域,即右侧 4 列。

(3) 内容区

PPT 的标题和正文排列区域,也是授课时教师书写、标记的区域,即中间的 8 行 11 列。

实际授课时,授课教师站在屏幕前方,约占整个屏幕的 1/4,所以教师身后的区域最好留白,以使所有的授课信息完整地展示给学生（见图 12-4）。

12.2.3　页面背景

拍摄时,授课教师位于大屏前方,背景即为 PPT 课件。好的背景,不仅可以提升拍摄效果,还可以增加页面美感,提高视频课程的整体水平。

课件背景一般使用纯色。选择背景颜色时,尽量避免颜色过深或过浅。

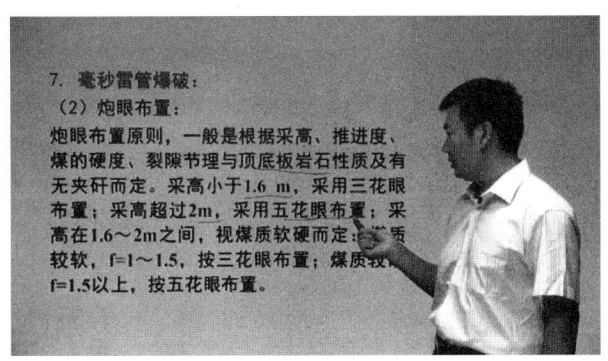

图 12-4　PPT 页面留白区域

比如黑色或深蓝色会出现镜面效果，导致背景屏幕中出现授课教师的阴影，影响视频观看效果。最好不要使用渐变色作为背景，这样会导致部分文字不清晰。

不同类型的课程可根据自身特点选择不同的背景，比如党政类课程可选择红色调背景，人文类课程可选择暖色调背景，理工类课程可选择清新色背景。

拍摄时，还应根据现场实际情况调整背景，最好试拍一段，将素材导出到计算机上看一下效果，根据实际拍摄出的效果对背景进行调整。

12.2.4　字体字号及颜色

PPT 课件的所有页面中，字体和字号应统一设计。例如，各级标题的字体字号、正文的字体字号、表格标题和图片标题的字体字号等，都应统一。保证统一的同时，每一页 PPT 中的文字不能太拥挤，因为如果字号太小、内容太多，会降低视频成片的文字清晰度，影响学习效果。

各级标题用 28~36 号黑体，正文用 20~24 号黑体或宋体加粗，每页 PPT 中最多有 10 行文字，拍摄出的视频成片可满足各项要求。

PPT 课件中的文字颜色，要求不能接近背景色，要与背景色有一定的对比度，以使得文字易于辨识。正文文字通常使用黑色，对于重点或需要强调的内容，可以使用其他颜色。

文字颜色的使用要有一定的规则，在同一个课件中应采用统一的规则，同样的对象使用同一个颜色。另外，文字颜色不要过多，最好不要超过 3 种。

12.3 视频课程拍摄的注意事项

12.3.1 摄像机的摆放与调整

讲课类视频课程一般采用单机固定机位拍摄，摄像机摆放于合适的位置后就不再移动。在演播室内实际拍摄时，摄像机一般摆放于大屏幕前方 3~5 米处，镜头与大屏幕中间位置正对。

调整云台使摄像机水平，然后进行取景。取景时，尽量使大屏幕的四条边框正好位于摄像机取景器的边框，这样可减少后期剪辑制作的工作量。

取景调整完成后，还要对摄像机的白平衡、色温、光圈、焦点、声音等进行调节，具体参数应根据拍摄现场实际情况进行设置。一般情况下，色温设置为 4 800~5 000，光圈设置为 5.6 或 7.8，声音设置为双声道。

有些采用双机位拍摄的课程，两台摄像机要同时拍摄，从不同的角度取景，这时应安排两名摄像师协同拍摄，后期剪辑制作也要根据实际要求对不同取景素材进行取舍。

12.3.2 灯光调整

将演播室顶部安装的固定灯光作为主光源，一般使用柔光灯箱，调整好光源照射的角度。在必要的情况下，还可以使用移动的 LED 灯作为补充光源。移动光源主要是保证拍摄的视频中，教师的面部没有阴影，以充分呈现教师的面部表情。

12.3.3 无线麦克风的佩戴和调整

声音的采集一般使用无线麦克风。授课教师可将领夹式麦克风佩戴在领带或上衣上。佩戴时，要调整好麦克风的位置，让麦克风的拾音部位向外，保证教师在讲课过程中，麦克风的拾音部位不会与衣服产生触碰或摩擦。应避免在录制过程中移动麦克风的位置。

12.3.4 教师形象和着装要求

授课教师出镜前，要做简单的形象设计，保证仪容端庄，在发型配饰等方面，要与教师的角色相符，可以化淡妆，不宜化浓妆。

拍摄视频课程时，授课教师应着正装或职业装。衣着颜色要与PPT背景相适应，避免在灯光作用下，在屏幕背景中产生重影或反光。如果衣服颜色过深，身后背景屏幕中可能会有比较明显的阴影，影响视频观看效果。

授课教师应避免穿条纹或格子衣服，因为教师穿着这样的衣服走动时，衣服上的条纹或格子会在视频中产生波纹，影响视频效果。

12.3.5 熟悉拍摄场景及设备

讲课类视频课程一般都是在演播室内进行拍摄，授课教师面对摄像机讲课与面对学生讲课是完全不同的体验。如果授课教师过去没有面对摄像机讲课的经验，初次拍摄时可能会不习惯。所以，在正式拍摄之前，应让授课教师熟悉拍摄场景，掌握相关设备的使用。

授课教师需要熟悉的设备主要有高清触摸屏幕、手写笔、翻页器等。高清触摸屏幕通常为80英寸宽屏，屏幕长宽比为16∶9，分辨率在（1 920×1 080）像素以上，有HDMI、DVI、VGA多种接头，可连接多种设备，触碰屏幕可控制画面。

手写笔和翻页器通常在授课教师讲课过程中使用，授课教师一般会一手持翻页器，一手持手写笔。翻页器用于控制PPT的上下翻页，手写笔可以在PPT讲稿中写字、绘图，对重点内容画出标记（见图12-5），对重点难点进行解析。

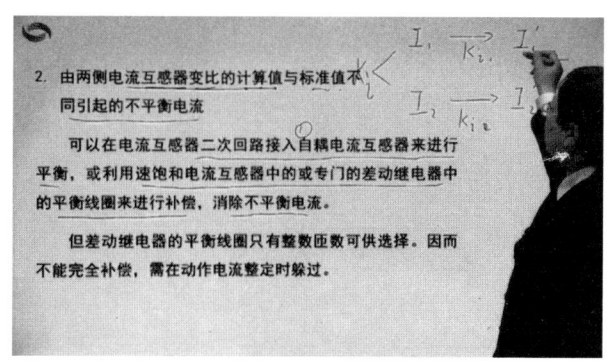

图12-5 手写笔在高清屏幕上的书写效果

授课教师应尽量固定站位，一般在屏幕右侧的1/4处。授课教师在讲课中活动，要保证始终出现在镜头中。授课教师在镜头前，应有良好的镜头感，尽量面向镜头讲课。

12.3.6 试拍和效果确认

为了保证拍摄效果，可以在正式拍摄前，试拍一段 3~5 分钟的效果视频。拍摄完成后，在大屏幕上播放，摄像师和授课教师一同观看，检查视频的声音效果、画面效果和教师的授课效果等是否符合要求。

如果拍摄效果达不到要求，则进行相应调整，或提请授课老师注意相关事项。直到试拍效果达到要求后，再正式开始拍摄。

12.3.7 拍摄过程

正式拍摄开始后，随着授课教师慢慢进入讲课节奏，摄像师应尽量不打断教师授课，让教师一气呵成地讲完一个微课。不间断拍摄完成的微课，通常会有较高的质量，因为教师的授课状态与整体节奏都比较平稳，教学活动的衔接与串联都能平稳过渡。拍摄过程中出现一些异常状态，摄像师就必须打断授课教师。例如，讲稿中出现明显的知识点错误、PPT 播放出现意外、PPT 格式不规范、意外出现明显的噪声、教师咳嗽过于频繁、教师口误太明显、意外有人打扰等。

拍摄过程中，摄像师应做好场记工作，记录的内容主要包括：当前拍摄的微课、拍摄时间、间断时间、重复拍摄的段落、教师口误而没有打断但是后期制作时需要剪掉的地方等。做好场记工作对于后期剪辑非常重要，例如，讲课过程中，授课教师可能对某个知识点的讲解不满意而重复讲解，如果重复拍摄的次数过多，就会给后期制作人员造成困惑，拿不准该使用哪一段。出现这种情况时，如果场记中已明确标出讲解最好的一段，后期制作人员就会快速明确地做出取舍，完成剪辑工作。

12.4 视频课程的后期制作

视频课程的后期制作相对比较简单。课程拍摄完成后，需要剪辑制作人员对视频素材进行梳理、剪辑。剪辑工作需要耐心细致，将所有原始素材导入视频剪辑软件中，对所有素材浏览一遍。剪辑视频的工作，主要包括对素材进行合理铺排和衔接、对多余镜头进行删减、对重复拍摄的段落进行合理取舍、对截断处添加合理的转场、对讲稿中发现的错误进行特殊处理、添加特殊标志等。

对多余镜头进行删减是讲课类视频剪辑的主要工作，需要剪辑人员细心观看原始素材，发现并处理明显的多余镜头。例如，授课教师有多余动作、教师出现不经意的咳嗽、教师讲课出现"卡壳"或重复讲述话语、讲课中被打断、声音出现问题、镜头中意外出现多余元素等。

剪辑工作完成后，可以适当添加特效，主要是标题字幕、转场等。还要给微课加上统一的片头、片尾。微课的片头和片尾要尽量简洁。

剪辑工作完成后，用视频剪辑软件生成微课的成片，成片应保证清晰度，方便后续使用。

所有的视频成片，应规范命名并存储在指定设备的相关文件夹中，并做好文档记录，方便后期查看与汇总。

在视频课程验收之前，所有的原始素材应完整保存，因为初次生成的课程成片难免出现差错，如果缺少原始素材则无法进行修改。

13. 录屏类微课制作实践

录屏类微课有两种制作方式：一种是 PPT 录制方式，即使用 PowerPoint 在幻灯片放映时，录制旁白，从而制作成为视频微课；另一种是使用屏幕录制软件的录制方式，常用的软件有屏幕录像专家、Camtasia Studio 等。

13.1 使用 PPT 录制视频微课

以 PPT 录制的方式制作微课，适合于以知识点讲授为主的微课。其特点是设备简单，操作简便，对制作者要求低，适合初学者尝试。操作步骤如下：

第一步，制作 PPT 课件。要求课件图文并茂、动静结合，具有一定的视觉艺术效果。可以通过字体、字号和颜色的搭配，配合背景设置、自定义动画、幻灯片切换等，多角度应用 PPT 的功能。

此外，要注意将 PPT 的分辨率设置成与计算机屏幕分辨率一致。

第二步，录制旁白。推荐使用高品质的麦克风。准备好以后，打开已经设计好的 PPT 课件，选择"幻灯片放映"选项卡对应功能区当中的"录制幻灯片演示"，在弹出的窗口中选择"开始录制"按钮。

录制过程中，在播放幻灯片的同时，就像在课堂给学生上课一样，进行语音讲解。单击鼠标左键即可翻页，如果录错了，可以重录此页旁白。按 Esc 键或单击鼠标右键可结束录制。

放映幻灯片就可以查看旁白与 PPT 播放配合的效果。在查看过程中，需要注意旁白与幻灯片内容是否匹配。

第三步，将录制好的 PPT 另存为视频文件。例如，在 PowerPoint 2013 版本中，可以另存为 MPEG-4 视频格式。

13.2 使用屏幕录像专家制作录屏微课

屏幕录像专家是一款专业的屏幕录像制作工具。使用它可以进行后期配音，导入声音。录制目标可以自由选取全屏、选定窗口或者自定义范围；可以长时间录像、定时录像，并保证声音同步；可生成 EXE 文件、AVI 动画、Flash 动画、流媒体 WMV/ASF 动画等多种格式。

13.2.1 启动软件

双击桌面上的"屏幕录像专家"按钮，即可以启动软件，进入"向导"界面（见图 13-1）。

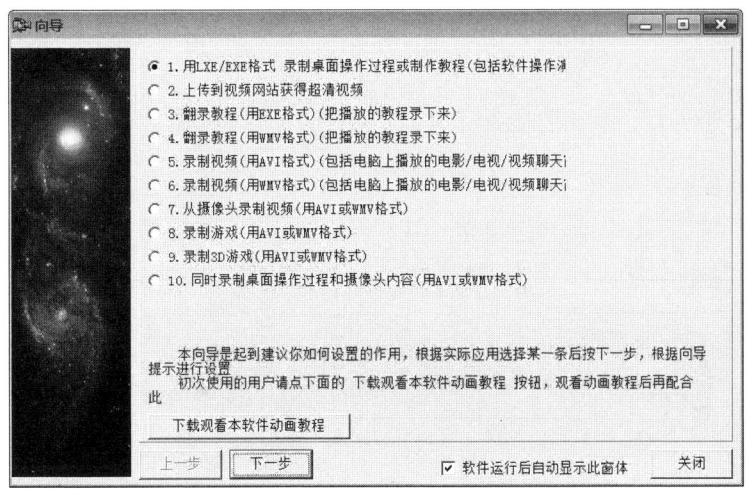

图 13-1 屏幕录像专家"向导"界面

可以使用向导来指导录制，也可以单击"向导"界面中的"关闭"按钮，直接进入"基本设置"界面（见图 13-2）。

13.2.2 软件设置

（1）基本设置

在"基本设置"选项卡（见图 13-2）中，设置以下内容：屏幕录像生成的文件名、临时存储的位置；选中"录制视频"，同时根据需要决定是否选择"同时录制声音""同时录制光标"；设置录制频率（帧率），帧率越大则录制

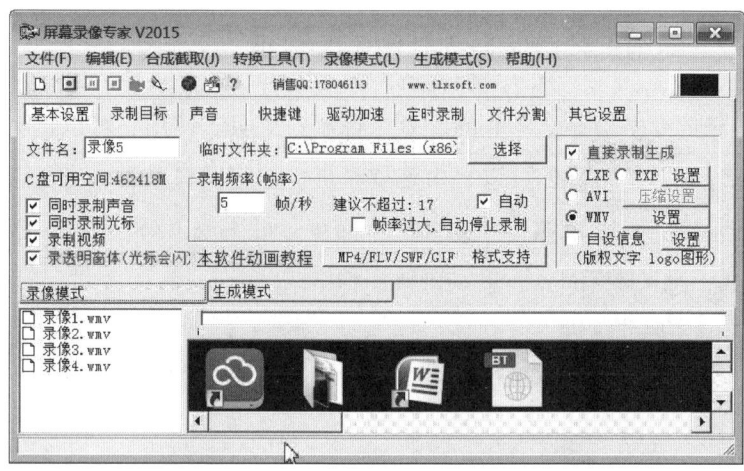

图 13-2　屏幕录像专家"基本设置"界面

生成的文件越大；设置录制的视频文件格式，有 AVI、WMV、EXE 等。

（2）录制目标

在"录制目标"选项卡（见图 13-3）中，设置要录制的屏幕范围。

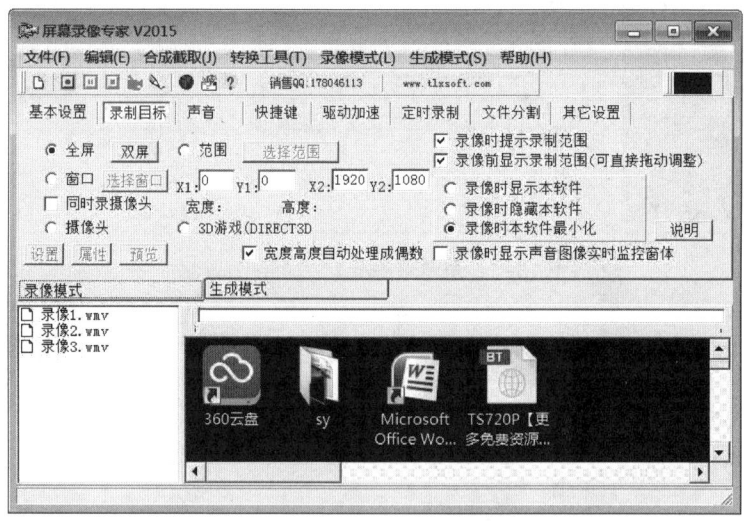

图 13-3　屏幕录像专家"录制目标"界面

录制目标一般为全屏，也可以是特定的窗口，还可以选择是否"同时录摄像头"。

（3）声音

在"声音"选项卡（见图13-4）中，设置录音来源和采样位数、采样频率。可以通过试录，来测试录制的声音质量。

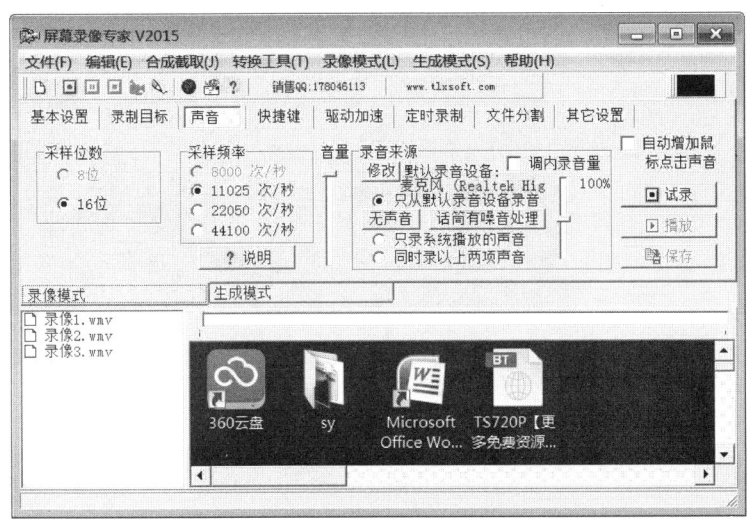

图13-4　屏幕录像专家"声音"界面

（4）快捷键

在"快捷键"选项卡（见图13-5）中，可以设置相关操作的快捷键。例如，开始/停止录制，一般默认是F2键；暂停/继续录制，一般默认是F3键。

13.2.3　开始录制

在工具栏上点击"开始录制"按钮▣，或者按F2快捷键，即可以开始屏幕的录制。

开始录制后，在屏幕右下角的通知区域，显示屏幕录像状态按钮，并不断闪烁，在几个图标中来回切换。

13.2.4　后期制作

从录像文件的临时存储位置，找到屏幕录像文件，就可以使用视频编辑软件对其进行剪辑和处理。

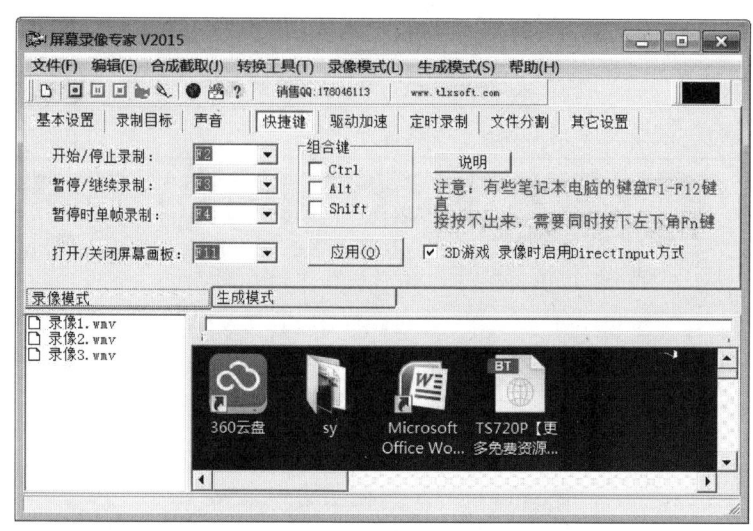

图 13-5　屏幕录像专家"快捷键"界面

微课样例

《维修电工技师技能训练
——三菱PLC仿真操作》

13.3　使用 Camtasia Studio 制作录屏微课[77]

　　Camtasia Studio 是一款屏幕录像、视频剪辑和编辑软件套装，用户可以在任何颜色模式下进行屏幕的录制。它具有屏幕录制、配音、剪辑、过场动画、添加说明字幕和水印、制作视频菜单和封面、播放和压缩等功能，可以输出MP4、FLV、WMV、MOV、M4V、MP3 等多种格式。

　　Camtasia Studio 录屏软件常用于在线课程或软件类课程的制作，制作过程相对简单快捷，但录制前的准备工作应细致到位。例如，教师对教学内容要烂熟于心，讲课用的 PPT 要设计精致，录制软件参数设置要熟悉。录制时，要保持录制环境安静，老师同步讲解声音清晰流畅，使用鼠标/手写笔适当批注板书。

13.3.1 基本设置

制作录屏微课，主要使用的是 Camtasia Studio 中的组件——Camtasia 录像机（Camtasia Recorder）。在进行录制前要对 Camtasia Recorder 进行一些必要的设置。

（1）单击 Camtasia Studio 的图标，启动 Camtasia Studio。

（2）单击"工具"菜单"Camtasia 录像机"命令（见图 13-6），打开录制视频的组件窗口（见图 13-7）。

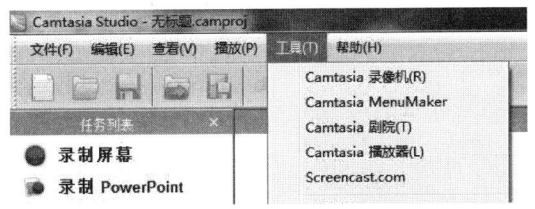

图 13-6 单击"工具"菜单"Camtasia 录像机"命令

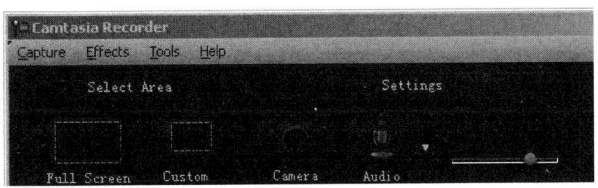

图 13-7 录制视频的组件窗口

（3）Camtasia Studio 可以选择录制屏幕或录制 PPT。单击"录制屏幕"即可录制屏幕上发生的动作，单击"录制 PowerPoint"即可对制作好的 PPT 进行讲解和录制。

（4）单击"Tools"菜单"Options"命令，打开设置窗口（见图 13-8）。

（5）在设置窗口选择"Hotkeys"选项卡（见图 13-9），然后将"Record/

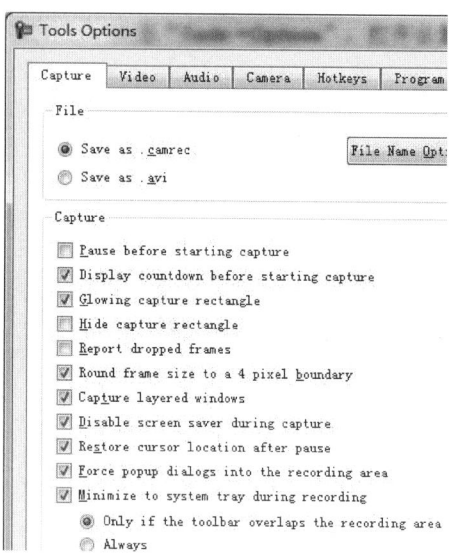

图 13-8　设置窗口

Pause hotkey"（录制/暂停热键）和"Stop hotkey"（停止热键）设置为常用的组合键（默认为 F9 键和 F10 键），这样在制作时只要按下相应的热键就可以进行录制、停止等操作。

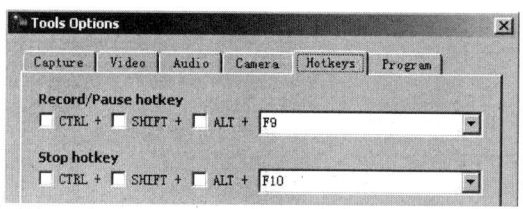

图 13-9　设置热键

（6）热键设置完毕后，选择"Capture"选项卡"File"设置区，可以选择文件的存储格式（.camrec 或 .avi，见图 13-10）。通过选择"Automatic file name"项设置文件名的开头，例如，可以在文本框中输入"教学微课"。最后再设置"Output folder"（文件输出位置，见图 13-11）。

（7）在进行屏幕录制时，可以进行录制区域的选择。Camtasia Recorder 既可以全屏录制，也可以选择自定义尺寸或自由选择范围（见图 13-12）。

图 13-10　选择文件的存储格式

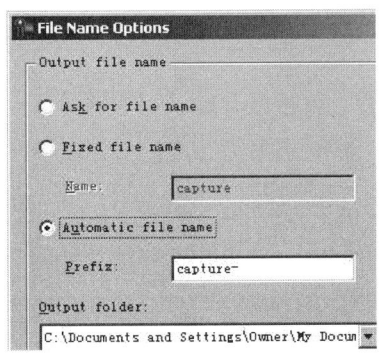

图 13-11　选择文件输出位置

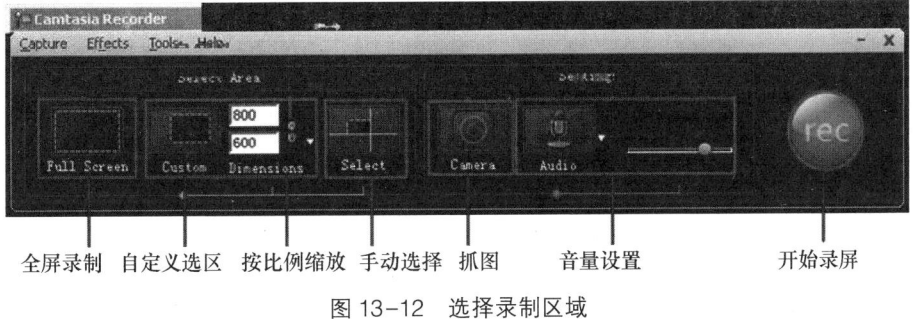

图 13-12　选择录制区域

1）全屏录制。单击"全屏录制（Full Screen）"按钮，可实现全屏幕录制，屏幕上所有的动作都将被录制下来。

2）自定义尺寸。单击"自定义选区（Custom）"按钮，在自定义扩展选项中设置录屏区域。既可以输入自定义尺寸，例如（640×480）像素，选择录制范围（见图 13-13），也可以从下拉列表中选择一个预设的大小。单击锁状图标，可保持宽高比。

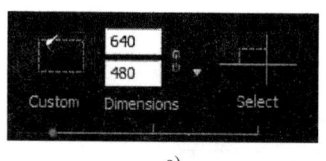 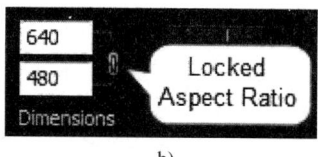

a)　　　　　　　　　　　　b)

图 13-13　输入自定义尺寸和保持宽高比

a) 未锁定长宽比　b) 锁定长宽比

13.3.2　开始录制

完成上面的设置之后，就可以开始录制微课了。

（1）单击"文件"菜单"录制 PowerPoint"命令，或直接单击"录制 PowerPoint"按钮，通过"打开演示文稿录制"对话框选择需要的 PPT（见图 13-14）。

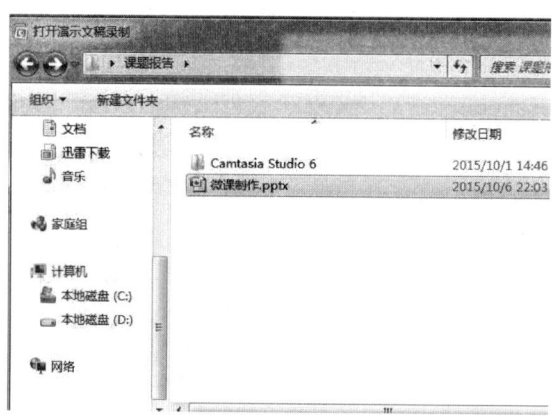

图 13-14　选择 PPT

（2）打开选择的 PPT。

（3）单击 PowerPoint 菜单栏 "加载项"，调出 PowerPoint 加载项工具栏，其中一项为前面添加的 Camtasia Studio 工具栏（见图 13-15）。

图 13-15　Camtasia Studio 工具栏

图 13-15 中图标 1~5 分别代表：

1）录制。启动演示文稿并开始录制。

2）录制音频。录制语音旁白。

3）录制摄像头。记录摄像头视频。

4）显示摄像头预览。预览摄像机录制的对象。

5）Camtasia 录制选项。查看 PowerPoint 中添加的选项。

(4) 单击"录制"按钮，启动将要录制的演示文稿。此时，Camtasia Studio 对话框出现在屏幕的右下角（见图 13-16）。

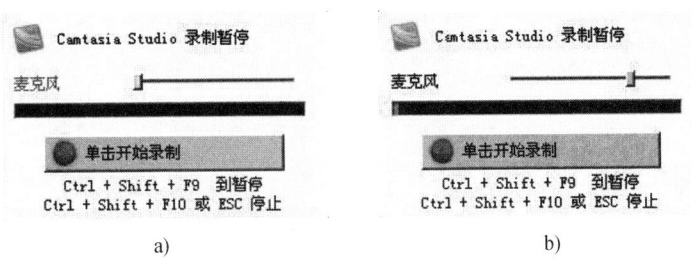

图 13-16　录制控制

a）未开启录音功能　b）开启录音功能

(5) 单击"单击开始录制"按钮进行录制。

(6) 录制完成后，按 Esc 键（或按 Ctrl+Shift+F10 组合键）停止录制幻灯片。

(7) 在弹出的对话框中输入文件名"微课制作"（见图 13-17），并选择一个位置保存为 Camtasia Studio 文件（.camrec），然后单击"保存"按钮。

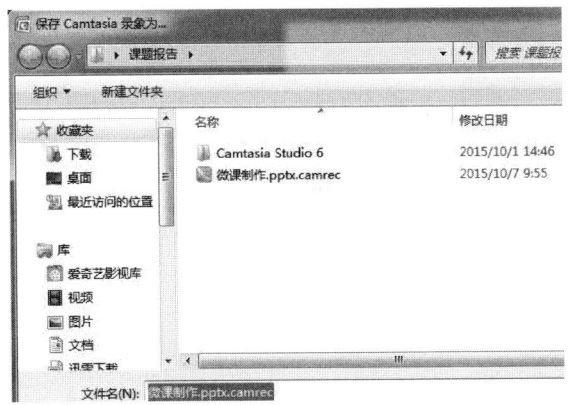

图 13-17　保存

(8) 在弹出的"用于 PowerPoint 的 Camtasia Studio"活动窗口（见图 13-18）选择"生成您的录制"，单击"确定"按钮，返回到 Camtasia Studio 的主界面。

(9) 在弹出的 Camtasia Studio"生成向导"（见图 13-19）中，选择合适的格式，按照提示完成生成设置。

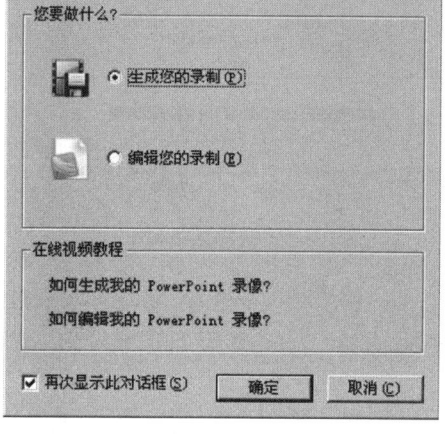

图 13-18　生成录制

图 13-19　生成向导

13.3.3　后期处理

录制后的视频可以直接进行播放、演示，但可能会存在各种问题，例如录制时出现的错误等，这时就需要对录制好的视频进行后期编辑。

Camtasia Studio 提供了视频剪辑功能，可以对录制好的视频进行简单的加工。决定微课视频录制质量的一个重要环节是视频的后期编辑。通过后期编辑使微课的节奏更加紧凑，通过添加字幕和画面处理效果提高微课的观赏性，保持学生注意力和学习兴趣。

13.3.4　制作实例

这里以录制《AutoCAD 机械设计》微课程为例，介绍录制微课视频的注意事项。

(1) 录制准备

1) 课程设计准备。在课程录制之前，先根据教学目标，确定课程结构、微课设置和每个微课的教学内容。然后再根据每个微课的教学内容,进行教学设计,并根据所需要讲解的内容准备讲稿。

2) 软件准备。需要用到的软件包括 Camtasia Studio 和 AutoCAD。

3) 硬件准备。计算机、耳麦、话筒。

(2) 开始录制

单击 Camtasia Studio. exe 图标,启动 Camtasia Studio。单击"工具"菜单的"Camtasia Recorder"命令,打开录制视频的窗口(见图 13-20)。单击"全屏录制(Full Screen)"按钮,选择全屏幕录制。

图 13-20　录制视频窗口

单击"录制(rec)"按钮或按 F9 键,开始录制。

此时录制正式开始,教师可以根据讲稿内容进行软件的演示和讲解。

单击 AutoCAD 软件图标,启动 AutoCAD。Camtasia Studio 将同步记录下教师在屏幕上所有的操作动作和讲解音频(见图 13-21)。

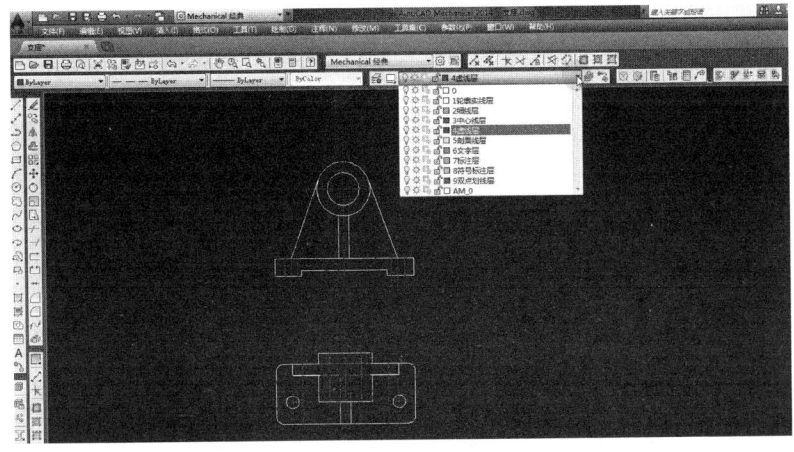

图 13-21　同步记录教师在屏幕上的操作动作和讲解音频

一个微课内容完成后,按 Esc 键(或 F10 键)停止录制。并根据提示保存为 .avi 文件。

(3)后期制作

将 .avi 文件导入会声会影或 EDIUS 中,对录制过程中出现的错误或重复内容进行剪辑,完善微课视频。

最后加上微课的片头、片尾等,就完成了录屏类微课的制作。

微课样例
《电气CAD——串联型稳压电源电路元器件的绘制》

14. 动画类微课制作实践

除了视频以外,微课的表现形式还可以是动画。基于微课来开发动画,是在介绍每个知识点时,使用动画的形式来阐释和说明,并使之符合微课的基本特征。与视频相比,动画更具吸引力,是微课制作中常用的表现形式之一。

下面以《漫话〈工伤保险条例〉》动画宣传片[78]为例,介绍如何开发动画类微课。

14.1 动画总体设计

14.1.1 总体思路

新修订的《工伤保险条例》共 8 章 67 条。根据普法宣传的需要,动画宣传片开发的总体思路是,围绕《工伤保险条例》,对条例中的知识点尤其是重点和难点进行全面解读。动画宣传片的片名为"漫话《工伤保险条例》",全片共 80 集,每一集就是一个微课。

为了对该条例进行全面解读,开发时力求条例的每一条款都至少有一个对应的动画来阐释和解读。同时,分析条例中每一条款的内容,根据条款的知识点,以及参保人员、主要读者对该条款的关注程度,可以为重要条款设置多个动画。例如,第十四条"应当认定工伤的情形"是参保人员重点关注的内容,涉及复杂的工伤认定情形,因此,在动画开发时设计了 4 集动画来详细地解读这一条款。

《漫话〈工伤保险条例〉》
第15集
《工伤认定的"三工"情形》

《漫话〈工伤保险条例〉》
第6集
《工伤保险管理部门和经办机构》

根据知识点分析，《漫话〈工伤保险条例〉》动画宣传片的各章微课设置数量具体安排见表14-1。

表14-1 《漫话〈工伤保险条例〉》各章动画安排

章	条款数量	微课设置数量
第一章 总则	6	7
第二章 工伤保险基金	7	7
第三章 工伤认定	7	10
工伤认定案例		7
第四章 劳动能力鉴定	9	9
第五章 工伤保险待遇	16	17
第六章 监督管理	10	10
第七章 法律责任	8	8
第八章 附则	4	5
合计	67	80

考虑到工伤认定是社会热点，也是参保人群关注的中心，在实际执行过程中有诸多难点，为了更好地解读工伤认定，在动画开发时还精选了7个案例，从多个角度解读哪些情形应当认定为工伤、哪些情形不能认定为工伤。

14.1.2 动画形式和构成

考虑到Flash动画开发成本适中，开发技术难度较小，开发周期较短，容易实现，因此《漫话〈工伤保险条例〉》动画宣传片采用Flash形式呈现。

每一集动画除片头片尾外，都由两部分构成。第一部分是故事部分，第二部分是解读部分。

故事部分是根据知识点编写的小故事，通过故事情节来阐明知识点。故事以生动活泼、幽默诙谐的形式，对知识点进行揭示，让学习者通过观看动画，就可以了解知识点中的内容，从而牢记相关要点。故事部分时长多为1~2分钟，最长不超过3分钟。

解读部分是知识点的进一步拓展，对故事中没有涉及的内容或者其他特殊情况，进一步以图文对照、权威介绍等可视化的形式，进行充分解释，帮助学习者理解条例中的知识点。解读部分时长多为1~3分钟，内容确实多的，最长也不超过4分钟。

每集动画片加上25秒的片头、10秒的片尾，每集平均长度在4分钟。最长的6分钟，最短的3分钟。

14.1.3　动画开发的总体要求

（1）权威性和正确性

《漫话〈工伤保险条例〉》动画宣传片是根据条例中每一条款的内容制作的。无论是故事情节还是权威解读，都必须忠于条例原文和本意。

故事情节的设计，必须紧扣条例中所要说明的知识点。还要求尽量以工伤保险工作中的典型实例为原型，来设计故事情节。故事中的细节，要与实际工作相符合，做到真实、有效地反映工伤保险工作的实际情况。

权威解读是故事部分的补充和延伸，也是对《工伤保险条例》相应条款的进一步说明。解读必须具有权威性、正确性。权威性是指解读的内容来自官方或专业机构，是对立法意图的传达，具有高可信度；正确性是指解读的内容正确，不能产生错误和歧义，对工伤保险的实际工作具有指导意义，能够指导参保职工或经办人员正确地完成相关申请和业务办理。

（2）创新性和趣味性

用动画来完整解读和宣传《工伤保险条例》这部法规，其本身就是一种创新。但仅有形式上的创新是不够的，创新要体现在动画制作的每个方面。

创意设计的创新性，体现在不是着眼于条例中每一条款内容的表面，而是将实际工作与条款内容相结合，创造性地探索出独特的角度和方式，来呈现和突出条款的内容。

故事情节设计的创新性，体现在故事不是平淡地直接叙述，而是要设计出冲突、包袱、转折，使得情节跌宕起伏，引人入胜。在细节设计上，体现出奇思妙想，与众不同。

人物设计的创新性，体现在人物的个性化特征上。通过创新的人物设计，使得动画中的人物具有立体感，有丰富的内涵和人格魅力。

在知识内容的传达上同样要做到创新，创新的目标是让知识内容以可视化的方式呈现给读者。可视化，是指将抽象、不易理解的内容，以形象、直观的方式呈现出来。在可视化表达时，要考虑读者对象、用户群体的文化水平，真正从用户的角度来理解知识点。除使用图片、表格等形式来解释知识内容外，还要利用动画的特点，使这些解释元素充分地动起来，在形式上活跃起来，吸引用户的关注。

在创新的同时，还要保持动画的趣味性，即在创意设计、故事情节设计、可视化解读的过程中，添加幽默的元素，使得动画生动有趣，对读者有强烈的吸引力，读者观看后能够引发思考和回味，从而理解动画所要传达的知识内容。

（3）全国性和通用性

由于我国幅员辽阔，行政区划较多，不同地区在工伤保险的具体工作中，做法有所不同。例如，工伤保险的经办流程、费用征缴的方式等。

制作《漫话〈工伤保险条例〉》动画宣传片是为了满足全国工伤保险宣传的需要。因此，动画要具有全国性和通用性。这就要求动画对于条例内容的解读具有通用性和代表性，在全国大多数地区都具有实用价值。

（4）公益性和影响力

动画制作的投入大、周期长，要组织相当的人力、物力、时间来做好开发工作，因此，产品开发完成后，要充分发挥其在宣传中的作用，扩大产品的社会影响。

14.1.4 动画成片的格式要求

《漫话〈工伤保险条例〉》动画宣传片按高清格式开发，要求清晰度达到

1 920×1 080像素，长宽比为16∶9，每秒24帧以上。

动画成片以两种格式提交，一是SWF即动画格式，二是MP4即视频格式，满足在不同环境下使用的要求。

14.2 动画场景设计

场景是动画设计的关键环节，它是故事发生的场所和背景，因此，场景设计为故事奠定了基调。《工伤保险条例》共8章67条，要通过故事的形式来解读全部条款，每个故事都会包括多个场景。同时，从80集系列动画来看，为避免视觉疲劳应适当增加场景类型，使得故事发生在不同类型的场景下，从而丰富动画的视觉传达效果。

14.2.1 动画主要场景要求

《漫话〈工伤保险条例〉》动画涉及的主要场景包括相关机构和相关企业。与工伤保险相关的机构，包括人力资源社会保障行政部门、社会保险经办机构、劳动能力鉴定机构、工伤保险定点医疗和康复机构、辅助器具配置机构等；相关企业，主要是工伤风险等级不同的各类参保企业。

例如，社会保险经办大厅（见图14-1），很多故事情节就是在该场景中展开的。

a)   b)

图14-1 社会保险经办大厅

a) 中景 b) 近景

不同企业发生工伤事故的风险是不同的。因此，为了体现典型性和代表性，在高风险、中风险、低风险企业中各选择一个典型代表（见图14-2至

图14-5）。高风险企业选择矿山企业、化工企业，使用典型的矿山作业场景、化工生产场景。中风险企业选择当前工伤保险工作的重点，即建筑施工企业。低风险企业选择酒店、IT公司、设计公司等。

图14-2　高风险的矿山作业场景

图14-3　高风险的化工生产场景

图14-4　中风险的建筑企业工地场景

图14-5　低风险的酒店场景

80集的系列动画场景要符合宣传的需要，主要场景设计要有整体考虑，在故事情节设计时，要将故事尽量放到这些主要场景中去，避免增大场景设计的工作量。

也就是说，场景的使用要有连续性和一致性。例如，设计"中州市中心医院"作为工伤治疗协议机构，凡是涉及工伤治疗和康复，就使用该医院的场景。如果在动画中要使用医疗清单，加盖的公章也应该与该医院名称一致。

14.2.2　场景的真实性要求

场景要具有真实性，与日常生活紧密联系。因此，在设计场景时，可以参考和借鉴现实生活中的场景。例如，可以从网上搜索并下载一些现实生活中的场景，然后根据动画情节的需要，在现实场景的基础上进行绘画和修改，设计成动画场景。

如果某些场景不能从网上获得参考，或者场景设计人员对场景没有客观认识，这时就可以根据场景设计的需要，派遣工作人员直接去一些工作场所进行实地拍照，然后绘制成动画场景。

相关的活动场景可以采用上述方法来设计。例如，工伤保险主题宣传活动场景（见图14-6）、工伤保险相关政策征求意见场景（见图14-7）等。

图14-6　工伤保险主题宣传活动场景　　图14-7　工伤保险相关政策征求意见场景

场景设计要符合常识，保证正确有效。例如，企业举办新闻发布会的场景是一家酒店，如果这家酒店在马来西亚，则酒店的建筑大楼顶部可以使用伊斯兰风格的装饰；如果酒店是在西藏，则酒店的建筑大楼就不能使用伊斯兰风格的装饰，而要使用与藏族有关的装饰元素。

14.2.3　场景的细节设计要求

设计场景时，要重视场景中的细节，确保场景的可看性和耐看性。可看性是指场景中的道具，包括主要设备、器具、用具等，均按照真实环境的要求进行摆放。例如，建筑施工工地，就要有相关的大型建筑设施和设备、正在建设的建筑物、各种施工作业的工具，等等。耐看性是指场景除主要景物外，还要有必要的细节对场景进行丰富，从而不显得太死板或太单调。例如，港口的场景中，既要有远洋货轮、大型运输设备，还要有海鸥飞过海面，从而使得场景更加符合港口的真实情境。

场景中细节的设计要符合故事情节的需要，以衬托人物的心情。例如，家庭场景，快乐幸福的生活环境中，玻璃花瓶中一把鲜花正在盛开（见图14-8），阳光照在花朵上。当丈夫出差遭遇泥石流的消息传来时，妻子悲痛欲绝。这时花瓶中的鲜花全部一下子枯萎了（见图14-9），时间也从白天转换到了晚上。场景中鲜花和光线的细节衬托出人物的心情，与故事情节完全契合。

图 14-8　阳光下盛开的花朵

图 14-9　夜晚枯萎的花朵

场景设计还要符合安全生产的规定，符合客观逻辑。例如，工作人员进入施工场地，就要戴好安全帽。在施工场景中，进行施工作业的工人们都戴着安全帽，而进入工地进行告示张贴的管理人员却没有戴安全帽。这显然不符合"进入施工场所必须戴安全帽"的规定，因此，该场景的细节设计就存在问题，需要修改。

14.3　动画人物设计

《漫话〈工伤保险条例〉》动画宣传片共80集，涉及的场景较多，因此，需要根据典型场景设计一系列典型人物。

14.3.1　经办机构人物设计

社会保险的经办机构是故事情节中经常使用的场景。为了使动画形象生动，设计了社会保险行政部门和经办机构的工作人员，主要有社会保险行政部门的处长、劳动能力鉴定委员会的专家、经办机构的处长、经办机构的工作人员（见图14-10）。

社会保险行政部门和经办机构的人物以专业、严谨、真诚、温和的正面形象出现。

14.3.2　参保企业人物设计

故事情节选取的典型是中等风险的建筑企业，围绕建筑企业设计了一系列人物，例如，企业负责人、人力资源部主管、办公室主管或秘书、不同性格的建筑工人等。

不同的故事中，会有不同风险程度的企业出现。为这些企业也设计了不

图 14-10　社会保险行政部门和经办机构人物形象

1—劳动能力鉴定委员会专家　2、4、5—经办机构工作人员

3—社会保险行政部门处长　6—经办机构处长

同形象的代表人物。例如，建筑企业的陈总，以正面形象出现，支持工伤保险工作，积极缴纳工伤保险费，对工伤职工积极进行救治。与之相对应的，是IT企业的刘总，常常充当反面典型，对工伤保险认识不到位，拒绝给试用期职工缴纳工伤保险，对工伤职工的正当要求以非正当理由拒绝（见图14-11）。

图 14-11　设计人物参保企业

1—建筑企业的陈总　2—IT企业的刘总　3—高危企业的高总

4—人力资源部主管　5—办公室主管或秘书

14.3.3　其他人物设计

除主要场景的人物外，还会根据故事情节的需要，设计更多的人物。例如，医疗机构的医生、护士，饭店的厨师，小区物业的保安员，大楼的玻璃清洁工人，等等（见图14-12）。这些人物设计都要求生动、形象。

在工伤鉴定的故事情节中，为了说明职工伤情不同、鉴定的工伤等级不

图 14-12 其他人物设计

1—玻璃清洁工人 2—医生 3—护士 4—厨师

同,就要设计受到不同程度伤害的多名工伤职工。

14.3.4　人物设计以正面为主

在动画制作中,注意人物设计以正面形象为主,尽量少出现负面形象。例如,在"挪用工伤保险基金"这一集的人物设计时,让工作人员以正面形象出镜,拒绝非正当的要求。即使出现负面的人物,例如,企业不给职工缴纳工伤保险费、辅助器具配置机构以次充好等,都在故事情节中增加不正当行为受到纠正的环节。

14.3.5　人物造型设计

人物造型设计是根据脚本所描述情节以及人物的性别、性格、年龄、职业等来塑造人物的形象。人物的造型设计要符合故事情节,对故事要表达的效果起到促进和支持作用。

尤其是典型人物更要重视其造型设计。典型人物是指动画中经常出现或非常重要的人物。例如,经办机构的张处长,以敬业、正直、专业的形象出现,作为经办机构的典型人物。

典型人物的形象塑造要丰满,具有个性化特征。例如,作为企业老板的陈总、刘总,以及经常以工伤职工出现的小强(见图14-13)。

由于小强作为职工在多个故事情节中经常出现,对其进行了多个造型设计(见图14-14),以适合不同的场景。

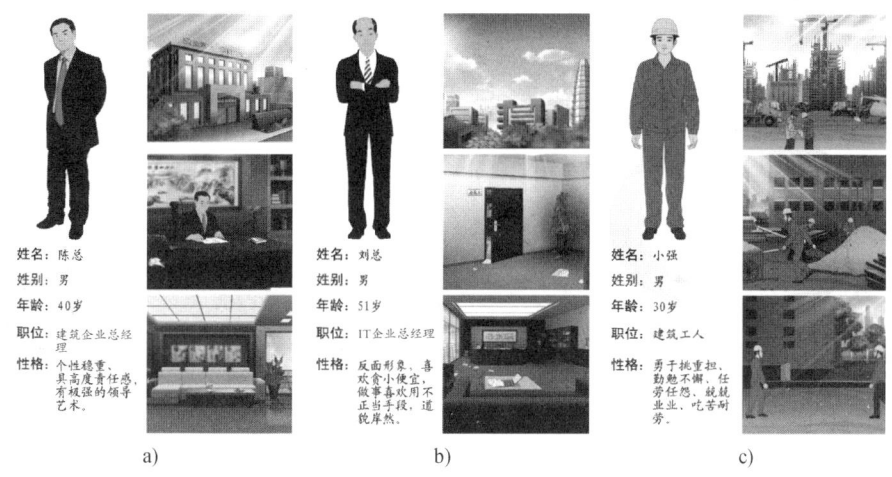

图 14-13 典型人物形象

a) 正面形象的陈总 b) 反面形象的刘总 c) 吃苦耐劳的建筑工人小强

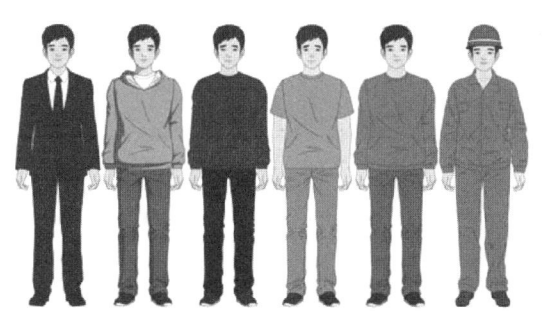

图 14-14 各种场景下的小强

14.4 动画片头设计

《漫话〈工伤保险条例〉》在片头设计上要引人入胜,让学习者产生认真观看后续动画的意愿。为此,在片头构思上,重点突出"工伤保险"的主要含义,即为职工提供安全保障、减少工伤带来的伤害。

片头不宜太长,以 25 秒为宜,有一个完整的故事情节;片头故事要能够起到引导和引起关注的作用,并且不能与每一集的故事情节冲突。

14.4.1 片头创意之一

故事情节：行人走在上班的路上，经过一幢高楼，突然空中有水洒落。行人抬头向上看，只见高楼上有玻璃清洁工人正通过一根安全绳悬吊着身体，对高楼玻璃进行清洁工作。清洁工人正在快乐地工作，一边吹着口哨。只是这时安全绳开始撕裂，传来清晰的撕裂声。清洁工人赶紧尝试自救，奈何作业防护不到位，工人无法在高空中完成自救，随着安全绳的断裂，工人惊慌失措地下坠。正在这时，一只标有"工伤保险"的降落伞在工人背后打开，及时将工人救起。工人庆幸地拉着降落伞的吊索。

在故事之后，"工伤保险时刻守护在你身边"的宣传语缓缓地出现在屏幕中央，提示人们工伤保险能够为职工提供安全保障。

14.4.2 片头创意之二

故事情节：在建筑工地上，起吊装置正在起吊一堆建筑用砖块，砖块缓缓升起。用来装载砖块的平台上的螺钉慢慢滑脱，导致平台倾斜，然后砖块倾倒，纷纷下坠。在下方作业的两个工作人员虽然头戴安全帽，但在砖块下方躲避不及，吓得趴在地上。这时，一个标有"工伤保险"的巨大蓝色安全帽及时出现在工人上方，让建筑工人免受事故伤害。工人庆幸不已，相视欣慰地一笑。

同样，在故事之后，"工伤保险时刻守护在你身边"的宣传语缓缓地出现在屏幕中央。

14.4.3 片头创意之三

故事情节：山村的一对好伙伴、好兄弟，背着行李离开家乡，父母、妻儿送别亲人外出打工。在建筑工地，风雨交加，大哥在冒雨抢救工地物资时不幸被落物砸伤。在医院等待救治的过程中，二弟想到大哥受伤后，山村的亲人难以维持生活，不由后悔外出打工。在经过社会保险经办机构时，二弟想到了社会保险，为大哥申请了工伤认定，使得大哥享受到了工伤待遇，得到了医治和康复救助。大哥康复后重新回到工作岗位。春节时兄弟一起回到山村，和家人团聚。

前两个创意的故事情节较为简单，在20余秒的片头动画中，能够充分地通过动画将故事情节完整、生动地展现出来，让学习者了解并受到吸引。

第三个创意故事情节具有一定的连续性，能够完整地反映工伤保险"预防、补偿、康复"三位一体的理念，也体现了打工兄弟之间的真情。但是，由于情节具有一定的复杂性，该故事的动画完成后，时长超过了60秒，难以作为片头使用。

如果强制把时长限制在20秒以内，就需要删减内容，导致故事的情节发展过快，难以让学习者在短时间内理解故事丰富的内涵。因此，这个创意尽管很好，但也只能放弃。

因此，《漫话〈工伤保险条例〉》动画宣传片最终使用了前两个片头的创意。

14.4.4 片头的使用

考虑到是80集系列动画，可以按章轮流使用2个片头，即在《工伤保险条例》的不同章节使用不同的片头，从而丰富系列动画的表现效果。

14.4.5 片尾设计

作为人力资源社会保障部推出的系列宣传片，片尾要内容简洁，重点突出。一是点出"人力资源社会保障部工伤保险司组织制作"，突出宣传片的权威性、正确性；二是列出参与开发的相关单位，感谢各相关单位对这项工作的支持；三是注明出品单位，表明出版物出版发行的合法性。

14.5 动画创意

好的创意是动画成功的基础。在创作每一集动画时，可按以下步骤进行创意。

（1）第一步，权威解读

通过系列动画的总体设计，明确了要制作80集系列动画，确定了每集动画对应的知识点和动画的主题。围绕这些主题和知识点，聘请工伤保险方面的权威专家，对这些知识点进行解读，使职工和相关机构工作人员能够正确理解这些知识点，并对条款中的重点和难点结合知识点进行展开或延伸解读，起到释疑解惑的作用。

（2）第二步，了解工作实际

为了使知识点在故事情节中得以充分展现，还需要结合工作实际，开展现场调研，从实际工作中寻找结合点，来创作合适的故事。好的创意，一定是与实际业务结合起来，解决实际问题的创意。同时，在故事创作中，要使故事情节和权威解读紧密结合，确保故事的创意不脱离权威解读的范畴。

（3）第三步，头脑风暴

组织动画编导、工伤保险一线工作人员、相关专家和策划编辑组成创意团队，围绕每一集动画主题、知识点，以及调研了解到的实际情况，进行头脑风暴，即创意讨论。

创意团队在讨论中，会不断提出好的点子。通过讨论形成一个创意的雏形，然后把好的点子应用到创意中去，不断丰富、修正、完善，从而形成每一集的动画创意。

14.6　动画故事情节设计

每一集的动画创意形成后，要将其以文字的形式表述出来，形成故事情节。在故事情节设计时，要注意以下几点。

（1）合理性

故事要合情合理，与工伤保险工作中的实际情况相符，不能为了知识点而刻意编造。合理性要体现在多个方面，要在基本常识、工作实际、权威性、正确性等方面都符合逻辑，不出现漏洞。

例如，《工伤保险条例》第五十一条是关于"行政监督"的，具体内容是："社会保险行政部门依法对工伤保险费的征缴和工伤保险基金的支付情况进行监督检查。财政部门和审计机关依法对工伤保险基金的收支、管理情况进行监督。"

在针对第五十一条进行动画创意时，第一个版本的创意是：工伤保险待遇处的小张，在录入待遇数据的过程中接打了一个电话，导致录入错误，将4 655元误录为4 656元。审计人员在例行审计时，发现了这个错误。

这个创意反映了工伤保险基金接受审计机关的监督，但创意只反映了错误数据的发现，而没有反映监督的过程。而且对数据的审核，只是监督工作很小的一部分内容，这个创意不能完整地反映监督检查的全部内容。同时，该创意也存在一定的不合理，因为录入数据时，会有复核环节，出现错误的概率较小，一次审计也不可能只发现这样的一个小问题。

为此，动画创作团队重新进行了创意，设计的故事情节如下：审计组来到社会保险经办机构进行例行审计，组长介绍审计的要求。社会保险经办机构负责人要求工作人员全面配合审计工作。社会保险经办机构的工作人员收集、汇总、整理资料，提供给审计组人员，供审计人员进行审计。同时，审计人员给参保企业打电话，核实工伤保险参保缴费等相关情况。

这个创意反映了工伤保险基金接受审计监督的全过程，向学习者传达了监督的要求，反映了监督的工作过程和工作内容。这个创意就比在审计中发现一个错误数据的创意合理得多。

（2）正面性

《工伤保险条例》第七章是有关违反条例规定需要承担的法律责任，其中有经办机构、医疗机构、辅助器具配置机构承担法律责任的情形。在设计反映这些内容的动画创意和故事情节时，要力求从正面来设计，反映经办机构等遵守条例规定的正面形象。

例如，第五十七条是有关社会保险行政部门工作人员违法违纪承担法律责任的情形。在设计动画创意时，职工因饮酒导致死亡，该企业的刘总找到在社保中心工作的老同学张处长，要求违规把该职工认定为工伤。张处长义正词严地拒绝了老同学的要求。故事设计没有从工作人员违法的角度入手，而是从严格遵守法律入手，同样反映了条例的相关内容，维护了社会保险行政部门和经办机构工作人员的正面形象。

第六十一条是有关从事劳动能力鉴定的组织或者个人承担法律责任的情形。在设计动画创意时，医生拒绝了工伤职工要求将其工伤等级鉴定得更高的要求。医生通过与工伤职工的对话，既照顾了工伤职工的情面，又严正地表明了自己的态度，还介绍了劳动能力鉴定委员会成员的职责和要求。在对话过程中，还说明了自己作为主治医生，无法为自己的病人做劳动能力鉴定，这是因为《工伤保险条例》规定了"回避原则",如果工作人员与申请人有利害关系时,在工作中必须采取回避措施。

(3)和谐性

在设计动画创意和故事情节时,要体现和谐社会的要求。故事中的人物,无论是企业老总还是建筑工人,其地位都是平等的,要力求反映人与人之间的相互尊重。在此基础上,不正确的做法都会得到纠正,违法违纪行为都会得到处罚。总体要求是,正义得到了伸张,工人的合法权益得到了维护。

例如,《工伤保险条例》第六十四条是关于本人工资的规定。为了说明本人工资与实际申报工资的不同,故事中设计了企业老总为了少缴工伤保险费,从而瞒报职工本人工资的情节。在故事中,这个企业老总红着脸说,"对不住了,我这就去补报",表明老总认识到了自己的错误,并尽快去改正。

又如,第三十条是关于工伤保险的待遇。在故事情节设计时,工伤职工在住院期间,企业的老总和人力资源部主管去医院探望职工,并做出承诺,让职工安心养伤。故事体现了企业对职工的关爱,解决了工伤职工的后顾之忧。

(4)巧妙性

故事情节设计要有一定的巧妙性,能够把一个条款中的要点完整地反映出来。

例如,《工伤保险条例》第二十条是关于工伤认定的时限。其中有三个要点:一是社会保险行政部门应当自受理工伤认定申请之日起60日内作出工伤认定的决定;二是社会保险行政部门对受理的事实清楚、权利义务明确的工伤认定申请,应当在15日内作出工伤认定的决定;三是社会保险行政部门工作人员与工伤认定申请人有利害关系的,应当回避。

在动画创意时,动画的故事情节如下:办公室内,陈总看着放在桌上的工伤职工小强的医疗费用清单,企业垫付的金额已经达到20多万元了,给企业的流动资金造成了较大的压力,陈总希望能够尽快报销费用。人力资源部的刘经理在汇报工作时,陈总询问了职工小强工伤认定的进展,刘经理汇报了相关情况,并介绍正常流程需要60日。陈总有些着急,推荐刘经理去找一个在人力资源和社会保障局工作的亲戚帮忙，看能否加快工伤认定。刘经理回答说，这是行不通的，因为条例要求，社会保险行政部门工作人员与工伤认定申请人有利害关系的，应当回避。这时刘经理的手机响起，接到了工伤认定处林处长的电话。因为小强的工伤认定申请事实清楚、权利义务明确，所以15日内就作出了工伤认定的决定。

这样，通过一个故事情节，就巧妙地将条款中的三个要点都予以了解读和说明。

（5）连贯性

劳动能力鉴定是《工伤保险条例》第四章的主要内容，共9条。由于劳动能力鉴定的这9条规定具有一定的连续性，涉及鉴定条件、鉴定等级、鉴定申请、鉴定委员会、再次鉴定、复查鉴定等内容。如果对这9条规定分别设计故事，则需要设计的工伤事故太多，容易让动画的重心偏离鉴定工作本身，因此，在对这9条规定进行动画创意时，创作团队进行了整体考虑，设计了一个整体的故事情节。这个故事发生在建筑工地上，两个工友老王和小强在工作中，由于起吊重物下落，老王将小强推开，最后导致老王受重伤，小强受轻伤。故事后续的发展，是两个工友在医院接受治疗，伤情稳定后，去参加劳动能力鉴定。老王的鉴定等级较高（四级），小强的鉴定等级较低（九级）。小强对自己的鉴定结果不服，提出了再次鉴定的要求。而老王的伤情在一段时间后发生了反复，从而需要进行复查鉴定。

这样的创意，是为每一条款设计一个独立的故事情节，然后连贯起来形成一个完整的故事。由于故事的连贯性，使得故事的场景和人物可以在多集中连续使用，降低动画创作的成本。

（6）相关性

动画创意应力求与工伤职工相关，解决工伤职工关注的主要问题。

例如，《工伤保险条例》第二十四条是有关劳动能力鉴定委员会人员构成及专家库的内容。动画第一版的创意是：骨科专家、劳动能力鉴定委员会成员，早上起床后，要赶去参加当天的劳动能力鉴定，鉴定前还要与其他专家沟通和做好鉴定准备。由于时间紧张，没有时间吃早饭。专家的妻子端来一杯牛奶，提醒专家注意身体。

这个创意从鉴定委员会成员的工作角度出发，想反映工作人员对待工作的认真态度和工作任务繁重。但这一点与工伤职工关注的重点无关。工伤职工关注的重点是鉴定的公正性和鉴定对职工切身利益的影响。

为此，创作人员对该集动画进行了重新创意，修改后的创意是：工伤职工小强近期就要参加劳动能力鉴定了，对参加鉴定的专家不放心，担心鉴定的结果会影响自己的待遇。第二天小强来到人力资源社会保障部门咨询，工作人员认真解答了他的疑问，并详细介绍了鉴定委员会成员的来源和构成、鉴定工作的权威性等，从而使得小强的疑问得到了很好的解决。很明显，后一个创意与工伤职工相关，有着更强的相关性。

（7）典型性

在根据《工伤保险条例》相关条款制作动画时，还制作了7集工伤认定案例。这些案例具有一定的典型性：一是与工伤认定的几种情形相吻合，力求每一种情形都有一个案例；二是案例能够反映当前工伤认定中的典型情况；三是案例中有一些疑难点，需要专家分析后，帮助职工解决这些疑难点。

例如，在车间工作时被车辆撞伤，这肯定属于工伤。但如果这个事故发生在午休时间，它算不算不工伤呢？动画要通过案例将这个难点分析清楚，让职工对工伤认定有深入的了解和认识。

《漫话〈工伤保险条例〉》
第3集
《工伤保险条例的适用范围》

《漫话〈工伤保险条例〉》
第4集
《工伤保险费的征缴》

14.7 动画脚本写作

动画脚本是根据故事创意编写的规范化文档，主要用于指导动画制作人员进行动画设计和制作。

14.7.1 动画脚本的写作要求

为了开发好《漫话〈工伤保险条例〉》动画宣传片，对脚本提出了以下几条要求。

一是脚本按"幕"编写，每一幕发生在一个独立的场景下。要求在脚本中，对场景进行较为详细的描述，让制作人员对场景有所了解。

二是每一幕包括多个镜头。每个镜头要求描述出发生的故事、出场的人物、人物之间的对话，以及镜头中的关键点。

三是脚本中的对话、解说词要严格推敲，不仅要使对话符合人物的特点，还要求与故事情节相契合。对话和解说词要用于配音，因此必须保证准确、正确，以免后续修改，重新配音。

14.7.2 对话的要求

在动画的故事部分，要根据故事情节来设计人物之间的对话，帮助学习者了解故事情节，使故事更加完整。同时，巧妙的对话能够进一步提升故事的水平，吸引学习者的关注。

对于人物对话，一是要求简明扼要。人物应以简洁的语言，表达自己的观点、意见、要求等。二是要求适当口语化。人物对话要与故事情节相符合，适当使用生活化语言，不要使用书面语言。考虑到动画片要在全国范围内使用，应尽量少用方言。三是要求个性化。人物的语言要反映人物的个性特征。不同的人物，由于其从事的工作不同、社会阅历不同，因此，其语言也不同。例如，建筑企业的参保职工、社会保险经办机构的办事人员，两者的语言必然不同。前者的语言要更口语化和生活化，后者的语言则要更专业化、标准化。四是要适当幽默。人物对话要适当与网络语言、流行语结合，体现一定的幽默性。动画本身就是一种有趣的表现形式，语言的幽默性可以增强动画的表现力和吸引力。要注意的是，幽默化并不意味着庸俗化、低级化。作为微课,要在人物对话设计中避免低级趣味的词语出现。

14.8 动画制作流程

动画制作是一项专业性很强的工作,根据专业分工,不同的人员负责不同的工作。

14.8.1 创意确定

由于 80 集动画的制作是一项较为复杂的工作,我们在制作过程中,以 5 集动画为一个单位。即每次确定 5 集的主题,然后围绕这 5 个主题进行创意设计和故事情节设计。设计完成后提交相关部门审核。

在创意设计和故事情节设计时,故事情节不但要切合《工伤保险条例》所展现的主题和内容,突出专业性和权威性,还要符合现实社会的实际情况;同时要求故事具备可看性,如具有幽默的风格,能够寓教于乐等。

在故事情节设计时,剧本小组有时候会从网上搜集故事原型和素材,但为了保证故事情节设计符合现实情况,创作人员还会到典型的参保企业或者其他行业去收集故事素材,对相关故事情节进行核实,确保故事情节的真实性和有效性。

故事情节还要与工伤保险一线的工作人员进行讨论,以确保情节符合工伤保险工作实际。郑州市社会保险局作为动画开发的全面协作单位,专门调派、邀请工伤预防、工伤待遇、劳动能力鉴定等处室的工作人员,成立了创作指导小组,与创意设计人员进行对接,对故事情节中涉及的实际业务进行指导。

14.8.2 脚本审核

创作团队在完成 5 集一批的动画创意设计和故事情节设计后,提交郑州市社会保险局、人力资源社会保障部工伤保险司审定。审定通过后,要将故事情节设计转化为脚本,脚本必须对动画制作起到指导作用,因此,脚本由一个个分镜头构成。

在分镜脚本中,对每一个镜头都要进行详细描述,包括镜头所在的场景、包含的人物、人物的动作、心理活动和对话等。

脚本完成后，同样需要进行审核。

14.8.3 分镜绘制

分镜脚本是动画制作的依据，分镜导演对照脚本绘画草稿分镜。一般使用铅笔在白纸上绘制，也可以在专用的分镜纸上手绘草稿分镜。

根据动画创作的需要，参与的创作人员有场景设计师、人物造型设计师、道具造型设计师等。

场景设计师拿到导演的草稿分镜后，根据分镜里所呈现的场景和角度开始进行绘画。常用的软件有 Flash、Photoshop 等。有时候，场景设计师也会根据现实生活中的场景，来绘制动画场景。或者是根据专业性的需要，直接去工作场所进行实地拍照，然后绘制成动画场景。这样绘制的场景更具有真实性。

在人物造型设计方面，造型设计师会根据脚本描述的人物性别、性格、年龄、职业等对人物进行塑造，有时还会参考真实人物来绘制动漫人物造型。

14.8.4 动作的设计和制作

动画片中的动作，是由 25 个连续的画面在 1 秒之内快闪播放完成的。在动作设计和制作时，采用的软件以 Flash 为主，后期软件为辅。

动画制作人员在设计出关键帧以后，采取逐帧动画加补间动画并用的方法进行动作设计和调整。

14.8.5 动画角色对白配音

根据定稿的分镜头脚本，制作人员把动画角色的对白文字提取出来，然后交给配音演员去配音。

配音演员在熟悉脚本后，在录音棚里进行配音录制。配音演员根据动画角色的性别、年龄、职业、性格和场景设计，采用合适的语气和情感把对白读出来，用录音设备进行录制。

例如，在动画角色笑的时候，配音演员就配上笑的声音。在动画角色说话的时候，配音演员在录音棚里对着动画视频配上说话的内容。

录制好的对白声音，输出成为 WAV 格式或 MP3 格式，再提交给动画制作人员。动画制作人员把对白声音加载到动画制作软件中，根据动画中人物角色的嘴部动作，进行对口型工序。

在软件里，动画制作人员根据声音的"数据流"比对角色的口型，使之完全匹配动画中角色说话的节奏。

14.8.6 视频加载字幕和音效合成

动画视频做好以后，动画制作人员要在视频对白处加上文字字幕，以便观众更直观地理解对话内容。

动画中需要添加背景音乐。比如，遇到伤心的情景时，需要有一个悲伤的背景音乐来烘托气氛，制作人员就需要往这一段动画里添加这样的音乐。有时候，动画中的角色心情不错，遇上欢快活泼的情景，制作人员就需要用一个欢快的音乐来展现动画角色当时的内心世界。

动画中还有添加音效这个环节。比如，开门、关门、走路、跺脚、鼓掌、打斗，汽车鸣笛、撞车，自然界的雷声、鸟叫，等等。在动画需要的时候，后期处理人员都会在相应的时间节点上加载相应的特效声音。

添加音效的方法有两种：一种是通过后期软件 Premier 或者 AE，在动画输出的视频上进行加载；另一种方法是在动画 Flash 源文件的图层上直接加载。在实际工作中，大多采取第二种方法。

14.8.7 视频的输出及格式转换

这是动画制作的最后一个环节，到了这个环节就意味着动画已经制作完成。根据需要，可以对动画视频输出格式进行设定，包括画面的大小、清晰度、质量、文件格式等。一般的做法是，后期制作人员将动画从 Flash 源文件导出，成为 AVI 1080P 高清通用格式的视频。这个格式基本上适合当前大多媒体的需要。对于其他需要，例如，手机上观看使用的 MP4 格式，或者是演讲的时候需要加载到 PPT 里边的 WMV 格式，或者是一些视频网站需要的 MPG 格式，或者是新媒体如 QQ、微信需要的 GIF 动态表情格式，这些都可以通过格式转换工具进行转换。

15. 交互式 H5 微课制作实践

除上述以视频为表现形式的微课外，近年来随着移动互联网的发展，一种新型的微课也得到了应用，这就是使用 HTML5 开发的交互式微课，简称 H5 微课。

15.1 交互式 H5 微课的特点

HTML 是一种超文本标记语言，目前在互联网上的绝大部分网页都是使用 HTML 编写的。HTML5 是该语言的第 5 版标准，它能使浏览器不需要插件（如 Flash）就能实现各种交互效果，因而成为网络应用开发的新标准。

HTML5 网络应用具有以下优势：一是跨平台可用性，其开发的应用可以在微软 Windows、苹果 iOS、谷歌 Android 等系统使用；二是浏览器不需要安装插件就能支持各种媒体；三是更好的互动支持，可以开发互动游戏。[79]

HTML5 技术的发展，为开发基于 HTML5 的跨平台互动微课提供了基础。目前流行的微课主要是视频形式的，虽然适合于多平台应用，但存在着交互性弱、反馈难、制作更新烦琐等缺陷。H5 微课弥补了视频微课的这些缺陷，尤其是能在移动设备上使用，让用户获得更好的学习体验。

H5 微课具有以下特点：

（1）多媒体融合

H5 微课是多种媒体的有机组合，包括文本、图片、音频、视频、动画等，这使得 H5 微课可以采用多种形式展现教学内容，从而具有更好的表现力，利于自主学习。

（2）交互性

H5 微课可加入多种交互，使得学习者可以与教学内容互动。和 PC 端的课件相比，H5 微课的移动端交互能使学习者可以像玩游戏一样进行互动学习。

（3）修改容易

H5 微课是一种网络应用，如果发现有问题，只需在后台进行编辑修改，更新发布即可。这使得 H5 微课能够根据不同的需求和教学变化及时更新，以适应不同的教学需求。

15.2 交互式 H5 微课的制作技术

H5 微课的制作技术可以分成三类。[80]

一是直接用 HTML5、JavaScript、CSS 等进行编程和编码，适用于专业开发人员。

二是 H5 工具平台，在这些平台上，使用者无须掌握复杂的编程技术，就能简单、轻松地制作基于 HTML5 的交互式场景页面。

三是软件类工具，包括网页制作工具，如 Dreamweaver；转换类工具，如 iSpring 可以将 PPT 转换为 H5 网页，Flip HTML5 可以将 PDF、PPT、DOC、图片等转换为翻页式 H5 网页；专业课件类开发工具，如 Articulate Storyline、Lectora 等，这类工具功能强大，可以开发适合多个平台使用的交互式 H5 课件。

对普通教师来说，可以选择方便易用、功能强大的 H5 工具平台，如易企秀、初页、iH5 等（见图 15-1）来制作 H5 微课。

（1）易企秀

不需要安装软件，用浏览器登录网站即可在线创建和编辑 H5 页面。易企秀制作的 H5 微课可以快速分享到社交网络（通过网址链接或二维码），通过表单收集各种反馈信息。

同类工具还有百度 H5、Maka、兔展等。

（2）初页

除提供网页版在线制作外，初页还提供手机端应用（iOS 和 Android 版），这样在手机端也可以快速制作 H5 页面并发布。其特有的接龙功能可以很好地

图 15-1 H5 工具平台

a) 易企秀 b) 初页 c) iH5

实现师生交互,教师提出任务,让学生将完成的作业用接龙方式展示。

同类工具还有小图等。

（3）iH5

原为 VXPLO 互动大师,是专业的 H5 在线制作工具。提供 H5 编辑、效果监测和平台社交功能,包括事件控制、时间轴、多屏控制和数据库等高级功能,无须代码编程便可实现复杂的交互。

同类工具还有 Epub360、木疙瘩等。

15.3 《社会保险 30 年》交互式 H5 微课制作实践

15.3.1 《社会保险 30 年》系列微课设计

（1）微课开发目的

改革开放以来,我国的社会保险事业取得了举世瞩目的成就。为了宣传我国的社会保险事业发展,扩大社会保险在全社会的知晓度,我们策划制作了《社会保险 30 年》系列微课,在回顾我国社会保险事业发展历程的同时,向全社会展现社会保险事业所取得的成绩,以及全体社保人不负重托、追求卓越、为不断开创社会保险经办工作新局面而努力奋斗的光辉诗篇。

（2）系列微课设置

《社会保险 30 年》系列微课分为六大部分:发展历程、文化建设、国际合作、领导关怀、机构沿革、珍贵史料。其中"发展历程"是重点，又分为三个阶段。根据这些内容，系列微课设置见表15-1。

表15-1 《社会保险30年》系列微课设置

微课1	前言
微课2	第一部分　发展历程
微课3	第一阶段（1980—2000年）
微课4	全力以赴确保养老金按时足额发放
微课5	社会保险社会化管理服务
微课6	扩大社会保险覆盖范围
微课7	构建医疗保险机构经办管理基本框架
微课8	第二阶段（2001—2007年）
微课9	巩固养老金发放成果
微课10	扩大社会保险覆盖面
微课11	完善社会保险制度
微课12	推进企业退休人员社会化管理服务
微课13	加强社会保险费征收
微课14	大力加强能力建设
微课15	第三阶段（2008—2016年）
微课16	认真落实社会保险重大制度改革
微课17	认真贯彻落实社会保险法
微课18	实施社会保障"十二五"规划
微课19	实施全民参保登记计划
微课20	全面推进标准化建设
微课21	加强业务档案规范化管理
微课22	提升数据质量，推动精确管理
微课23	着力打造"电子社保"
微课24	实施百千万人才建设工程
微课25	加快健全经办管理服务体系

续表

微课 26	全力构筑基金管理安全防线
微课 27	广泛应用精算技术,提高决策和管理水平
微课 28	开展社会保险信息披露,打造"阳光社保"
微课 29	第二部分　文化建设
微课 30	学习先进人物
微课 31	开展改进行风专项行动
微课 32	文体活动
微课 33	广泛宣传
微课 34	第三部分　国际合作
微课 35	第四部分　领导关怀
微课 36	第五部分　机构沿革
微课 37	人社部社保中心机构沿革
微课 38	第六部分　珍贵史料
微课 39	1940—1949 年
微课 40	1950—1979 年
微课 41	1980—2011 年
微课 42	走向未来

(3)微课的页面设计和脚本设计

H5 微课由一个个场景页面组成,通过页面的多媒体可视化设计,清晰展现学习内容。脚本设计包括页面布局、媒体选择及出场方式和顺序、交互方式、跳转等设计,一般采用"草图+描述"方式表达。

H5 微课主要针对移动端,因此在兼容 PC 访问外,还要考虑手机、平板电脑,以及兼容不同的操作系统,如苹果 iOS、谷歌 Android 等。

《社会保险 30 年》H5 微课采用 16∶9 的长宽比,其中的首页、主页、内容页及内容扩展页如图 15-2 至图 15-5 所示。

(4)交互设计

H5 微课交互设计的目的是让学习者动起来,做到心动、口动、手动、行

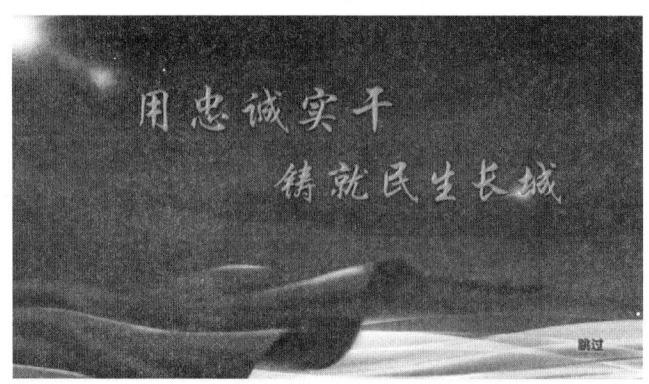

图 15-2 《社会保险 30 年》H5 微课的首页

图 15-3 《社会保险 30 年》H5 微课的主页

图 15-4 《社会保险 30 年》H5 微课的内容展现页

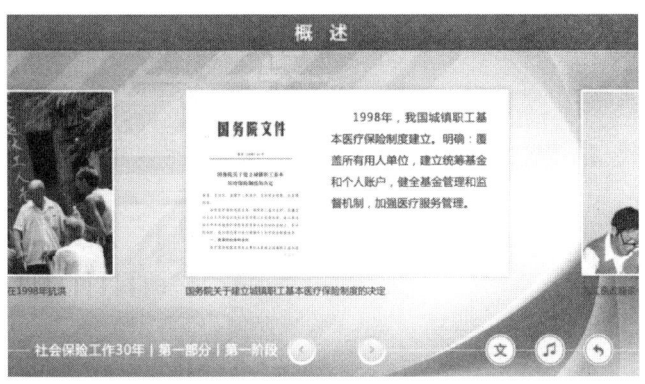

图 15-5　内容扩展页（一页显示不下时）

动，具体可采用的方式有动画设计、视线牵引、链接跳转、表单、调查测试、内心激发、问题激发、游戏互动、交流互动等。

文字交互。在概要介绍文字内容超出显示区域时，可以上下移动滑块来阅读全部文字内容。

图片交互。所有图片均可以点击放大。在弹出的放大图片上，可以自由调整图片的缩放比例。在同一个图片占位中有多张图片时，可以滑动图片实现轮播。

文字和音频交互。在大段文字介绍时，可以点击"文"按钮，显示出更详细的文字介绍。在文字介绍下方，提供音频播放按钮。音频默认处于播放状态，进入文字介绍页面，即播放文字的音频。可以手动停止音频的播放，再次点击则继续播放。

视频交互。在内容的相应位置，会有与之相关的视频。点击播放按钮，就可以播放视频，还可以全屏播放。

目录和翻页交互。在页面的下方，有一行目录按钮，显示当前页面所在位置，可以点击目录，实现在目录中的跳转。还提供了翻页按钮，可以自由地向前或向后翻页。还可以返回上一级或回到主页。

15.3.2　素材准备

（1）文本和配音

对《社会保险30年》的文本内容进行认真校核，确保文本内容正确无误后，发给配音人员进行配音。

（2）图片

对实物进行拍照。对历史照片、文档类珍贵资料进行扫描并进行修图后存储。

（3）视频

由社保中心向各地征集相关宣传视频、活动视频。对社保服务大厅和业务办理场景进行拍摄，获得视频素材。对社会保险经办30年展览室进行拍摄。

对提交和拍摄的视频进行处理，使之格式统一为MP4 H264。

（4）二维码

由于H5交互式微课容量的限制，对于长视频进行了分段处理，选取其中最重要的30~60秒在微课中播放。更多的视频内容，则上传到服务器中，提供二维码供学习者扫码播放。生成二维码后，以图片的形式存放，供H5微课制作时使用。

（5）素材处理

根据H5微课特点，对素材进行规范处理。

15.3.3 技术制作

H5微课的制作与PPT制作相似。根据脚本设计按顺序制作各个页面，在页面上可以根据需要添加多媒体元素并设置动画，添加交互组件如链接、跳转等，添加音频、视频，设置页面切换效果及背景音乐等。

15.3.4 测试和反馈

H5微课制作完成后，需要进行测试和修改。

测试时，需要对H5微课的每一个页面进行细致的测试，例如，对文字进行校核，确保文字正确；对页面中的每一个元素的交互进行测试，确保交互符合要求。

除正确性和交互性测试外，还要对H5微课进行跨平台测试，即测试其在各平台上的表现，包括PC上的不同浏览器、苹果iOS、安卓Android，保证交互在不同的平台上均可使用，达到预期的交互效果。

15.3.5 发布、推广和应用

H5 微课一般直接发布到网络上,学习者利用各种终端通过网址或扫二维码,就可以访问 H5 微课,进行交互式学习。

以下是"社会保险 30 年"H5 微课的二维码,扫描二维码可观看该微课。[81]

16. 视频制作软件的使用[82]

16.1 视频制作软件介绍

视频制作使用的软件包括视频剪辑软件、音频处理软件、特效后期软件、视频格式转换软件等。

16.1.1 视频剪辑软件

（1）EDIUS

EDIUS Pro 是 Canopus 公司的非线性视频编辑软件（见图 16-1）。EDIUS 拥有完善的基于文件的工作流程，提供了实时、多轨道、多格式混编、合成、色键、字幕和时间线输出等功能。

（2）Premiere

Premiere Pro 是 Adobe 公司的非线性视频编辑软件（见图 16-2），具有强大的视频和音频编辑功能，是目前流行的视频剪辑软件之一。它能够协助用户更加高效地工作，应用范围广泛，制作效果精美。

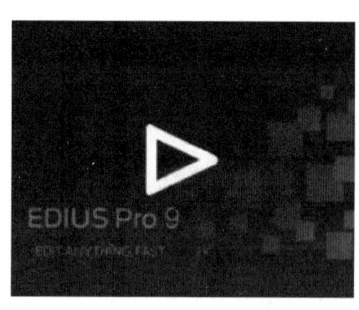

图 16-1 EDIUS 软件

图 16-2 Premiere 软件

(3) Final Cut

Final Cut Pro（见图 16-3）是 Apple 公司的专业非线性视频编辑软件。它提供了良好的扩展性、精确的剪辑工具和相互衔接的工作流程，包含导入并组织媒体、编辑、添加效果、改善音效、颜色分级等功能。

(4) 会声会影

会声会影软件（见图 16-4）的主要特点是操作简单、易学，界面简洁明快，适合家庭日常使用。它提供影片制作向导模式，只要三个步骤就可快速做出 DV 影片，新手也可以在短时间内学会影片剪辑。

图 16-3　Final Cut Pro 软件

图 16-4　会声会影软件

16.1.2　音频处理软件

(1) Cool Edit

Cool Edit Pro 是一款数字音乐编辑器和 MP3 制作软件（见图 16-5），可以同时处理多个文件，在几个文件中对声音进行剪切、粘贴、合并、重叠等操作。

(2) Adobe Audition

Adobe Audition 是一款专业音频编辑和混合软件（见图 16-6），可以用这款软件制作出各种风格的音频文件。

图 16-5　Cool Edit 软件

图 16-6　Adobe Audition 软件

16.1.3 特效后期制作软件

常用的制作软件 After Effects（AE，见图 16-7）是 Adobe 公司推出的一款图形视频处理软件，适用于视频特技制作。

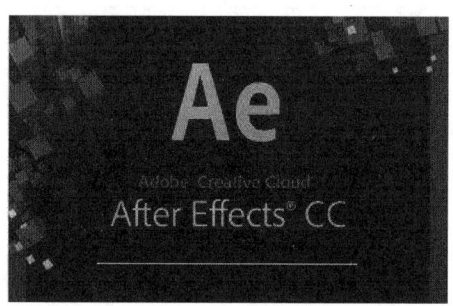

图 16-7　After Effects 软件

16.1.4 视频格式转换软件

（1）格式工厂

格式工厂（Format Factory）是一款万能的多媒体格式转换软件（见图 16-8），可提供多种视频格式的互相转换。

（2）狸窝

狸窝（见图 16-9）是一款全能型音视频转换及编辑工具。使用狸窝，可以对几乎所有流行的视频格式进行相互转换。

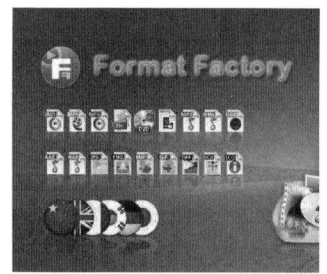

图 16-8　格式工厂软件　　　　　　图 16-9　狸窝软件

16.2 视频剪辑基础

视频剪辑，是指将拍摄完成的一系列镜头按照视觉习惯、运动规律，合理、创造性地重新组接成完整的银幕形象，它是影视艺术创作过程中的再创作。

16.2.1 画面组接的剪辑点

（1）动作剪辑点

以画面元素的"形体动作"为基础，结合实际生活中的活动规律来处理。

（2）情绪剪辑点

以"心理动作"如人物的喜、怒、哀、乐为依据来处理。

（3）情节剪辑点

以情节的发展节奏为依据来处理。

16.2.2 景别变化的基本原则

（1）前进式句型

景物由远景——全景——近景——特写逐渐过渡，表现由低沉到高昂向上的情绪发展。

（2）后退式句型

景物由特写——近景——全景——远景逐渐过渡，通过由细微到宏观的空间变化，表现从紧张到舒缓的情绪变化。

（3）环形句型

把前进式与后退式句型结合在一起运用，表现情绪的跌宕起伏。例如，远景——全景——近景——特写——近景——全景——远景。

16.2.3 镜头组接原则

同一机位、同一景别、同一主体的镜头，会产生跳动、错位的感觉，因此镜头之间要按一定的原则进行组接。

（1）起幅与落幅

前一个镜头结尾停止的片刻称为落幅，后一个镜头运动前静止的片刻称为起幅。

（2）动接动

如果画面中同一主体或不同主体的动作是连贯的，可以动作接动作，达到顺畅、简洁过渡的目的，称为动接动。

（3）静接静

如果两个画面中的主体运动是不连贯的，或者它们中间有停顿时，那么这两个镜头的组接，必须在前一个画面主体做完一个完整动作停下来后，接一个从静止到开始的运动镜头，称为静接静。

（4）动接静或静接动

运动镜头和固定镜头组接，同样需要遵循一定的规律。

如果一个固定镜头要接一个摇镜头，则摇镜头开始要有"起幅"；相反一个摇镜头接一个固定镜头，那么摇镜头结尾要有"落幅"。否则，画面就给人一种跳动的感觉。

16.2.4 转场技巧

（1）动作转场

前一段最后一个镜头的主体动作与后一段第一个镜头的主体动作，在形式上或内容上相互关联，这个动作就可以作为前后两段的过渡因素，前后镜头中的主体可以相同也可以不相同。

（2）同体转场

同体转场是指前后的两个段落借助同一物体转场。

（3）相似体转场

利用两个主体的相似之处，比如形状或构图，作为转场的因素。

（4）遮挡镜头转场

在前一个镜头中主体从纵深处迎着镜头走来，不断靠近镜头，直至挡住镜头，下一个镜头已是另外一个场景，以达到转场的目的。

（5）声音转场

声音转场是利用声画的对列来连接镜头，使段落的衔接顺畅。

16.2.5 镜头衔接技巧

（1）硬切

硬切是指没有任何光学技巧的剪辑手法。

（2）淡入淡出

淡入淡出是指前一场景变暗消失，后一场景逐渐显露直到清晰，表现一个情节结束，另一个情节开始，是表现时空间隔的重要手段。

（3）叠化

叠化是指前一场景变暗消失之前，后一场景已经开始逐渐显露，两个画面同时呈现，是利用时空转换来深化情绪的重要手段。

（4）圈入圈出

圈入圈出是指以圆圈的方式，从画面中心圆点开始逐渐扩大（圈出），或以圆圈将整个画面逐渐收缩为圆点（圈入），并被下一个画面所取代。

16.3 会声会影的使用

会声会影是一款专门为个人及家庭设计的视频剪辑软件，它特有的双模式操作界面，让入门新手可以轻松体验、快速操作。它提供向导模式，制作者只需三个步骤就可做出精美的视频影片。

16.3.1 工作界面

双击会声会影快捷图标，启动主程序，进入会声会影的工作界面（见图16-10）。

图16-10 会声会影的工作界面

（1）文件预览区

工作界面左上角白色背景的黑方框是视频项目文件预览区，在导入视频和图片进行编辑的时候，可以在这个工作区看到预览效果。

（2）编辑面板

工作界面右上区域为编辑面板。预览区和编辑面板中间的几个选项从上向下依次为素材库、自带的模板、自带的转场、自带字幕特效、纯色背景素材、滤镜，如图 16-11 所示。其中，除了素材库的素材是需要自己添加外，单击另外的几个选项，会出现该选项下的相应内容。

（3）视频编辑轨道

工作界面下方是编辑视频的轨道，可以根据图标分为视频轨、覆叠轨、字幕轨、音频轨、音频副轨，如图 16-12 所示。想要添加轨道可以点击轨道管理器，调整轨道的数量，多条轨道一起编辑。

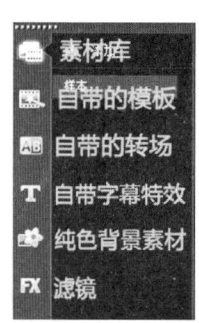

图 16-11 编辑面板的选项说明

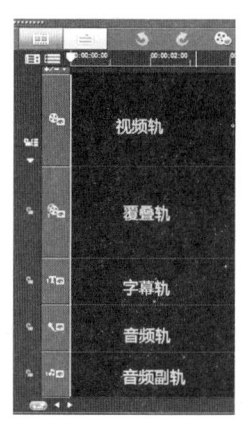

图 16-12 编辑视频的轨道说明

16.3.2 素材准备

在编辑视频之前，要有一个清晰的编辑思路，知道需要用到哪些视频、图片、声音等素材，并利用工具软件进行简单的处理。

在计算机上新建一个文件夹，把所有的素材复制到这个文件夹中（见图 16-13）。把文件夹中的素材导入会声会影的素材库中，以便在编辑视频过程中随时调用。

16.3.3 编辑素材

（1）插入视频

从素材库把需要用的视频素材拖到时间轴上，选中要修改的视频，利用

图 16-13　把所有的素材复制到一个文件夹中

导览栏按钮和选项面板，进行相应更改（见图 16-14）。

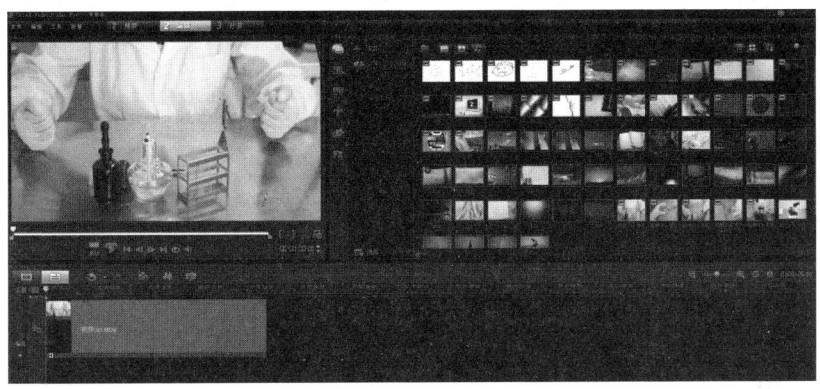

图 16-14　插入视频

（2）插入图片

从素材库把要用的图片素材拖到时间轴上，选中要修改的图片，利用选项面板，进行相应更改（见图 16-15）。

（3）插入声音

从素材库把需要的声音素材拖到时间轴上，选中要修改的声音文件，利用选项面板，进行相应更改（见图 16-16）。

16.3.4　添加转场效果

会声会影提供多种转场效果，例如擦拭、卷动、滑动、闪光、伸展、推动、相册等。

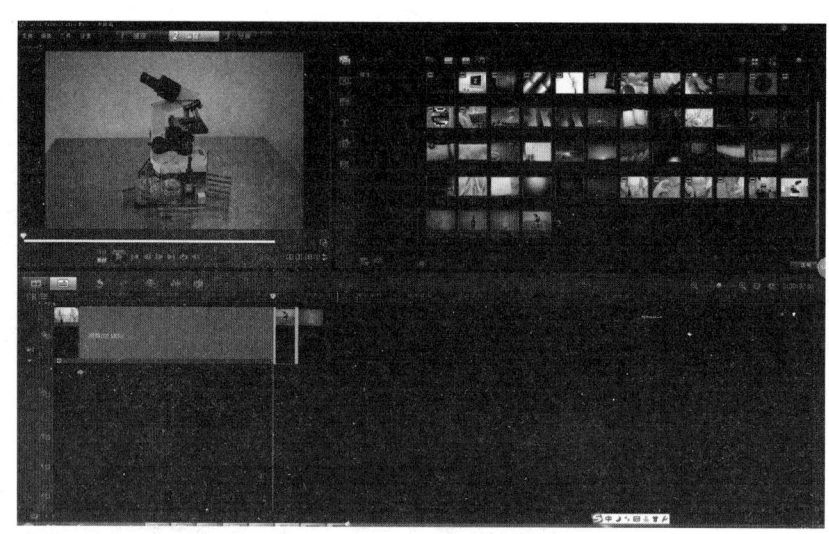

图 16-15　插入图片

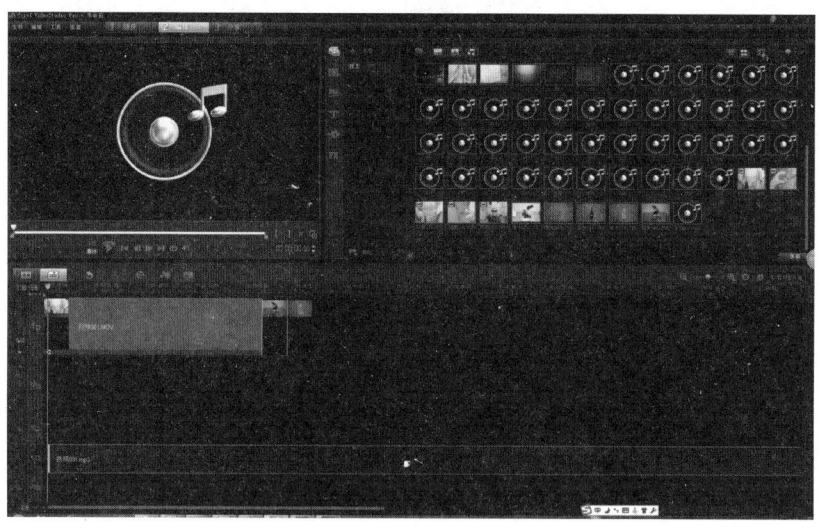

图 16-16　插入声音

单击编辑面板中的转场（见图 16-17），拖动需要的转场效果到所需的素材上，就可以应用该转场效果。

16.3.5　添加覆叠轨

覆叠轨的作用是在视频轨上面叠加视频或图片。

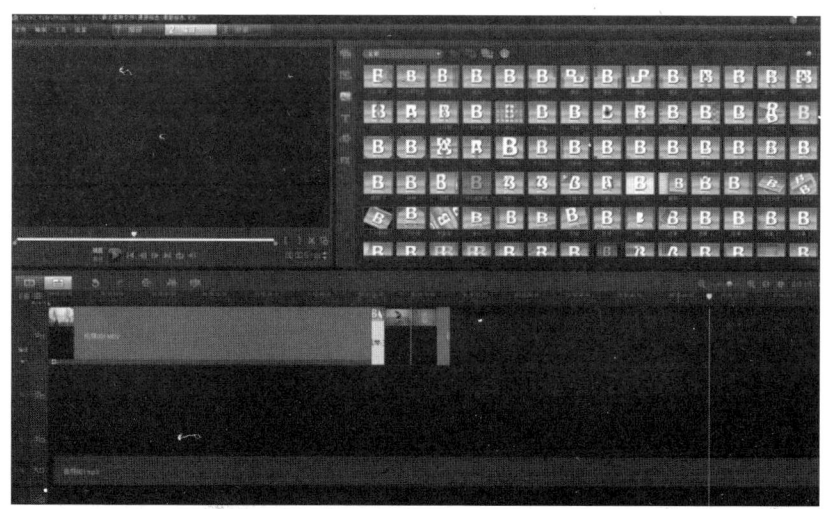

图 16-17　添加转场效果

例如,要达到画中画的效果(见图 16-18),就需要在视频轨上添加一个视频,再在覆叠轨上添加一个视频,然后调整叠轨视频的大小、位置,就可以达到画中画效果了。

图 16-18　添加覆叠轨

16.3.6　添加标题

片名、提示字幕等文字需要放在标题轨上。拖曳时间轴标尺上的当前位置标记到所需要处,单击步骤选项卡中的"标题"按钮,切换至标题面板。在预览窗口中双击鼠标左键,进入标题编辑状态(见图 16-19)。输入文字后再利用选项面板进行修改。

图 16-19 添加标题

16.3.7 添加模板

(1)使用模板

单击步骤面板上的即时项目,找到需要的模板,单击鼠标右键,选择添加到开头或结尾(见图 16-20)。

(2)导入模板

单击步骤面板上的即时项目,选中自定义,单击右边的导入一个模板项目,找到要导入的模板,单击打开,导入到模板自定义组合中。

16.3.8 分享

单击工具栏中的"分享"按钮,切换到分享面板,单击选项面板中的"创建视频文件"按钮,可以看到包括有"DVD/VCD/SVCD/MPEG>PALM-PEG1(720×576,25fps)"的选项列表,根据需要选择文件格式,在弹出的"创建视频文件"对话框中选择保存路径。

单击"保存"按钮,输出视频文件,系统渲染完成后,自动添加到"视

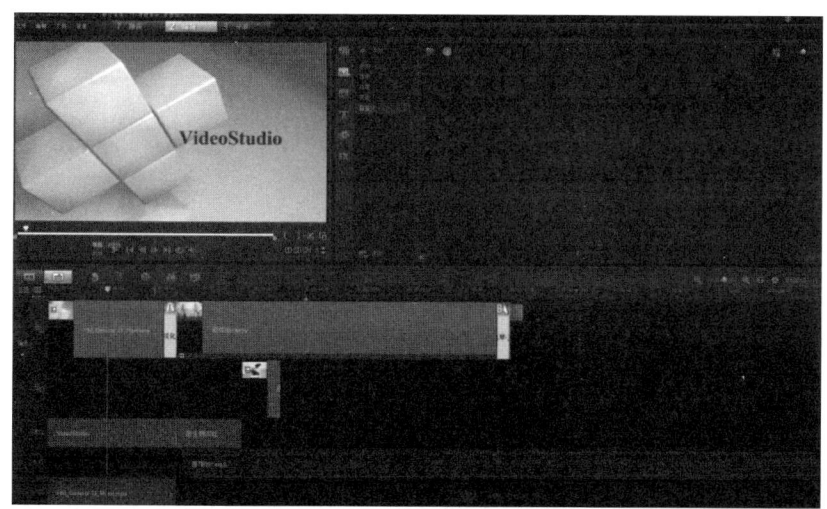

图 16-20　使用模板

频"素材库中(见图 16-21)。

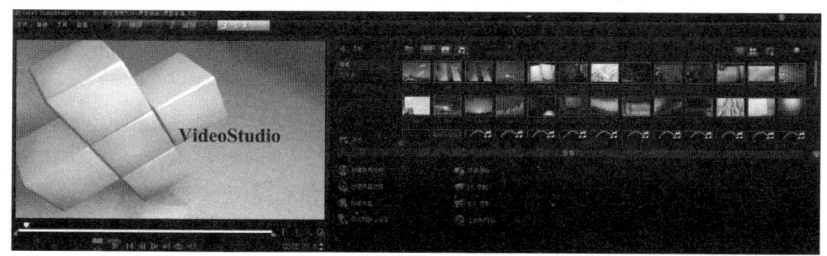

图 16-21　分享

16.4　EDIUS 的使用

EDIUS 是一款出色的非线性编辑软件,提供了实时、多轨道、多格式混编、字幕和时间线输出等功能,使用稳定,为广大专业视频制作者所广泛使用。

16.4.1　工程设置

双击桌面上的 EDIUS 图标,启动 EDIUS 主程序。

第一次使用 EDIUS 的用户会首先看到"文件夹设置"对话框,如图 16-22

所示。单击"浏览"按钮指定一个默认的文件夹。随后会出现 EDIUS 的欢迎画面(见图 16-23),提示选择是"打开工程"还是"新建工程",这里选择"新建工程"。

弹出"创建工程预设"对话框(见图 16-24),单击"下一步"按钮,再单击"完成"按钮。

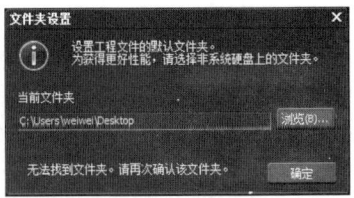

图 16-22 "文件夹设置"对话框

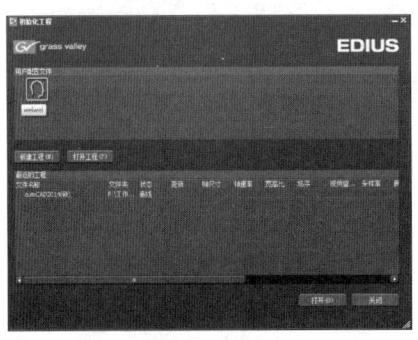

图 16-23 EDIUS 的欢迎画面

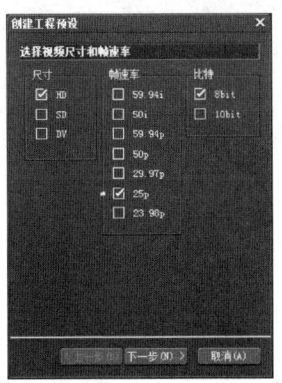

图 16-24 "创建工程预设"对话框

在弹出的"工程设置"对话框(见图 16-25)中,输入工程名称"微课制作",选择文件夹位置,在预设列表选择"HD 1920×1080 25p 16:9 8bit"。

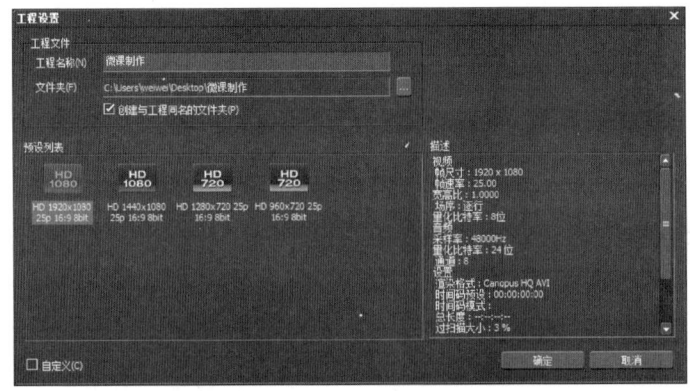

图 16-25 "工程设置"对话框

单击"确定"按钮，进入 EDIUS 工作界面（见图 16-26）。

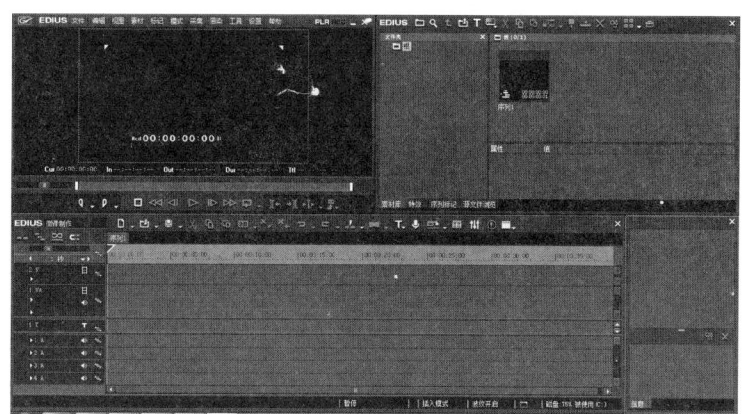

图 16-26　EDIUS 工作界面

16.4.2　工作界面

EDIUS 主界面由预览窗口、面板窗口、时间线窗口组成。

（1）预览窗口

预览窗口（见图 16-27）包括播放窗口和录制窗口。播放窗口主要用来采集素材或单独显示选定的素材；录制窗口负责播放时间线，所有的编辑工作都是在时间线上进行的，而时间线上的内容正是最终视频输出的内容。

图 16-27　预览窗口

（2）面板窗口

面板窗口（见图 16-28）包括素材库、特效、素材标记和源文件浏览面板。

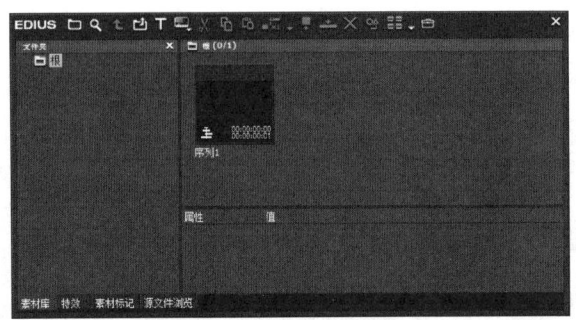

图 16-28　面板窗口

（3）时间线窗口

屏幕的下半部分为时间线窗口（见图 16-29），后期编辑工作简单地说就是将合适的素材放置到合适的时间线位置上去。

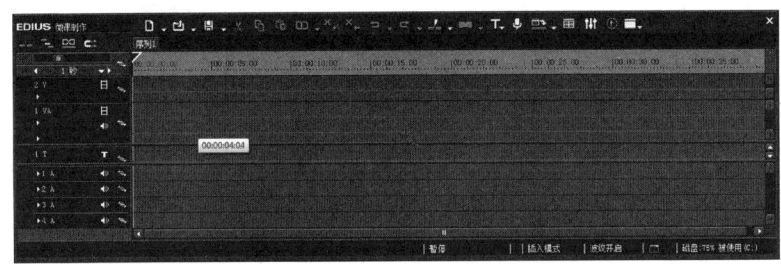

图 16-29　时间线窗口

每一行称为一个轨道，轨道是用来放置素材的。时间线上方的工具栏显示了当前工程的名称，并提供了各式各样的常用工具按钮。

轨道的左侧区域称为轨道面板（见图 16-30），在这里可以进行一系列轨道操作。

EDIUS 拥有 4 种类型的轨道：

V 视频轨道——可以放置视频素材或字幕素材；

VA 音视频轨道——可以放置音视频素材或字幕素材；

T 字幕轨道——可以放置字幕素材或视频素材，该轨道上的素材可以使用一类叫作字幕混合的特殊效果；

A 音频轨道——可以放置音频素材。

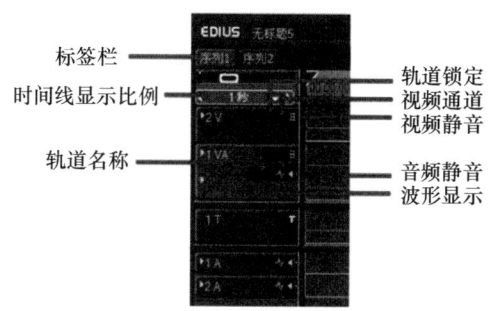

图 16-30 轨道面板

在轨道面板上还有一些其他的功能按钮：

轨道锁定——锁定后，该轨道上的素材无法编辑，鼠标指针旁会有一个小锁标记。

视频通道——打开后，新添加素材时，统一将视频放置在该轨道上。

视频静音——打开后，该轨道上的视频不可见。

音频静音——打开后，该轨道上的音频静音。

波形显示——打开后，显示该轨道上的音频波形。

16.4.3 素材编辑

（1）导入素材库

在素材库中的空白处单击鼠标右键，选择"添加文件"选项，或者在素材库空白处双击，即可出现"素材"对话框（见图 16-31）。

图 16-31 "素材"对话框

将"视频001"文件作为第一个镜头,双击素材库中001,此时 EDIUS 自动将其载入播放窗口。

(2)素材截取

前面说过,播放窗口可以单独显示选定的素材,因此可以先做一些素材的截取工作。窗口下的工具栏提供了一些常用的控制工具(见图16-32),可以通过滑动播放指针、单击播放、步进、快进等按钮来浏览整个视频。

图 16-32　控制工具

挑选一段视频的开始时间点,创建一个"入点"(见图16-33)。单击设置入点按键,或者使用快捷键 I。

选择这段视频结束的时间点,创建一个"出点"(见图16-34)。单击设置出点按键,或者使用快捷键 O。

图 16-33　创建一个"入点"

图 16-34　创建一个"出点"

选择完成后,时间条上将出现亮灰色和深灰色两种区域:亮灰色表示素材被选中的部分,深灰色则是未选中的部分。此时,若将鼠标光标靠近两种区域交界处,光标旁边会出现入点(IN)或出点(OUT)标记,拖动交界处的竖线可以调整入点和出点(见图16-35)。

图 16-35　调整入点和出点

(3)插入时间线

将素材直接由播放窗口拖入时间线(见图16-36)。

在时间线工具栏上可以找到覆盖/插入模式按钮(见图16-37),单击即可切换它们的状态。蓝色箭头是插入模式,红色箭头是覆盖模式。

在插入模式下，如果需要插入文件的位置已有素材，则在插入位置将原素材"切断"，并将余下部分向后挪（见图 16-38）。

而在覆盖模式下，如果需要插入文件的位置已有素材，同样在插入位置将原素材"切断"，不过新增素材内容将覆盖掉原素材内容（见图 16-39）。

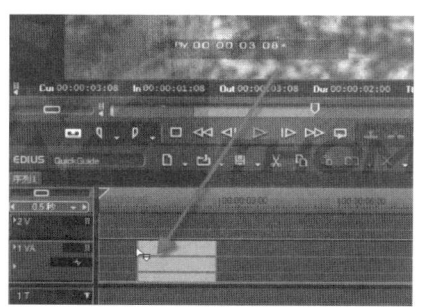

图 16-36　插入时间线

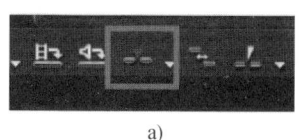　　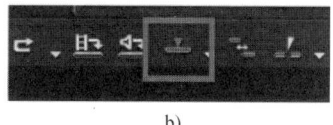

a)　　　　　　　　　　　　b)

图 16-37　覆盖/插入模式切换

a) 插入模式　b) 覆盖模式

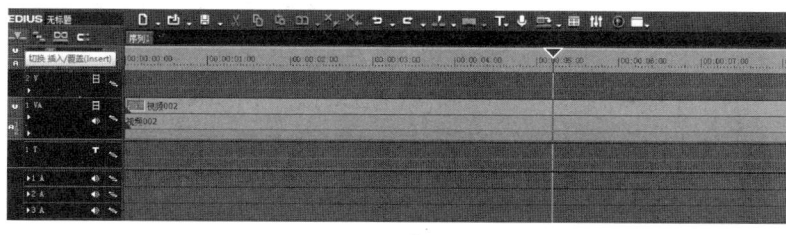

a)

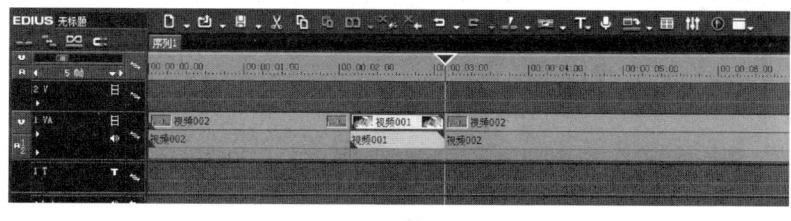

b)

图 16-38　插入模式

a) 插入前　b) 插入后

如果某个镜头持续时间太长了，可以考虑去除部分素材。一般方法是：先将素材在某处"切"开，再删除多余部分。将时间线指针移动到素材需要

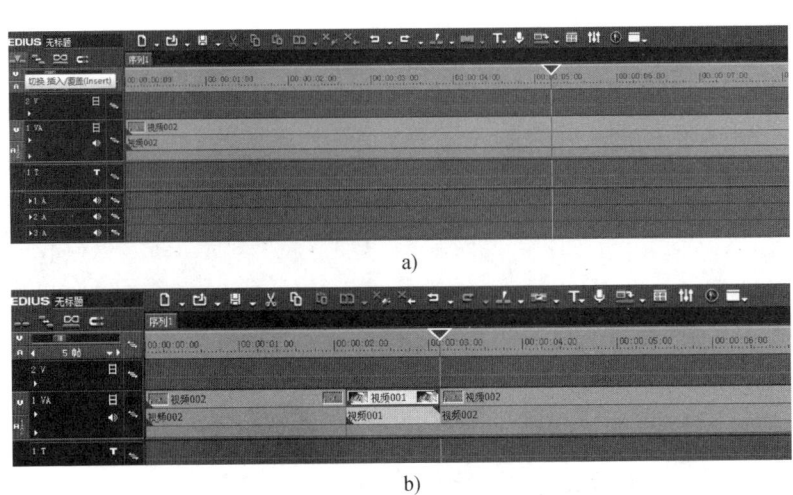

图 16-39　覆盖模式

a) 插入前　b) 插入后

"切"开的位置，点击时间线工具栏的"添加切点-选定轨道"按钮（见图 16-40），或者使用快捷键 C，当前轨道上的素材就被一分为二了。然后选择不需要的部分，按 Delete 键删除即可。

图 16-40　"添加切点-选定轨道"按钮

16.4.4　音频编辑

点击时间线工具栏的素材库工具按钮，或者使用快捷键 B，打开素材库窗口。与添加视频文件相同，双击素材库的空白处。在弹出的"打开文件"对话框中选择需要导入的音频文件（见图 16-41）。

EDIUS 支持编辑 WAV、MP3、AIFF 和多声道 AC3 格式的音频文件。使用快捷键 Shift+Enter，或者直接用鼠标将需要编辑的音频文件拖曳至时间线的 1A 轨道上。确保 1A 轨道上的波形显示开关处于打开状态，点击 1A 字样左侧的小三角图标（见图 16-42），展开轨道，就可以看到音频的波形。

EDIUS 中，音频的剪切操作与视频素材是一致的，将时间线指针移动到短片的结尾处，选中音频文件，使用快捷键 M，可以快捷地去除时间线指针以后的部分。

图 16-41　导入音频文件

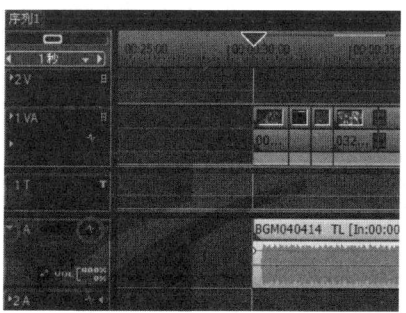

图 16-42　波形显示开关

16.4.5　添加滤镜和转场

除了基本的剪辑功能，EDIUS 还能为视频添加丰富的滤镜和转场。

在 EDIUS 的特效面板（见图 16-43）中有包括色彩校正、音频特效、转场特效、字幕特效、键特效等在内的数百种滤镜和特效。

其中，转场目录下罗列了丰富的 2D、3D 转场特效（见图 16-44）。

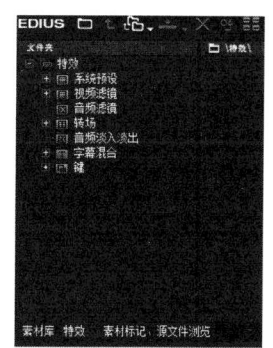

图 16-43　特效面板

将选择列表中的转场特效直接拖曳到需要的位置即可。也可以使用快速添加默认转场功能：选择需要添加转场的素材，并将时间线指针移动到需要添加转场的位置，单击时间线工具栏的添加转场工具，或者使用快捷键 Ctrl+P 添加。

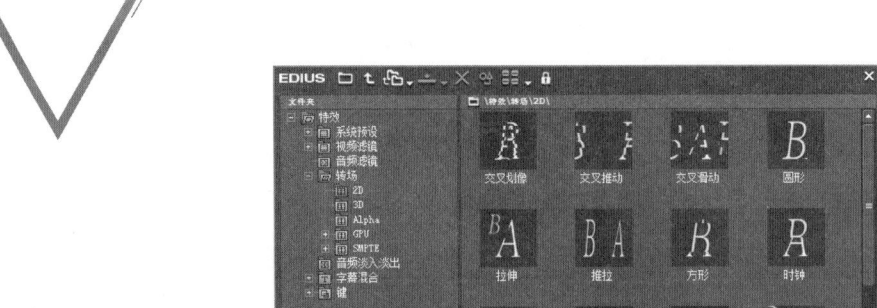

图 16-44 转场特效

添加了转场特效的位置会出现两个灰色的矩形（见图 16-45），鼠标拖曳矩形的边界可以调整转场的时间。

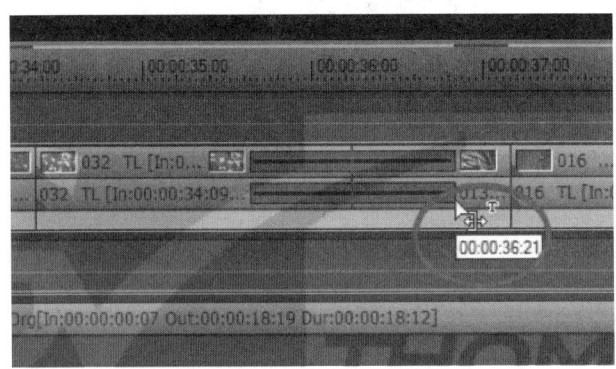

图 16-45 调整转场的时间

16.4.6 添加字幕

EDIUS 提供了好几种字幕工具，以创建 Quick Titler 字幕为例：选中 T 轨道，点击时间线工具栏 T 工具的下拉列表（见图 16-46），选择"Quick Titler"。

在 Quick Titler 的界面中输入需要的文字，比如"微课制作"，在下方选择一个满意的样式，双击应用到字幕上（见图 16-47）。

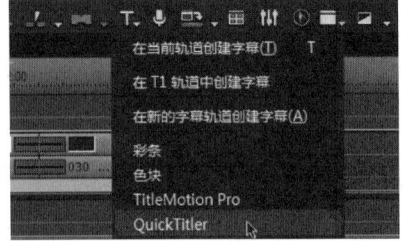

图 16-46 工具栏 T 工具的下拉列表

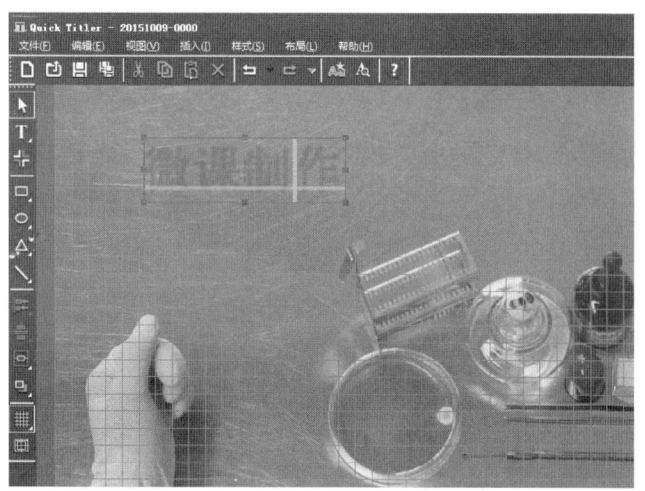

图 16-47　输入字幕并选择样式

保存后退出 Quick Titler 界面，返回 EDIUS，拖曳字幕文件的两端可以调整其长度（见图 16-48）。

图 16-48　调整字幕长度

打开特效面板，在特效——字幕混合的列表中，选择喜欢的字幕特效（见图 16-49），拖曳到字幕文件的混合区域上（灰色区域）。

注意：字幕混合是一种只能运用在 T 轨上的特效。

在字幕文件的两端都加上字幕混合特效（其实就是字幕的出入屏方式，见图 16-50），一部 EDIUS 短片至此就全部制作完成了。

16.4.7　输出视频

EDIUS 不仅支持多种文件格式的编辑，同时也提供丰富的文件格式输出，

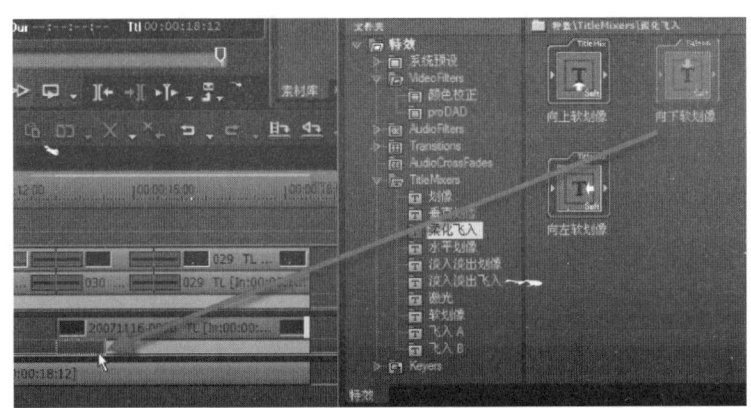

图 16-49 选择字幕特效

图 16-50 添加字幕混合特效

包括 avi、mov、mpeg 等各种常见的视频文件。

如果不需要输出时间线上的全部内容，可以设定输出的范围。

将时间线指针移动到短片的最开始处，单击录制窗口下的设置入点按钮，或者使用快捷键 I，设置一个入点。

将时间线指针移动到短片的结尾处，单击录制窗口下的设置出点按钮，或者使用快捷键 O，设置一个出点（见图 16-51）。

时间线上亮灰色区域表示出入点间包含的内容，深灰色表示没有选择的内容（见图 16-52）。

单击录制窗口右下角的输出按钮，在其弹出的菜单中选择"输出到文件"，或者使用快捷键 F11，打开 EDIUS 的输出列表（见图 16-53）。

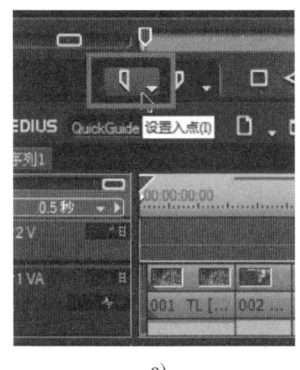 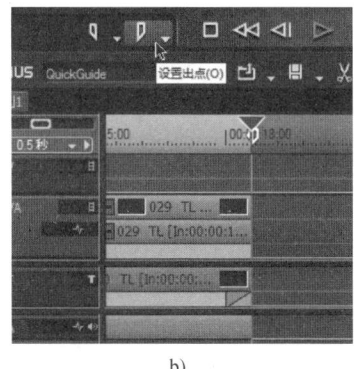

图 16-51 设置入点和出点

a）设置入点　b）设置出点

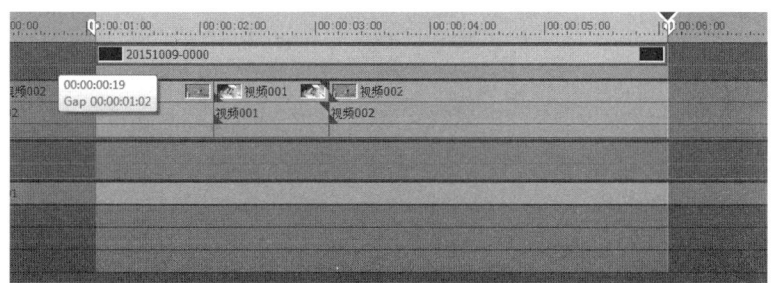

图 16-52 亮灰色区域和深灰色区域

在这个示例中，我们打算输出一个 MP4 文件。确认对话框底部的"在入点和出点之间输出"选项处于选中状态，并在格式列表中选择 H.264/AVC，单击"输出"按钮（见图 16-54）。

在随后出现的"视频设置"对话框里，可以对输出的视频和音频参数做一些调节，包括选择固定比特率（CBR）

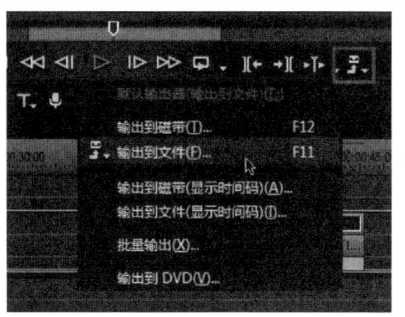

图 16-53　EDIUS 的输出列表

或是可变比特率（VBR），调节画面大小、画面质量等，可以根据需要进行设置（见图 16-55）。

图 16-54 设置输出格式

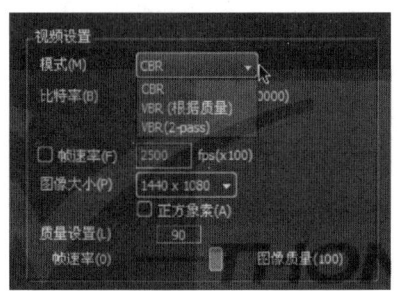

图 16-55 设置输出参数

最后,设置文件名和保存路径,单击"Save"按钮完成文件输出工作。

17. 微课开发的标准和规范

要使开发的微课具备较高的水平,就需要对微课开发的各个方面提出标准化和规范化的要求,包括微课开发的资源标准、费用标准以及分类和存储规范等。

17.1 微课开发的资源标准

在微课开发过程中,需要使用多种媒体资源,包括图片、音频、视频、动画等。要使微课成品达到高质量,这些媒体资源需要符合一定的标准。

17.1.1 图片

图片包括示意图片、照片,要求分辨率不低于 96 DPI。

图片的存储格式,常用的有 BMP、JPG、GIF、PNG。

BMP 格式支持全彩色(1 677 万色),它是非压缩格式,因此文件较大。

JPG 格式支持全彩色(1 677 万色),它属于一种破坏性的压缩格式,压缩比例过大时,会造成图形的破坏。其文件较小,是使用率最高的图片格式。

GIF 格式只支持 256 色,不适用于高清照片的储存,只适合制作简单的图标,应用于网页设计。

PNG 格式支持全彩色(1 677 万色),也支持 256 阶的透明度储存(GIF 只有 2 阶),是一种非破坏性的储存格式。PNG 格式文件大小介于 BMP 和 JPG 之间。

在微课开发中,图片一般采用 JPG、PNG 格式。

17.1.2 音频

(1)音频参数

影响音频质量的重要参数有以下几个。

1）采样率。它是采集音频时的上限频率。为了保证音频不失真，一般采样率在 44.1 kHz，也可以采用 22 kHz 的采样频率。

2）码率数。它是衡量音质的重要标准，表示一秒的数据流流量，单位是 kbps。在同一种压缩格式下，码率越大，音质的保真率就越高。

3）声道数。一般有单声道和立体声。立体声的录制机制是在演唱现场，用两个录音器分别在左右录制。在放音时，也是由两个音箱分别播放左右两个录音器录制的声音，两个音箱的发音略微有差别，以此实现立体声。由于立体声的左右声音是分开储存的，所以立体声的文件大小要比单声道的声音文件大 1 倍。

（2）音频文件格式

音频文件的格式有以下几种。

1）WAV 格式。WAV 格式是最原始的波形声音文件，是没有经过任何压缩处理的文件。这种格式的声音文件很大，一般 3 分钟左右的歌曲文件容量就要达到 50 MB。

2）APE 格式。APE 格式是一种无损压缩格式，能够把 50 MB 的 WAV 格式的音乐文件压缩为 25 MB 左右，并且没有任何的音质损失。

3）MP3 格式。MP3 格式是基于 MPEG-1 国际压缩标准采用的压缩算法格式，是一种有损压缩格式。MP3 格式压缩系数很高，可以把 50 MB 的 WAV 格式的音乐压缩至 2.5 MB，音质却没有太多的损失。

在 MP3 格式的音乐中，最重要的参数是码率。MP3 格式的常见码率有以下几种。

128 kbps：对于 MP3 格式来说，这是听音乐的极限码率。如果达不到这个码率，音质损失就非常大。

192 kbps：MP3 格式的音乐在这种码率条件下能展现比较完美的音质。随着码率的提升，MP3 格式音乐的音质也随之增加。从 128 kbps 开始，音质的改变量不是很大，但到 192 kbps 之后，音质就几乎不随码率的增加而增加了。

320 kbps：这是 MP3 格式音乐的最高码率，也是这种压缩算法中音质最好的码率。

4) AAC 格式。AAC 格式比 MP3 格式先进一些，是基于 MPEG-2 国际压缩标准采用的压缩算法格式。它比 MP3 格式的压缩比更高，而且声音的保真度也更好。

5) WMA 格式。WMA 格式的最大优点就是极高的压缩比。一个 64 kbps 的 WMA 格式音乐相比 128 kbps 的 MP3 格式音乐，音质几乎没什么差别。但 WMA 格式的缺点是 64 kbps 以上的码率数，音质并不会有多少提升。也就是说，如果把其他格式的音乐文件转化为 WMA 格式的音乐文件，只能选择 64 kbps，再大只是浪费存储空间，音质不会更好。

（3）建议采用的参数和格式

在音频采集时，建议采样频率不低于 22 kHz 或 44.1 kHz，采用 MP3 格式，码率为 128 kbps。

17.1.3 视频

（1）视频文件格式

视频文件有以下几种常见格式。

1) AVI 格式。音频视频交错格式是最清晰、最常用的格式，缺点是文件过大。摄像机采集常用 DV-AVI 格式，其文件扩展名一般是 .avi。

2) MPEG 格式。运动图像专家组格式，有三个压缩标准。

MPEG-1：制定于 1992 年，也就是 VCD 制作格式，可把 120 分钟的电影压缩到 1.2 GB。其文件扩展名包括 .mpg、.mlv、.mpe、.mpeg 及 VCD 使用的 .dat 文件等。

MPEG-2：制定于 1994 年，也就是 DVD/SVCD 制作格式，可把 120 分钟的电影压缩到 4~8 GB。其文件扩展名包括 .mpg、.mpe、.mpeg、.m2v 及 DVD 使用的 .vob 文件等。

MPEG-4：制定于 1998 年，是为播放流式媒体高质量视频而专门设计的，不仅文件小，还能够保存接近于 DVD 画质的视频文件。其文件扩展名包括 .asf、.mov 和 DivXAVI 等。

3) MOV 格式。苹果公司开发的一种视频格式，默认播放器是苹果的 Quick Time Player。

4）WMV 格式。微软推出的一种采用独立编码方式，可以在网上实时观看视频节目的文件压缩格式。

5）RM 格式。目前主流网络视频格式。RMVB 格式是 RM 视频升级格式，在保证静止画面质量的前提下，大幅提高运动图像的画面质量。

（2）摄像视频建议采用的参数和格式

可借助专业摄像机、家用摄像机、单反相机、智能手机、计算机摄像头等一切具有视频摄录功能的设备，将自己的教学过程拍摄记录下来，作为微课制作的素材。

建议使用高清设备，摄像视频的技术参数要求如下：

1）视频码流率。动态码流的最高码流率不高于 2 000 kbps，最低码流率不低于 1 024 kbps。

2）视频分辨率。高清设备的分辨率一般设定为（1 920×1 080）像素或（1 280×720）像素。

标清设备的分辨率一般设定为（720×576）像素。随着设备、技术的普及，建议最好使用高清设备，不推荐使用标清设备。

注意，在同一微课或同一课程中，各部分的视频分辨率应统一，不得标清和高清混用。

3）视频帧率为 30 帧/秒或 25 帧/秒，扫描方式为逐行扫描。

4）采用双声道。

5）视频格式为 MP4，视频压缩采用 H264 格式编码。

（3）录屏视频建议采用的参数和格式

在计算机上安装屏幕录制软件（如 Camtasia Studio、屏幕录像大师等录屏软件），或交互白板（自带摄录软件）、手写板和声音输入设备等，同步录制教师在计算机屏幕上的演示、操作、授课内容和声音，也可以用 PowerPoint 软件同步配音制作。这种方式适用于数、理、化等注重逻辑推理演算过程的教学内容，可以由教师一个人操作完成。

录屏视频的技术参数如下：

1）录屏的分辨率一般采用（1 024×768）像素或（1 280×720）像素。事先调整分辨率，不要高分辨率录制，低分辨率输出。同时，尽量不要出现特殊的分辨率。

2）如果在微课制作中，录屏视频要与摄像视频混合使用，建议采用与视频分辨率最接近的分辨率，以保证合成效果。

3）录制 PPT 时，应将 PPT 的长宽比调整合适。屏幕设置为（1 024×768）像素录制时，用 4∶3；设置为（1 280×720）像素录制时，用 16∶9。推荐使用 16∶9，这样录制时不会留下黑边。

4）声音采用双声道，要求清晰、无杂音、音量适中，解说声与背景音乐无明显比例失调。

（4）混合类视频建议采用的参数和格式

综合运用以上几种方式，通过拍摄、录屏、制作、合成等获得微课教学视频，还有以下几项要求。

1）摄像、屏幕录制或软件制作采用相同的分辨率，宽高比统一为 16∶9。

2）画面清晰、流畅，声音清晰，前后音量大小一致。

3）最后制作输出 MP4 格式，视频压缩采用 H264 格式编码。

17.1.4　动画

制作动画时，建议采用与视频相同的宽高比和分辨率。由于 iPad 无法播放 Flash 动画，如果要在苹果设备中播放 Flash 动画，就必须将其转换为 iPad 可以支持的格式，例如 HTML5 动画。

利用动画软件（FLASH、MAYA、3DMAX 等）制作的动画，为了满足播放的要求，可以转换为视频。

（1）在动画输出成视频时，要求输出为 MP4 格式或 FLV 格式。

（2）动画主体部分采用（800×600）像素，（1 024×768）像素，（1 920×1 080）像素等通用分辨率。在与视频混合编辑时，要求动画的分辨率与视频尽量一致，或保持相同的宽高比例。

（3）动画画面清晰、流畅；声音清晰，与画面同步。

17.2 微课开发的费用标准[83]

微课在开发过程中,一般是以教师讲解或操作演示视频为主要形式,同时又可针对某个学科知识点(如重点、难点、疑点、考点等)或教学环节(如学习活动、实验、任务等)设计新的表现形式,如卡通漫画、二维或三维动画、3D仿真虚拟场景等,因此微课开发涉及的费用也是多种多样的。这里以视频拍摄、制作为主,介绍视频开发的费用标准。

17.2.1 微课视频前期准备阶段涉及费用

在拍摄前,需要根据教师在教学实践中积累的经验,进行微课整体设计,分步形成微课文案、拍摄脚本等,必要时还要组织专家研讨论证,一般涉及以下费用,见表17-1。

表17-1　　　　　　　　　前期准备阶段涉及费用

序号	项目	简述	费用参考	备注
1	微课文案	根据教学知识体系,选择微课主题,进行教学设计,完成微课文案	稿酬标准:原创80~300元/千字,改编20~100元/千字(或200~300元/微课)	—
2	拍摄脚本	根据微课文案,进行拍摄设计,完成脚本编写		—
3	服装道具	根据脚本准备服装、设备仪器、实验材料、耗材等	按需采购或租借	—
4	会议	邀请专家讨论审定,对内容把关	会议费、专家劳务费可参照有关文件标准,不同地区标准有所差异	在微课制作过程中及发布前也可根据需要安排专家会议集中审看

17.2.2 微课视频拍摄阶段涉及费用

(1) 自建拍摄团队

需要购置专业的拍摄装备,招聘专业的拍摄人员或组织现有员工参加短期专业性拍摄培训。一般来说,大多数学校因编制紧张、教学任务繁重等因素,很少自建拍摄团队。而对于少数开设了数字媒体技术、视频编导等相关专业的学校，可将拍摄与教学任务相结合，根据教学经费预算购置相应设备，组建拍摄团队。专业拍摄设备购置费用分为两大类，见表 17-2。

表 17-2　专业拍摄设备费用

序号	项目	简述	费用参考	备注
1	拍摄设备	目前应用较多的是高清数码摄像机或有效像素达到高清级别的具有摄像功能的数码相机	根据品牌、技术参数，几万元至几十万元不等	根据使用频次、技术发展，三年至五年需要更新一次设备
2	拍摄辅助设备	三脚架、存储卡、监视器、话筒、灯具、吊杆、滑轨等	—	种类、品牌众多，按需采购

（2）与专业拍摄团队合作

目前社会上视频拍摄制作团队很多，可根据各视频拍摄团队的优势特长，再结合要开发制作的微课内容，选择团队合作，共同完成开发，这种模式涉及的费用见表 17-3。

表 17-3　与专业团队合作费用

序号	项目	简述	费用参考
1	高清拍摄	一般为双机位、多角度拍摄	每机位（摄像机+摄像师）2 000~3 000 元/天
2	拍摄辅助设备	根据拍摄内容选配	每种 200~1 000 元/天
3	编导、化妆师等工作人员	根据拍摄要求选配	每人 500~1 500 元/天
4	交通与餐费等	—	按实际发生

17.2.3　微课视频后期制作阶段涉及费用

教师利用普通计算机、家用级视频编辑软件，可尝试完成简单的后期制作，制作成本低。

专业后期制作阶段的费用，主要涉及硬件购置、专业工具软件购置、素材模板软件购置、视频制作人员费用等，见表 17-4。

表17-4　　　　　　　　专业后期制作阶段涉及费用

序号	项目	简述	费用参考	备注
1	硬件设备	专业视频工作站或具有同级别技术指标的计算机	几万元至几十万元不等	作为视频拍摄制作团队运营成本的一部分，每年安排部分升级、更新
2	专业工具软件	不同品牌可选择，包括非线性编辑软件、特效制作软件等，升级换代较快		
3	素材模板软件	根据视频制作内容的相关度选配		
4	视频制作人员费用	后期制作（含视频剪辑、调色、视频包装、字幕、配音配乐等）	按成片时长：500~1 000元/分钟 按工作时长：800~2 000元/（人·天）	不同地区标准有所差异

17.2.4　微课视频发布与应用阶段涉及费用

微课的兴起是与网络传播技术和移动终端设备的快速发展紧密相连的。微课制作完成后，大多通过网络平台进行发布，供学生学习或教师参考，涉及的费用见表17-5。

表17-5　　　　　　　　发布与应用阶段涉及费用

序号	项目	简述	费用参考
1	发布平台	通过平台，实现微课发布前标记审核、发布后展示与应用过程中的互动反馈、上线后的管理等	开发费用较高，根据具体需求招标；或与成熟平台合作
2	服务器、网络带宽	基本软硬件配置，保障必要的网络使用环境	根据用户数量采购或采用托管方式
3	日常运维	网络环境维护、内容管理、用户答疑、宣传推广等	根据微课数量和用户数量确定

17.2.5　其他表现形式费用标准

微课制作过程中，除了视频拍摄和制作外，有时也会涉及其他形式的设计与制作，表17-6列出一部分费用标准供参考。

表 17-6　　　　　　　　其他表现形式制作费用参考

序号	项目	简述	费用参考	备注
1	图片类	原创绘图、卡通漫画设计等	不低于 100 元/张	批量绘制风格一致的图总价稍低
2	二维动画	Flash 动画等	不低于 3 000 元/分钟	根据场景元素数量、动画复杂度差别较大
3	三维动画、3D 仿真等	用三维动画软件在计算机中建模、设定运动轨迹、虚拟摄影机运动和其他动画参数，制作材质、灯光效果，最终生成模拟真实物体的画面	制作费通常按秒计算	成本高、周期长，微课中应用较少
4	App 制作	用于移动终端的发布与学习	30～200 元/屏（根据交互复杂性，版式丰富性要求而不同）	App 制作工具软件既有收费的也有免费的，可按需选用

17.2.6　制定费用标准时需要注意的几个问题

微课在各地区的发展并不均衡，在制定费用标准时也应考虑不同情况、不同阶段而有所不同。

（1）要遵循量入为出的基本原则。

（2）在微课推广初期，推出的微课要有引领、指导、示范作用。因为是以点带面，要选择典型性的、难度较大的知识点，按高标准制定预算，给予扶持激励。

（3）在微课批量制作推广阶段，要借助社会资源，依托市场化运作原则，形成开发的良性循环。因此要做好规划，按课程体系开发，这是因为：一方面场景、人员集中，有利于降低开发成本；另一方面也有利于形成课程的完整性，便于推广。

（4）扬长避短，合理配置资源。微课的发展方兴未艾，在微课开发中，教师在微课的主题选择、教学设计、素材课件准备、教学反思、练习测试及学生反馈、教师点评等方面具有不可替代的优势；而在视频、动画、App 开发等技术实现方面，专业制作团队的优势更加突出一些。双方在微课制作中合作，能够发挥各自优势，合理配置资源。

17.3 微课的制作规范

微课的制作必须遵循一定的规范,这样制作出来后才具有统一性,质量才能有所保证。微课的制作规范包括:结构规范、后期制作规范、版本规范等。

结构规范,是指同一系列的微课,应具有大致相同的结构,例如,在时长、片头、片尾、配音、配乐、字幕、版权说明等方面,应保持构成元素的一致性。

后期制作规范,是指对微课中的元素做到统一要求、风格一致、表现形式类同。制作规范要求细化到制作中的每个环节,如镜头的衔接和转场、动画效果、字幕、配音等。只有提前制定好后期制作规范,才能保证系列微课视频达到规范化的要求。

版本规范,是指视频制作完成后,在正式定稿交付前,会有多次修改完善,因此需要视频编辑做好版本管理。尤其是根据不同用途和要求,交付多个版本时,更要做好版本记录。

这里详细介绍一下后期制作规范,以及后期制作中的字幕规范。

17.3.1 后期制作规范

微课视频的后期制作规范见表 17-7,供参考。

表 17-7 微课视频的后期制作规范[84]

序号	项目	规范化要求
1	视频信号源	
1.1	稳定性	全片图像同步性能稳定,无失步现象,CTL 同步控制信号必须连续 图像无抖动跳跃,色彩无突变,编辑点处图像稳定 图像不过亮、过暗 人、物移动时无拖影、耀光现象
1.2	信噪比	图像信噪比不低于 55 dB 无明显杂波
1.3	色调	白平衡正确,无明显偏色 多机拍摄的镜头衔接处无明显色差

续表

序号	项目	规范化要求
1.4	视频电平	视频全讯号幅度为 1 Vp-p,最大不超过 1.1 Vp-p 消隐电平为 0 V 时,白电平幅度 0.7 Vp-p,同步信号−0.3 V 色同步信号幅度 0.3 Vp-p(以消隐线上下对称),全片一致
2	视频技术参数	
2.1	视频编码方式	MP4 H264(封装格式采用 MP4,视频压缩采用 H264 编码方式)
2.2	视频分辨率	存档用高清 16∶9 成片,分辨率不低于(1 920×1 080)像素 网络发布可压缩为不低于(1 280×720)像素,单个视频文件大小不超过 1 GB
2.3	视频帧率	25 fps(每秒帧数),扫描方式采用逐行扫描
2.4	视频码率	存档版本不低于 8 Mbps,网络发布版本不低于 2 Mbps(bps,每秒比特数)
3	音频信号源	
3.1	声道	中文内容音频信号记录于第 1 声道 音乐、音效、同期声记录于第 2 声道 若有其他文字解说记录于第 3 声道(如无第 3 声道,则记录于第 2 声道)
3.2	声音效果	声音和画面同步 声音无明显失真、无明显噪声、回声或其他杂音,无音量忽大忽小现象 伴音清晰、饱满、圆润,解说声与现场声无明显比例失调,解说声与背景音乐无明显比例失调 无其他声音质量问题
4	音频技术参数	
4.1	音频格式	线性高级音频编码格式 Linear AAC(Advanced Audio Coding)
4.2	电平指标	−2 dB~−8 dB,声音应无明显失真、放音过冲、过弱
4.3	音频采样率	采样率不低于 48 kHz
4.4	音频码率	不低于 1.4 Mbps
4.5	音频信噪比	大于 50 dB
5	后期制作要求	
5.1	剪辑	剪辑衔接自然 无空白帧

续表

序号	项目	规范化要求
5.2	后期文字	后期制作的动画、显示的文字、符号（非字幕文件）不出现错误 同一门课程中字体风格一致
5.3	字幕要求	中文授课视频提供对应的中文字幕
5.4	字幕文件格式	字幕不能固定加在视频上，必须以单独的 SRT 文件格式提供
5.5	字幕编码	中文字幕必须采用 UTF-8 编码
5.6	字幕时间轴	时间轴准确，字幕出现时间与视频声音一致
5.7	字幕文字内容	字幕文字错误不能超过万分之一
5.8	片头	片头长度不超过 20 秒 片头使用体现课程所属院校、机构特色的素材
5.9	视频标识	视频的相应位置应加上课程所属院校、机构的统一标识 标识明显且不影响正常视频内容
5.10	视频长度	5~8 分钟

17.3.2 微课的字幕制作规范

从广义上来说，字幕包括纯粹的文字字幕和图形字幕。文字字幕主要有片头字幕、片尾字幕、角标字幕、标题字幕、唱词字幕、标注字幕、滚动字幕等；图形字幕则是点缀修饰画面的几何图形和计算机图像等。[85]

我们通常所说的字幕，是指视频中最常见的唱词字幕，它也是字幕的主体。在一般情况下，微课用于教学，只要教师的发音标准，是不需要加字幕的。但是要制作高质量的微课，字幕必不可少。这是因为字幕不仅是视频传播的符号要素之一，有时还能够传达画面中用语音无法准确表达的含义，帮助学生更好地理解教师的讲解或画面中的教学内容。

（1）字幕的位置

唱词字幕一般放在屏幕的下方，通常居中，必要时也可以居左。由于微课一般很少有复杂的对话，因此通常使用单行字幕，而不使用对话式的双行字幕。

字幕距屏幕底部的距离要与屏幕相适应。一般不要太靠近底部，要留有一定的边距。

字幕的位置,还要以不遮挡屏幕画面中的有效信息为宜。

在特殊设计的情况下,字幕也可以放在屏幕中特定的位置,还可以占多行。例如,套用特定的边框、铺设特定的图案等。

(2)字幕的长度

一行字幕的字数或字幕的长度,也要与屏幕相适应。一般情况下,一行字幕以不超过屏幕的 2/3 为宜,最长不超过屏幕的 3/4。再长就要分屏展示。

字幕要分屏时,一定要注意分词的正确性。一般以易于理解、不致产生歧义为宜。例如,"她拉着孩子的手跑了进来",在分屏时,"她拉着孩子的手跑了/进来""她拉着孩子的手跑/了进来""她拉着孩子/的手跑了进来""她拉着/孩子的手跑了进来",这些都是不合适的。合适的分屏方式应该是"她拉着孩子的手/跑了进来"。

(3)字体、字号和颜色

字幕中的文字有字体、字形、字号、字重以及颜色的区分,不同的字体风格往往代表着不同的感情色彩。在选择字体时,要与视频的内容、受众对象相适应。通常使用的字体,有楷体、宋体、黑体等。例如,在给中小学生看的微课中,字幕可以使用楷体,易于辨识;轻松活泼的微课,可以使用行楷。

字体不宜太粗,太粗则容易吸引观众的注意力,使观众忽略了对画面的注意;字体也不宜太细,太细则容易导致笔画信息丢失,难于辨识。

17.3.3 标点符号在字幕中的应用规范

(1)标点符号的使用规范

目前,我国对汉语书面语中使用的标点符号执行的是国家标准《标点符号用法》(GB/T 15834—2011)。其中对标点符号的定义是,辅助文字记录语言的符号,用来表示语句的停顿、语气以及标示某些成分的特定性质和作用。

标点符号分为点号和标号两大类。点号的作用是点断,主要起表示停顿和语气的作用。标号的作用是标示某些成分的特定性质和作用,标号包括引号、括号、破折号、省略号、着重号、连接号、间隔号、书名号、专名号、分隔号等。

《标点符号用法》（GB/T 15834—2011）适用于汉语书面语，而在非书面语尤其是视频中的使用，尚没有明确的规范。

（2）标点符号在字幕中的使用现状

我国上映的电影，如果是外语配音，一般都会配字幕，字幕居中摆放，不加任何标点符号；如果是中文配音，则不配字幕。不过现在为了让观众能听懂方言，方便听障观众，有的中文配音电影也会配字幕。字幕中使用句中标点的较多，也有的用空格代替标点。

（3）微课中字幕使用标点符号的建议

在微课中，字幕建议只使用标号，点号在字幕中可以用空格代替，句中的停顿也可以用空格代替。句尾不宜使用标点，一句话结束，下一句话自然出现在下一屏画面上。

标号无法完全用空格代替，尤其是书名号、引号等，如果用空格代替容易产生歧义。例如，"《标点符号用法》（GB/T 15834—2011）"，若不加标号，直接出现在字幕上会让人难以理解，甚至产生歧义。所以建议在字幕中保留所有的标号。

17.3.4 参赛微课的制作规范

不同的微课比赛，对微课的制作有不同的要求。这里推荐参考"全国高校微课教学比赛"的制作规范，可以访问"全国高校微课教学比赛"网站（http://weike.enetedu.com），来了解参赛微课的制作要求。

17.4 微课开发的其他规范

微课开发过程中，还有一些其他规范。这些规范并不是微课独有的，但应用这些规范，将有助于微课的存储、管理和应用。例如，资源描述规范、文件命名及存储位置规范、资源版权规范等。

17.4.1 资源描述规范

为了使资源方便进入内容管理系统，进行统一管理，需要对资源进行处理，即对每一个资源进行详细的描述。这些描述信息可以称为元数据。

元数据（Meta Data）用于描述一个资源的分类、属性特征，如资源种类、所属学科、资源名称、资源描述、检索关键词、作者、版权人等。标注元数据的目的，是方便在内容管理系统中对资源进行检索、查找和定位。在海量的资源库中，如果没有元数据对资源进行分类和描述，资源将难以被真正有效地使用。

元数据要遵循统一的规范，并使用指定的工具为每个资源标注元数据。元数据标准可以参照国际标准或国家标准，并在标准基础上加入与教育、培训和技能等级认定等相关的数据项，以及项目开发或专业开发特有的个性化数据项。

资源的描述信息涉及8个要素[86]，如图17-1所示。

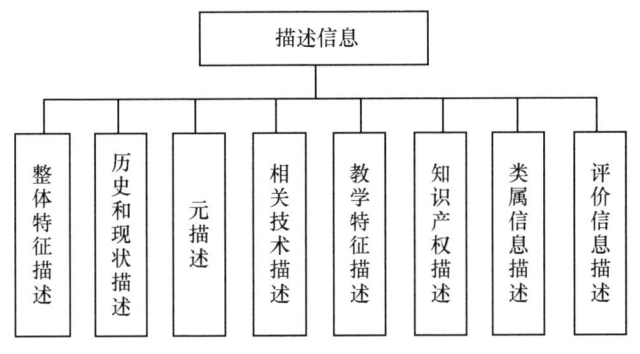

图17-1 描述信息的定制

整体特征描述：用于描述教学资源的整体通用信息。

历史和现状描述：用于描述数字化教学资源的历史和现状相关属性。

元描述：用于描述信息本身（注意不是教学资源）的一些信息。

相关技术描述：用于描述建设数字化教学资源所使用的相关技术要求和特征。

教学特性描述：用于描述教学资源的教育和教学特征。

知识产权描述：用于描述教学资源知识产权和使用条件的信息。

类属信息描述：用于描述该教学资源在特定的分类系统中所处的位置。

评价信息描述：用于描述该教学资源在教学使用上的一些评价，以及这些评价的作者和时间等。

17.4.2 文件命名及存储位置规范

由于按课程开发的系列微课在制作中涉及的资源数量大、种类多，如果不加以规范管理，将会对资源的使用产生严重影响。因此，需要对资源文件进行统一命名和存放。

建立以课程命名的根文件夹并管理文件。在计算机的特定分区，建立一个以课程名称命名的文件夹，例如"保健按摩师数字教材"，将与课程有关的资源存放在此文件夹中，例如课程介绍、教学计划、课时分配等。

在课程名称文件夹下，建立以章名称命名的子文件夹。在章文件夹下，建立以课时命名的子文件夹，并管理相关文件。一个章节可以分为多个课时，每个课时建立一个子文件夹。

在课时文件夹下，建立以微课名称（对应知识点或技能点）命名的文件夹，并管理相关文件。

在微课文件夹下，管理所有与微课相关的资源。包括电子教案、电子书、PPT等文档都放入微课文件夹下；图片、视频、动画、声音分别放入相应文件夹中，便于使用。

17.4.3 资源版权规范

微课制作中使用的资源比传统教材多，因此比传统教材更易于产生版权问题。为了避免版权纠纷，在微课开发和制作中，有必要对资源的版权进行规范管理。

（1）文字版权

如果微课中引用了教材中的文字内容，必须在片尾中予以明确标注。

（2）图片版权

扫描的图片、通过网络下载的图片一般不能直接使用。最好的方法是通过正规渠道进行购买以获取使用授权，例如从新华社图片库、网络图片库购买等。如果不能获得使用授权，就不要使用。

（3）视频版权

组织拍摄的视频要在影片片头或片尾，注明拍摄的相关参与人员、支持单位等。从已出版发行的影片中剪辑出的片段或网络视频，要像参考文献一样在微课片尾中予以说明。

（4）动画版权

制作动画时，要注意其中的人物设计。如果借用其他作品的人物形象，要予以说明。最好是根据微课教学内容，设计个性化的人物形象。

（5）音乐版权

在选择音乐时也要考虑版权问题，尽量选用没有版权的经典作品。如果确要使用有版权的作品，要向相关个人或机构支付费用。

只有每个素材资源的使用都符合版权规范，才能在微课制作中避免版权纠纷。

18. 微课的评价标准

微课的评价主要从选题策划、教学设计、教学内容、表现形式、技术规范、教学效果、教学创新等维度来进行。

18.1 选题策划

18.1.1 选题"小而精"

微课评价的一个重要指标是选题策划。开发微课资源的目的，是满足教与学的需求。所以，微课选题要尽量"小而精"，具备独立性、完整性、示范性、代表性，应围绕教学与学习中常见、典型、有代表性的问题或内容进行针对性设计，能够有效解决教与学过程中的重点、难点。

在选题策划时，建议围绕某个具体的点，而不是抽象、宽泛的面。一般选取教学环节中某一知识点、技能点或专题、实训活动作为选题，针对教学中的常见、典型、有代表性的问题或内容进行设计。

一个微课一般只讲解一个特定的知识点，在 5~8 分钟内力求讲解透彻。如果该知识点还牵涉到其他知识点，需详细讲解的，就应另设一个微课。

18.1.2 教学目标明确

微课教学资源的开发必须为实现教学目标、完成教学任务服务。因此，评价一个微课的好坏，还要看它是否围绕教学大纲，是否有明确的教学目标。只有教学目标明确、教学思路清晰的微课，才是好的微课。

18.2 教学设计

18.2.1 先进的教学设计理念

围绕微课选题进行教学设计，教学方案应突出重点，注重实效。微课教学设计要体现先进的教育理念：一是以学生为中心，进行教学设计；二是符合数字化学习的特点，运用数字化、多媒体的学习理论指导教学设计。

18.2.2 合理的教学组织与编排

教学组织与编排要符合所面对学校学生的认知规律；教学过程要主线清晰，重点突出，逻辑性强；注重突出以学生为主体的教学理念，突出学做一体的有机结合。

教学组织既要从教师应用的角度出发，发挥辅助提高课堂教学效果的作用；又要站在学生学习的角度，符合学生思维发展的规律。

18.2.3 正确的教学策略

教学策略的选择，要注重调动学生的学习积极性和启发学生的创造性思维；能够根据教学需求选用灵活适当的教学方法；运用合理的信息技术手段，正确使用各种媒体，起到好的辅助教学效果。

18.2.4 创造真实的学习情景

学习情景应有利于学习者对所学知识和经验的意义建构，教师可以在微课中设计一定的情境以激发学生的情景思维。

教学设计要采用真实的任务和活动。来自社会环境背景下的真实任务，往往易于与学生原有的知识结构相契合，学生学习到的新知识、新经验和新技能容易在真实环境中找到检测、应用的场景或对象。

基于工作任务的微课教学资源，能够使学生将学习情景和实际工作情景联系起来，促进对知识和技能的理解。

18.2.5 重视知识与实践的联系

建构主义学习理论认为，人对新知识的学习是以其原有知识经验为基础的知识体系的扩展。数字化教学资源在教与学过程中发挥的作用，主要在于其能够成为沟通原有实践经验与新知识的桥梁，帮助学习者形成新的认知体系。

微课教学资源的开发，应重视知识与实践的联系，使学生有真实的体验，开阔他们的思路和视野，引导学生将理论知识转化为实际运用。

18.2.6 培养学生的创新能力

微课教学资源的开发，要围绕学生进行，创造有利条件来激发学生的独立思考能力和创新意识，增强学生学习的自信心和自主性，加强创新能力的培养。

18.3 教学内容

教学内容应严谨充实，能理论联系实际，反映社会需求和专业发展。

18.3.1 教学内容的科学性和正确性

微课教学资源应能正确反映科学知识原理和现代科学技术。资源所传递的知识内容应该是正确的，显示的文字、符号、公式、图表及概念、定理、规律等内容应准确无误，没有知识性错误或误导性的描述。资源包含的模拟实验、动画等要符合科学原理。

18.3.2 教学内容的逻辑性

教学内容的组织与编排要符合当前学生的认知规律，设置合理，逻辑性强。

18.3.3 教学内容的完整性

教学内容要具有完整性，围绕微课的选题策划对知识点进行分析，提供与该知识点相关的全部内容，例如，教案、习题、课件、反思等。

教案的设计应该要素齐全，内容正确，注重实效。

习题要有针对性与层次性，主观题、客观题的设计难度要合理。

课件的设计要形象直观、层次分明、重点和难点突出，力求简单明了。

反思应该真实细致，落到实处。

18.4 表现形式

微课视频内容应当深入浅出、通俗易懂、短小精悍。视频图像应清晰稳定、构图合理、声音清楚，主要教学环节要有字幕提示。

18.4.1 简化或夸张

在数字化教学资源中有很大一部分是利用模拟的形式展示客观事物的过

程，在不违背科学性的原则上，允许进行适当简化或夸张。比如经过技术处理，可以把花朵的绽放过程在瞬间展现出来；在物理课上用动画模拟小球的弹性碰撞，适当放大小球弹性形变的程度，从而使学生充分感知形变的过程。

18.4.2 技术应用

在微课的开发中不能为了展示技术而应用技术，而是要让技术成为实现最佳效果的手段。真实的场景，如自然环境、新闻事件、实践操作等，要尽量采用实景拍摄，让学生有身临其境的体验；而童话、寓言和科幻故事比较适合用动画形式表现；对抽象原理和思维过程的分析，则需要将现实图像与动画模拟相结合。

18.4.3 艺术性

数字化教学资源的艺术性，不只是体现在动听的声音、优美的画面、和谐的色彩、新颖的设计上，更是体现在教育学、心理学、创意学、审美能力与对学科标准和专业知识掌握的统一上。优质的数字化教学资源，小到一个镜头的切换、一个按钮的设计，大到一段视频的编辑、一个资源系统的设计都能体现出这种艺术性。

例如，在多媒体资源的开发中，界面的设计应符合学生的认知心理，界面的布局要突出主体，避免或减少引起学生注意的无益干扰信息。同一界面对象不宜太多，特别是运动对象要较少；同一界面色彩数量不宜太多，避免给主体内容添加无用的花边、彩框等；文字数量不宜过多，且字号的大小选择要适当。

18.5 技术规范

规范化、标准化是实现资源共享的前提。

18.5.1 课件规范

微课课件规范一般包括界面设计规范和课件内容的媒体呈现方式规范。[87]界面是多媒体课件视觉信息的载体，要为用户设计符合视觉审美要求的课件界面，注意课件内容呈现方式的多样化和统一化。界面风格应一致，教学语言要准确。

18.5.2 视频规范

在符合高清视频技术参数要求的基础上，还要求画面构图合理，视频画面中的色彩搭配和谐；影像清晰，视频转场效果流畅；声音清楚顺畅，有清晰同步的字幕。

高质量的视频，一般要添加字幕。字幕可以加深学生对知识点或者信息的印象，提高知识传递的效率，强化学生的理解。例如，在讲课老师普通话不标准的情况下，添加字幕有助于学生更轻松地学习。

18.6 教学效果

在微课的教学过程中，教师使用图片、动画、视频、HTML 网页等多种媒体技术，以实现较好的教学效果。

教学效果体现在学生使用微课学习后产生的变化，从弱到强依次为：学生对学习的认可度提高；学生的学习动机增强；学生的学习兴趣提升；学生对知识理解、掌握、应用（体现为学习成绩）有所提高；学生对知识理解、掌握、应用（体现为学习成绩）显著提高。

18.7 教学创新

微课的创新包括概念理论创新、技术手段创新、创作手法创新、教学模式创新等，可总结为内容的创新、技术的创新和教学模式的创新。

18.7.1 内容的创新

教学内容的创新是其他创新的基础。教学内容的创新，体现在教学的框架如何搭建、教学内容如何呈现、教学中与使用者如何交互、如何实现教学功能、如何与传统教学形式相融合等多个方面。

18.7.2 技术的创新

技术的创新推动着数字化教学资源的发展。在微课开发中应积极应用新的技术开展辅助教学活动，提升教学效果。例如，3D 动画、模拟仿真已经在教学资源中得以运用；新的虚拟现实技术、增强现实技术，也应逐步应用到资源开发和教学活动中去。

18.7.3 教学模式的创新

数字化时代的教学模式，需要突破传统的讲授式教学模式和讨论式教学模式。新一代学生已经习惯于数字化阅读、碎片化阅读，适应了移动学习、自主学习和教师指导学习相结合的教学模式。因此，在微课开发中，教师要不断探索新的教学模式，坚持以学生为中心，根据新一代学生的特点，采取针对性的、更有效的教学模式。

18.8 微课的评价方式

18.8.1 参与微课评价的人员

在微课评价人员的设置上，可以采用"学科专家—技术人员—学生"三个维度相结合的方式[88]（见图18-1）进行。

学科专家可以是本专业领域的学科带头人，主要负责检验微课教学内容是否科学，教学目标是否明确，教学思路是否清晰，是否注重学生全面发展。

技术人员可以是院校从事教学资源建设或教育技术专业领域的技术人员，也可以是出版机构从事视频拍摄和剪辑制作的专业技术人员，主要负责评价微课的技术使用是否规范，包括镜头语言的表意性、镜头的组接、景别的选取、多媒体的应用等。

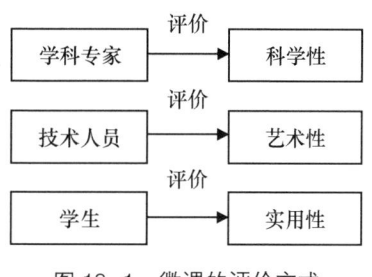

图 18-1 微课的评价方式

学生是指本微课所面向的特定学生群体，学生通过自身观看微课后的学习体验与学习效果，判断课程的可接受程度和引发学习兴趣的程度等。

18.8.2 评价指标

前面已经讨论了微课评价的多个维度，包括选题策划、教学设计、教学内容、表现形式、技术规范、教学效果、教学创新等。

可以根据这些维度，对每个维度进行细化，形成评价指标，并赋予每个维度的评价指标以一定的权重，从而制作出细致的评价体系。

表18-1是一个微课评价体系表，可以供设计微课评价体系时参考。

表 18-1　　　　　　　　　　微课评价标准表[89]

一级指标	二级指标	指标说明
教学环境	时空选择	选择合适的教学时间和空间
	情景创设	在教学过程中体现以学生为中心的教学思想，为学生创造宽松、愉悦的环境氛围；并设计相关知识情景
教学活动	学习活动	在内容学习的基础上设计交互、讨论和反馈等活动，做到环节设置恰当和合理，注意对学生思维的养成和思想的灌输
	知识应用	针对学生对学习内容的掌握设计贴合社会实际的知识应用活动，并注意由知识向实际应用的过渡设计
思维教学	问题设计	给学生思考问题的时间和空间，特别是问题要开放，答案不唯一，且问题之间要有清晰的线索和逻辑关系；指导学生一起列举问题分析的过程，很好地实现对学生思维的训练；有相关总结和反思活动
	兴趣培养	教师更多请学生表达他们的思考过程；对于学生给出的思路和答案不急于否定，尽可能发现其中的亮点，点燃学生的热情；教师可以联系相关知识，为学生创造已知和未知的过渡
	思维表征	教师在教学中通过引导学生进行概念图的表述，来梳理知识、整理回顾学生思维过程
教学效果	活动反应	学生学习表现积极、态度端正、思维紧跟教师的节奏，学习气氛活跃
	知识掌握	大部分学生可以通过练习检测，完成教师设置的任务，并取得良好成绩
	问题解决	大部分学生能利用所学知识，完成教师所布置的任务

18.8.3　评审验收会

按资源建设的微课，其评价可以通过评审验收会的形式进行，即资源建设单位组织验收会，邀请学科专家、技术人员、学生共同对微课资源进行评价。

在验收会上播放最终版的微课视频，汇报整个项目的相关成果，总结相关经验，并请专家提出相关意见，进而根据专家意见对微课进行修改完善。

可以请参与人员做出量化评价，即根据制定的评价体系，逐项打分，做出客观细致的评价。也可以做出定性评价，即评审人员根据主观感受和个人经验，对微课的优缺点进行描述，供微课制作人员参考。

18.9 参赛微课的评审标准

参赛微课需要量化评价标准。不同机构组织的微课竞赛，对参赛微课的要求会略有不同。这时，就要仔细研读组织方对参赛微课的具体要求，包括教学设计、表现形式、视频标准等。

18.9.1 人力资源社会保障部微课比赛评价标准

表18-2是人力资源社会保障部教材办公室制定的微课比赛评价标准。

表18-2　　人力资源社会保障部教材办公室微课比赛评价标准[90]

评价指标	评价内容	分值
知识点与教学内容	1. 知识点（技能点或课题）选择恰当，教学内容属于课程的重点、难点或关键点，做到"小而精"，具有独立性、完整性和示范性	10
教学目标	2. 教学目标清晰明确，符合专业人才培养目标定位和学生的认知水平。目标达成度高，具有可检验性	5
教学策略	3. 能根据教学需求选用适当的教学组织形式、教学方法和策略；教学媒体选择恰当、教学材料运用合理，教学辅助效果好	15
教学过程	4. 教学设计理念先进，适合学情，与教学目标之间有较强的契合度；能创造性使用或整合教材，运用教学资源具有典型性、启发性；能突出重点、突破难点	45
	5. 教学环节完整、紧凑、流畅，教学情境符合教学设计，有必要的板书和教学反馈	
	6. 注重调动学生的思维和参与度，有师生互动和学生活动的设计	
	7. 检测学生学习效果的课堂提问、训练设计合理，评价科学	
教学表现	8. 语言规范，表达自然亲切，着装得体，有较强的教学功力和良好的仪表风度	10
	9. 教师出镜时长占总时长50%以上	
技术规范	10. 教学设计稿在1 000字左右；视频时长为5~8分钟，不足或超时均酌情扣分	10
	11. 视频图像清晰稳定、构图合理、光线良好，音频清晰、与视频同步	
教学效果	12. 能完成设定的教学目标，有效解决实际教学问题，整体效果良好，可作为独立教学资源供师生学习	5
总分		100

18.9.2 "全国中小学微课征集活动"评审标准

表18-3是"全国中小学微课征集活动"评审标准。

表18-3　　　"全国中小学微课征集活动"评审标准

一级指标	二级指标	指标说明
教学选题 （10分）	选题简明	利于教学，选题设计必须紧扣教学大纲，围绕某个知识点、教学环节、实验活动等展开，选题简洁，目标明确
	选题典型	解疑定位精准，有个性和特色，应围绕日常教学或学习中的常见、典型、有代表性的问题或内容进行设计，能够有效解决教与学过程中的重点、难点、疑点等问题
教学内容 （30分）	科学正确	概念描述科学严谨，文字、符号、单位和公式等符合国家标准，符合出版规范；作品无著作权侵权行为，无敏感性内容导向
	结构完整	所提交的作品必须是微课视频，还可以提供与选题相关的辅助扩展资料（可选）：微教案、微习题、微课件、微反思等，便于评审 微教案的设计要素齐全，内容要精确，注重实效 微习题要有针对性与层次性，主观、客观习题的设计难度等级要合理 微课件的设计要形象直观、层次分明、重点和难点突出，力求简单明了 微反思应该真实细致，落到实处，拒绝宽泛、套话
	逻辑清晰	教学内容的组织与编排要符合当前中小学生的认知逻辑规律，设置合理，逻辑性强，明了易懂
视频规范 （20分）	技术规范	微课视频录制方法与设备灵活多样（可采用家用摄像机、数码摄像头、录屏软件等） 微课视频一般不超过10分钟；视频画面清晰、图像稳定、构图合理、声画同步，能全面真实反映教学情景
	语言规范	使用规范语言，普通话或英语需标准，声音清晰，语言富有感染力
教学活动 （30分）	目标达成	达成符合学生自主学习、方便教师教学使用的目标，通用性好，交互性强，能够有效解决实际学习及教学问题，高效完成设定的教学目标，促进学习者思维的提升、能力的提高
	精彩有趣	符合创新教育理念，体现新教材教学方法，教学过程深入浅出，形象生动，精彩有趣，启发引导性强，有利于学生的学习积极性和主动性的提升
	形式新颖	微课构思新颖，富有创意，类型丰富（讲授类、解题类、答疑类、实验类、其他类）
网上评价 （10分）	网上评价	作品提交后，将在网上进行展示并提供给学生学习和教师教学应用，根据线上的观看点击率及投票率等产生综合评价分值

第三篇

微课的应用与探讨

19. 微课的应用场景

微课作为一种视频形式的数字化教学资源,可以在教学中予以运用,能够起到激发学生学习兴趣、提高教学效果的作用。微课的应用场景有以下几种。

19.1 以视频形式播放

微课可以在课堂教学中使用,由教师播放、学生观看;也可以在课前发布给学生,由学生自主观看,在课堂教学中教师更侧重于解答学生的问题,实现类似反转课堂的效果;还可以供学生课后复习时使用。

以实验、实训为内容的微课,可以作为学生的训练指导,在实验、实训过程中,一步步指导学生操作。

19.2 微课在教学平台上的应用

微课、慕课正在高等院校普及应用,职业院校和职业培训机构也在积极尝试微课、慕课在教学中的应用。微课作为一种数字化资源,可以与其他资源一起,由教师上载到数字化教学平台上,供学生在学习过程中使用。

目前成熟的数字化教学平台产品有很多,有实力的职业院校可以采购安装到院校局域网上,供师生使用,还可以定制开发个性化的平台。但对于大多数院校不一定要使用自主的平台,可以在出版机构或其他服务提供商提供的平台上开展在线学习。

19.3 微课在数字课堂中的应用

19.3.1 移动学习和数字课堂

随着移动设备的普及，学生更希望自己的学习可以在移动设备上进行，这样学生可以随时利用碎片时间学习。数字化教学平台可以通过计算机访问，从而实现在线学习。通过开发移动客户端程序，学生在移动设备上使用客户端程序，就可以开展移动学习了。

在课堂教学中，教师可以在教室里的大屏幕上使用教学平台开展教学。但是这种教学方式不便于学生参与教学过程，也不能够为教师和学生提供除提问、回答之外更丰富的互动方式。而在教室里，如果教师和学生每人使用一台平板电脑，就既可以让学生在平板电脑上学习，又可以让教师和学生之间实现更好、更丰富的互动，从而在课堂中开展互动式教学。这种通过客户端来开展数字化教学的方式被称为"数字课堂"。

19.3.2 数字课堂的硬件环境要求

数字课堂是基于数字化教学平台、微课等数字化教学资源，在职业院校和培训机构的教室里搭建数字化的教学环境。

数字课堂的软硬件环境包括：教师和学员人手一台安装有数字课堂客户端的平板电脑，教室里提供无线局域网、大屏幕或投影仪等。

数字课堂客户端的表现形式为 App 应用，可以在安卓或苹果系统的平板电脑上运行。

在数字课堂上，教师使用平板电脑开展教学，可将其内容投影在大屏幕上。教师通过无线局域网控制学员手中平板电脑的显示内容。

学生可以通过平板电脑即时参与答题，结果实时显示在教师的教学终端上，以帮助教师了解学生对知识的掌握情况。

20. 微课和数字教材

视频形式的微课只能够播放，无法提供与学生的交互，而基于微课和微视频制作的交互式课件可以实现多媒体资源与学生的互动，因此，随着平板电脑的普及，各级学校提出了新的需求，即在微课资源开发的基础上开发交互式课件。

单个交互式课件，可以基于微课和微视频来开发。而多个、系列化的交互课件，就构成了移动学习时代的数字教材。对于一门课程的数字教材开发来说，微课开发只是多媒体资源开发的一部分，开发微课资源是数字教材制作的基础。

20.1 数字教材

平板电脑尤其是 iPad 取得的成功，为移动计算带来了革命性的变化，改变了人们阅读、学习、生活的方式。苹果公司于 2012 年初推出基于平板电脑的数字教材 iBooks2，以及数字教材制作工具 iBooks Author，并宣布进入数字教材市场。随后，培生集团（Pearson Education）、麦格劳-希尔（McGraw-Hill）、霍顿·米夫林·哈考特（Houghton Mifflin Harcourt）等出版商纷纷推出精彩纷呈的数字教材。教育界正在积极应用这一成果，许多大学、职业院校、中小学都在尝试使用基于平板电脑的数字课程和数字教材服务于教学活动，以期取得更好的教学效果。

平板电脑提供了比台式电脑和笔记本电脑更好的交互体验，将其整合到课堂和教学中去，可以激发学生的学习积极性，提升学习效果。应用平板电脑进行教学和学习，需要开发基于平板电脑的互动式多媒体数字教材。数字教材的成功与否，在很大程度上决定了学生的学习体验和学习效果。

20.1.1 数字教材的特点和优势

（1）教材的发展

要了解数字教材的特点和优势，有必要先了解一下教材的发展。普通图书出版后，读者购买图书进行阅读，这种阅读相当大程度上是一种自我行为。教材是一种特殊的图书产品，教材的使用者主要是教师和学生。在教材的使用过程中，无论是教师还是学生，都需要补充材料来提高教学效果。例如，在传统的教学过程中，教师需要教学参考书、教学资料等，学生需要学习指导、实训手册、练习册，以及其他服务于教学的试卷、挂图等。

随着计算机技术和网络技术的应用，教材的概念和呈现形式也在不断变化。除了纸质教材，教材出版者提出了教材立体化开发的概念，即围绕纸质教材开发多种形式的配套产品，电子教材、多媒体教材、网络教材等不断涌现，为教材的使用提供全方位的服务。

1）电子教材。电子教材是纸质教材的电子化。从本质上看，电子教材与纸质教材并没有不同，只是传播介质从纸质变成了电子载体，例如光盘、电子设备等。当然，电子化也给教材的配套带来了全新的变化。例如，为教材配套多媒体视频、动画、电子课件、PPT等，以及服务于练习和考试的自动组卷光盘等。除了交互式的电子课件外，电子教材仍然是离散的多媒体资源的集合，教材的互动性较差。

2）网络教材。随着网络技术的发展和网络应用的普及，教材及其配套产品和服务也在向网络转移，出版商开始提供网络课程、在线练习、在线答疑、在线资源下载、资源库等。网络教材可以将多媒体资源集成在一起，形成供学生学习的在线交互，但这种交互仍然是浅层次的交互。

3）数字教材。基于平板电脑的数字教材，除了综合应用了文字、图片、视频、动画、3D等多媒体资源，更重要的是在教材开发中设计和运用多种形式的交互，从而带给用户全新的交互体验。

（2）数字教材的特点

平板电脑具有更加友好的人机交互界面，使用者直接用手指来操作对象，不需要借助鼠标、键盘，交互方式大大丰富。基于平板电脑的互动数字教材可以提供以下多种交互方式。

1）点击播放音频、视频与动画。数字教材中集成了音频、视频、动画等多媒体素材，用手指点击即可以播放这些素材，再次点击则停止播放。在播放视频、动画时，还同步显示状态和进度条，供使用者主动选择播放进度。视频和动画既可以在固定位置播放，也可以全屏播放。

2）缩放图片。数字教材中的图片不再是静态的，使用者可以通过手指操作，来放大和缩小图片（见图20-1），甚至可以旋转和改变位置。

3）旋转3D对象。在纸质书中，用户只能从图片固定的一个角度观看物体。而在数字教材中，物体可以设计成3D对象，从不同的角度展示对象的结构，使用者可以随心所欲地旋转和翻转3D对象。

4）图片播放实现的多种动画效果。在平板电脑上，静态的图片可以动起来，以实现多种动画效果。

在传统教材中，由于受容量和版面的限制，往往只能用一张或少数几张图片来展示一个对象或说明一个事理，而数字教材就没有这种限制。对同一对象的多种形态，或多个对象进行对比，可以使用图片相册来展示。通过手指滑动操作，可以逐个翻阅多张图片（见图20-2），从而深入、透彻地了解对象。

图20-1　缩放图片

图20-2　滑动浏览图片相册

图片按设计轨迹移动动画。一片片的雪花飘下，一个个雨点落下，一条小船顺流而下，几条小鱼游来游去……这些动画都可以通过静态图片的移动来实现，从而使得页面鲜活生动起来。

图片序列动画。鸟的飞行、人在打太极拳，这些简单的动作，可以不必用视频来展现。将系列动作分解为一帧帧的图片,并让其顺序播放,即可形成动画。

图片顺序播放动画。通过设置图片播放时间、播放时触发的声音,可以形成简单动画。例如,让图片中的线条分段流动起来,流到某处时有亮点闪烁并发出特定的声音。

图片切换效果或播放效果动画。可以为图片切换设置不同的效果以形成动画,如淡出淡入、下降、收起等。也可以设置图片的播放效果以形成动画,如图片渐渐放大,以造成由远及近的效果;或图片从左向右移动,形成视角移动的效果。

5)点击互动图标弹出内容。当一个图片中有多个知识点需要展开介绍时,可以将每个知识点做成互动对象,通过点击对象图标,弹出相应的内容(见图20-3),再次点击,则重新隐藏。这样,可以依次深入了解图片中每个部分涉及的知识或技能。

6)数字和图表。数字教材以更加直观、形象、生动的方式呈现数字和图表。除了数字本身,其代表的含义、数字的对比都可以展示出来,并通过手指操作来互动。

7)标注和笔记。使用者可以随心所欲地在数字教材上做标注,并为标注添加自己喜欢的颜色(见图20-4)。针对一段文字,使用者还可以做笔记,以便再次阅读时参考。

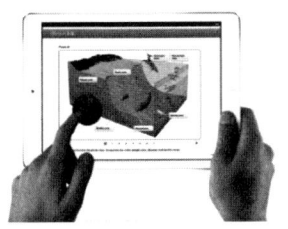

图20-3 点击互动图标

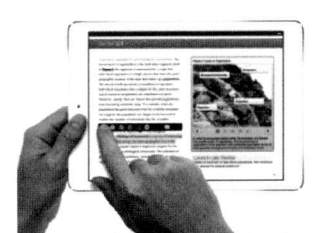

图20-4 做标注

8)学习卡和分享。对于教材中的内容,使用者可以选择并添加到卡片上,以形成自己特定的学习卡。通过学习卡,使用者可以复习自己学习的内容,还可以将内容分享给好友或其他使用者。

9）内嵌链接。同网页一样，点击数字教材中的链接，可以跳转到其他网页或应用，为使用者提供更丰富的关联内容。

10）即时练习。在数字教材的一个章节、单元或知识点后，可以安排知识性练习或互动游戏性练习（见图20-5），帮助使用者巩固所学内容。

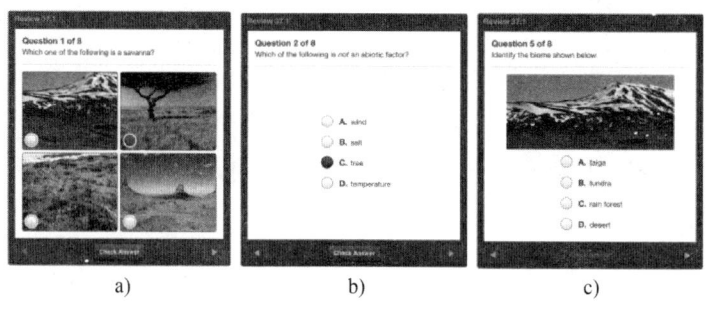

图 20-5 即时练习

a）图片选项 b）文字选项 c）有图片的习题

11）互动时间轴。对于随时间发展不断变化的事物，可以使用时间轴来展现。在时间轴上，通过点击不同的时间节点，页面内容将随时间发生改变，从而展现事物随时间的发展。

12）辅助工具。数字教材中，还提供一些学习时使用的辅助工具，例如，钢琴、节拍器、画笔等。在学习相关内容时可以调用这些工具辅助学习。

（3）数字教材和传统教材的本质区别

1）使用方式不同。传统教材是按照学科知识体系或技能体系来编写的，它是教师开展教学活动时的参考资料。传统教材受到内容载体的限制，其知识和技能的表现和传递形式较为单一，只能是文字和图片，并受到载体容量的限制。

传统教材只是教学活动中的一个环节，教学活动的开展需要教师进行更多设计，教学效果的好坏取决于教师教学活动的创造性。教师在拿到一本传统教材时，往往要分析教材内容，结合教材内容进行课程设计和教学设计，包括设计教学情景和案例、准备教学器具、查找辅助教学资料、制作教学幻灯片等。

学生拿到一本传统教材后，可以开展预习和自我学习，但对于内容的深入理解，还有赖于教师的教学活动，通过教师的讲解、演示、针对性的释疑解惑，学生才能得以掌握并应用教学中的知识或技能。

　　由于数字教材的内容载体取决于存储空间，理论上其容量不受限制，可以存储多种媒体形式，大大丰富了教材的表现形式。数字教材的开发和制作，可以突破传统教材的图文设计，从而将教师的创造性教学活动容纳进来，成为数字教材的一部分。

　　数字教材不是传统纸质教材的简单电子化，它通过引入多媒体形式和交互手段，尽可能地将教学环节带入到数字教材中。例如，案例引入、讲解视频、操作演示、动画播放等，这些内容取代了部分课堂教学功能。因此，数字教材要求开发创新多，教学设计体现在数字教材成果中，教师在使用数字教材时，不再需要过多的教学设计，而是让学生发挥主观能动性进行自主学习，教师在学生的学习中主要起辅助作用。

　　2）主体不同。由于数字教材与传统教材的使用方式不同，从而使学习活动的主体发生了改变。应用传统教材开展教学，学习活动的主体是教师；而应用数字教材开展教学，学习活动的主体是发挥主观能动性的学生。

　　与传统教材营造的被动式学习环境相比，学生更倾向于沉浸在数字教材营造的主动式学习环境中，一遍遍地阅读、浏览，一次次地点击、操作，一次次地交互、游戏，多次参加练习和测试以期获得更高的成绩。学生主动地参与学习过程，教师只需要在学生学习遇到困难时加以指点，因此在数字教材的教学活动中，教师处于辅助地位。

　　3）教材的开发重点不同。传统教材注重学科体系的建设，注重知识和技能体系的形成。数字教材注重教学设计和创新，通过创造性的设计，将知识或技能以更形象、更生动的形式呈现出来，以便学生自主学习。通过多图片的幻灯式切换、视频播放、动画演示，以及精心设计的交互环节、游戏化的学习活动、过关式的练习或测试，让学生在阅读、浏览、观看、操作、交互、游戏、测试中，充分体会学习的乐趣。

（4）数字教材的优势

通过数字教材的特点分析，可以看出它相对于传统的纸质教材具有以下几项优势。

1）容量大。传统教材受纸张介质的限制，只能在有限的版面中承载文字和图片信息。数字教材突破了容量的限制，可以排入多媒体资源，同一个知识点，作者和制作团队可以采用多种形式来阐释，而不用考虑版面的限制。

2）丰富的表现形式。传统教材的表现形式较为单一，即使是彩色印刷，也只是通过文字、图片、颜色来构筑视觉空间。数字教材则可以应用多种创新形式，只要作者和制作团队有想象力和创新性，就可以制作出表现形式多种多样的数字教材。

3）吸引力。数字教材有着更强烈的吸引力，通过色彩、多媒体、交互设计，充分调动学生的思维和想象，吸引学生深入地了解教材中的知识点和技能点。

4）动感。数字技术的应用让教材不再是静态的文字，而是加入了更加丰富的图片、视频、动画和 3D 对象，通过交互设计，学生只要动动手指，或通过语音控制，教材就活动起来了。

5）寓教于乐。数字教材不仅介绍知识和技能，还将互动、游戏、反馈等因素运用到教材中，从而让学生高度关注。数字教材使学生在玩中学、学中玩，充分地体会到学习的乐趣，能够激发他们的学习兴趣，提升学习效果。

6）自动更新。用户进入 iBook Store，或出版商的网上书店，就可以下载样书或者购买整本教材。购买的教材会立即下载到学生平板电脑的书架中。当出版商更新教材内容时，书架会自动提醒用户下载最新版本。

20.1.2　交互式课件的制作工具

（1）iBooks Author

苹果公司（Apple Inc.）2012 年发布了 iBooks2，主推数字教材功能，并同步推出免费的电子书和数字教材制作工具 iBooks Author（见图 20-6）。iBooks Author 制作出的电子书可以在 iBooks 商店下载，在 iPad 上阅读。

iBooks Author 的推出，使得 App 制作人员可以通过它提供的模板来创建电子书，插入音频、视频、3D 对象等多媒体内容。iBooks Author 提供图形界面，所有操作都是所见即所得的风格，它还支持在 ipad 上预览正在制作的电子书。制作完成的作品，可以方便地提交到 iBooks Store，供用户免费或付费下载。

由于 iBooks Author 是免费软件，它深受广大教师和 App 制作人员的喜爱。但该软件基于 Mac OS，需要在线制作，所制作的 App 只能在苹果移动设备上使用。

（2）Digital Publishing Suite

Digital Publishing Suite（DPS）是 Adobe 公司推出的数字出版解决方案，是一套可在平板设备上创建和发布应用程序的工具和托管服务，提供专业的数字内容发行、销售和分析服务。

DPS 不仅是数字出版的工具（见图 20-7），同时也是数字产品发行、销售的工具，它要求使用该软件制作的 App 都使用其提供的托管服务。目前，DPS 多用于杂志的数字化制作和发行。

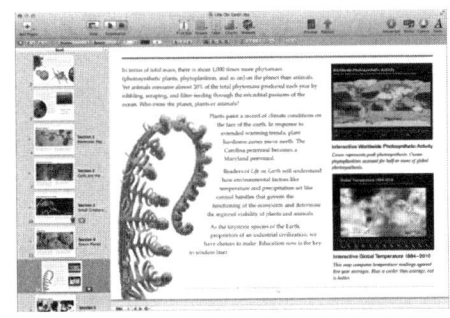
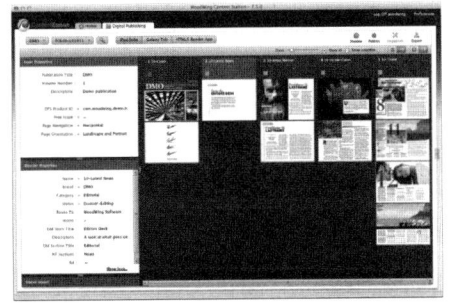

图 20-6　iBooks Author 制作工具　　　图 20-7　DPS 数字出版套件

（3）飞翔 2012

飞翔 2012（见图 20-8）是北大方正电子公司针对移动出版推出的多形态出版编排设计软件，可用于制作电子书资源包，通过方正公司的翔云阅读器来阅读。在使用中，教育互动对象需要使用慧云阅读器。

飞翔 2012 在传统图书排版软件功能的基础上，拓展了互动设计的功能，应用于移动出版。它制作完成的产品并不是真正意义上的 App，而是电子书或数字教材的资源包。数字资源包使用方正独有的 dPub 格式，此格式无法与当前通用的苹果应用或谷歌应用对接，必须导入或下载到翔云阅读器中才能阅读。方正公司目前尚不支持用户自己制作完成独立的 App，如果有需求的话，需要经过方正公司的后续技术加工，才能形成独立 App。

（4）appBook

appBook 是北京谋易软件公司推出的全媒体数字出版解决方案（见图 20-9）。appBook 专门用于互动式电子书制作和出版，它采用图形界面，内置通用的交互设计模板，方便易用。更重要的是，用 appBook 制作完成的作品可以根据用户的需要进行打包，打包格式可以选择，如 .ipa、.apk、.exe，以用于在不同操作系统上分发。其中，.ipa 应用于苹果设备；.apk 应用于安卓设备；而 .exe 应用于个人计算机，只是操作形式不再是平板设备的手势直接操作，而是通过计算机鼠标来操作。

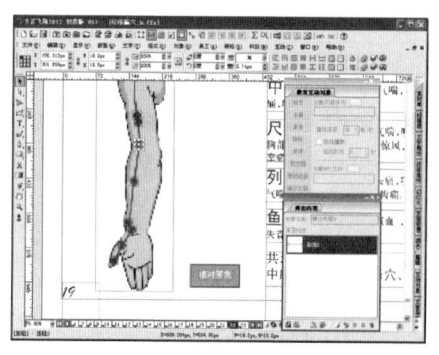

图 20-8　飞翔 2012 制作工具

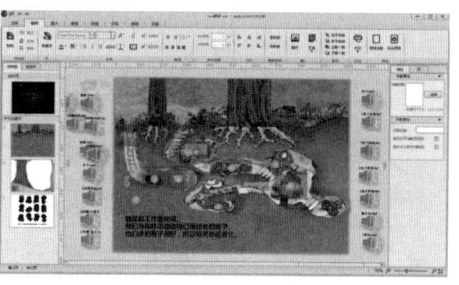

图 20-9　appBook 制作工具

其他制作工具还有 Moglue、Mag+ 等。这些制作工具要求在线进行 App 制作和开发，这里不做介绍。

当然，除了使用开发工具来制作数字教材 App 应用，也可以组建专门的技术开发团队，针对数字教材的特点，通过编程的形式来开发个性鲜明的 App 应用。但是这种开发方式成本高、耗时长，显然不是最好的选择。使用工具软件，建立标准化的制作流程，不仅可以节省时间，加快生产速度，更重要的是降低了 App 制作的技术门槛，也降低了制作的成本。

(5) 飞翔 2012 和 appBook 的比较

表 20-1 对飞翔 2012 和 appBook 进行了分析和比较。

表 20-1　　　　　　　　飞翔 2012 和 appBook 的比较

比较项	飞翔 2012	appBook
软件版本	2012	2013
软件定位	多形态出版编排设计软件。从飞翔排版软件发展而来，兼顾了书籍排版需要	互动式电子书制作软件，专门服务互动电子书制作
界面特点	界面较为繁杂。继承飞翔排版软件界面，增加互动设计菜单，及专用于互动制作的多个任务窗格	界面简洁，专注于互动设计
结果输出	输出方正自有格式 dpub 包，需要在方正公司提供的阅读器中阅读。暂不支持通用格式的输出，或需要方正公司特定的技术支持实现	输出通用的 ipa、apk、exe 格式，适应当前主流操作系统的移动设备
互动效果	提供 19 种电子书互动效果，8 种专用于数字教育的互动效果。为复杂的互动效果提供模板	提供多种动画效果、互动效果模板，可根据动作或事件的发生触发新的事件，从而制作更丰富的效果
辅助支持	提供试题编辑器、词典编辑器等插件，但需要另行安装，制作成为数据包后，再导入制作工具	集成了试题编辑组件，不用另行安装
托管服务	提供翔云云服务平台，承诺可以提供托管服务，即代理资源的分发、销售	制作工具提供商，不提供资源运营的托管服务
配套软件	提供数字课堂 App。辅助利用数字教材开展的数字化教学，但软件适用性、易用性有待市场检验	暂无相关产品

20.1.3　微课开发是数字教材开发的起点

目前，很多教师对于数字教材的接受度非常高，但是难以理解数字教材是如何开发出来的。

数字教材开发是一个系统工程，它需要对课程进行设计，开发多种资源，并通过交互的手段将资源呈现出来。因此，数字教材开发具有一定的技术难度。

微课是基于知识点或技能点来开发和积累资源，然后再以微视频的形式表现出来。对于教师来说，在教学研究、教学开发的过程中，基于微课来开发资源有现实意义和可行性。

因此，在参与数字教材的开发之前，教师参与微课开发，了解微课开发的选题策划、开发流程，有助于教师逐步建立起数字化资源开发的观念和习惯，从而为最终走向数字教材开发奠定基础。

20.2 使用 iBooks Author 制作交互式课件

iBooks Author 是苹果公司推出的一款免费的数字教材制作软件，利用它可以制作出具有交互效果、集成多媒体资源的电子书形式的数字教材。用它制作完成的电子书，可以在 iBooks 应用中进行阅读，通过用户的点击来与电子书中内置的多媒体对象进行交互。交互式电子书集成了多媒体和交互性，能够调动用户的学习积极性，从而提升学习效果。

下面通过"革兰氏染色"微课这个实例，来介绍如何基于微课制作单个的交互式课件。

20.2.1 分析微课内容

对微课内容进行分析，为交互式电子书制作做好准备。革兰氏染色是食品检验课程中的一个重要知识点，围绕该知识点，已经请教师编写了脚本，制作了革兰氏染色的完整微视频。该知识点包括的具体内容如下：

（1）革兰氏染色简介；

（2）检测准备（包括设备、工具、材料准备）；

（3）革兰氏染色的流程（包括消毒准备、涂片、干燥固定、初染、水洗、媒染、脱色、复染）；

（4）观察结果；

（5）操作要点；

（6）新技术应用。

基于上述微课内容，对微课内容进行分析整理，重新归类并初步规划页面，分为5个小节，分别是：

（1）革兰氏染色简介（包括创立者、染色基本流程、染色原理）；

（2）检测准备（包括设备准备、工具准备、材料准备）；

（3）革兰氏染色的流程（包括消毒准备、涂片、干燥固定、初染、水洗、媒染、脱色、复染、观察结果）；

（4）操作要点（操作要点、新技术应用）；

（5）复习和练习（复习操作的完整过程、练习题）。

20.2.2 准备多媒体资源

根据微课内容，准备多媒体资源。

（1）基于微课内容，收集图片资源

为了丰富革兰氏染色简介的内容，利用网络查找染色基本流程、染色原理等相关资料。检测准备工作涉及的设备、工具、材料，可以在视频拍摄的同时拍摄高清晰度的图片备用。

对图片的要求是，清晰度较高、大小合适。由于图片在 Pad 上可以放大显示，因此，要求图片最好为大图，至少为（600×600）像素。

对收集到的图片，要统一使用图片处理软件进行处理，裁剪不必要的部分，统一格式，并按相应的规则进行命名。

（2）视频资源的切分和转换

对微课视频资源进行切分和格式转换。微课视频时长 10 分钟左右，包含了革兰氏染色的全过程，为了便于学生学习和掌握，这里将视频根据对应的操作步骤进行切分，按步骤形成小的视频片段。

由于 Pad 容量有限，一个微课的电子课件不宜容量太大。因此，对视频统一进行压缩和格式转换处理。

（3）提炼学习目标

根据 5 个小节的设计要求，整理出每个小节的学习目标。

（4）编写练习题

根据微课的内容，编写至少 5 道练习题，以帮助学生复习本微课所学的知识。

（5）制作工具的准备

在 MAC 计算机上，通过 App Store 查找 iBooks Author 应用并安装。安装完成后，在 Launch Pad 中点击 iBooks Author，即可启动应用程序。

20.2.3 交互式课件制作流程

（1）启动 iBooks Author

iBooks Author 启动后，首先进入"模板选取器"界面，如图 20-10 所示。

iBooks Author 的模板选取器中，提供了多个模板，有横排、竖排的。选择合适的模板，点击"选取"按钮，即可以在新建的文档中使用选取的模板。

（2）制作一个章页面

根据模板建立的新文档，默认加入了一个章和一个节，如图 20-11 所示。我们把这个微课作为章，把确定的 5 个小节作为该章的节。

图 20-10 "模板选取器"界面

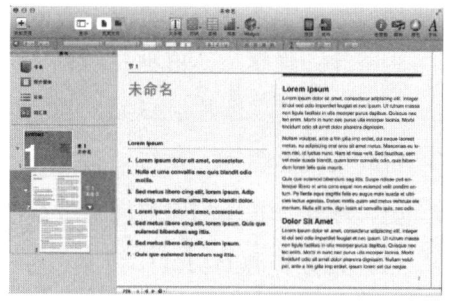

图 20-11 根据模板建立的新文档

编辑章页面。输入微课的标题和简介，章页面就编辑完成了，如图 20-12 所示。

（3）制作一个节

在节模板的相应位置，输入节的标题；在提纲位置，输入学习目标，如图 20-13 所示。

（4）插入视频

插入革兰氏染色的简介视频片段。单击工具栏上的 Widget 图标，从弹出的列表中选择"媒体"，即可以插入视频播放插件。打开存放简介视频的文件

　　图 20-12　编辑章页面

　　图 20-13　编辑节页面

夹，选中简介视频并用鼠标拖动视频到播放插件上。这时文件名称下方显示绿色的加号，松开鼠标，选中的视频就会加载到播放插件中。

根据需要，对视频插件添加标题和说明文字。

（5）插入文本

可以像在 Word 中一样，输入文本。也可以从其他文本编辑器中选择一段文本并复制，然后粘贴到当前编写的 iBooks 文档中。

输入的文本可以使用"格式"工具栏对其进行格式设置，如字体、字号、字形，以及段落格式等。

（6）插入图片

要在 iBooks 文档中加入图片，可以单击工具栏上的 Widget 图标，从弹出的列表中选择"画廊"，即可以插入一个画廊插件。

从图片文件夹中选取一张或多张图片，用鼠标拖动图片到插件上方，当文件名称下方显示加号图标时松开鼠标，即可将图片加载到插件中去。根据需要，对每一张图片添加标题和说明文字，如图 20-14 所示。

如果要设置图片的格式，还可以在检查器窗口中，对图片的相关属性进行设置，如布局、交互等。

（7）插入新的节

编辑完成一个小节后，要增加新的节，这时可以在工具栏中单击"添加页面"按钮，从弹出的列表中选择"节"，并从下级列表中选择相应的节页面，如图 20-15 所示。

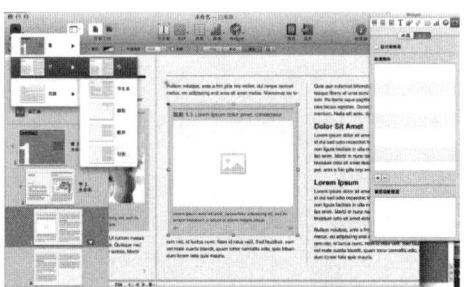

图 20-14　在检查器中编辑画廊　　　　图 20-15　增加新的节

（8）插入练习题

当编辑复习和练习小节时，要插入练习题。这时单击工具栏中的 Widget 按钮，从弹出的列表中选择"测验"项，即可以在文档中添加一个测验插件，如图 20-16 所示。

测验插件默认给出一个试题，用户可以在检查器中添加不同类型的习题，并设定正确答案。

（9）编辑图片信息

在编辑界面左侧的"图书"栏中，最上方是"书名"项，可以输入书名、相关信息，以及插入图书的简介、编辑目录、编辑词汇表等，如图 20-17 所示。这样，一本 iBooks 电子书就制作完成了。

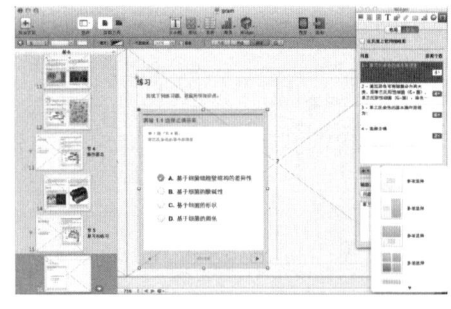

图 20-16　在文档中添加一个测验插件　　　　图 20-17　编辑图片信息

20.2.4　交互式课件的使用

（1）保存

在新建 iBooks 文档后，可以在编辑过程中随时对文档进行保存。给文档命名，并以 iBooks 电子书格式保存。

（2）预览

在编辑过程中，单击工具栏上的"预览"按钮，可以随时在计算机自带的 iBooks 中预览编辑的效果。

在 iBooks 中，可以看到所编辑的图片封面，如图 20-18 所示。单击图片封面，就会展开图片内容，在计算机上可以用鼠标单击进行预览。

进入目录页面，如图 20-19 所示。在目录中单击一个章节，或在底部的页面列表中选择一个页面，就可以进入章节页面进行预览了。

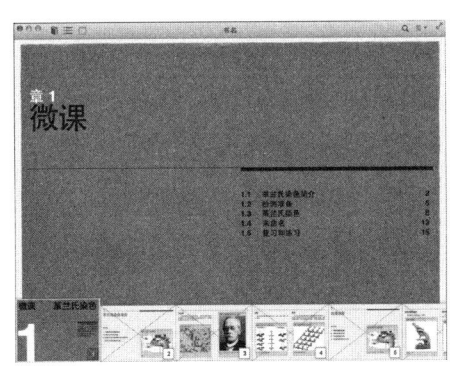

图 20-18　iBooks 中的图书列表　　　图 20-19　图书的目录导航

要想结束预览，关闭 iBooks 窗口就可以了。

（3）导出

在 iBooks Author 中，选择"文件"菜单中的"导出"命令，可以将图书导出为 iBooks 格式，从而在 Pad 上浏览，如图 20-20 所示。

（4）发布

编辑完成的 iBooks 电子书，可以发布到 iBooks Store。单击工具栏上的"发布"按钮（见图 20-21），在联网状态下，根据提示一步步操作，就可以完成发布。

（5）在 iPad 上浏览

在 iPad 上，通过 AppStore 安装 iBooks 应用。

在计算机上，把制作完成的 iBooks 电子书发送到自己的邮箱。

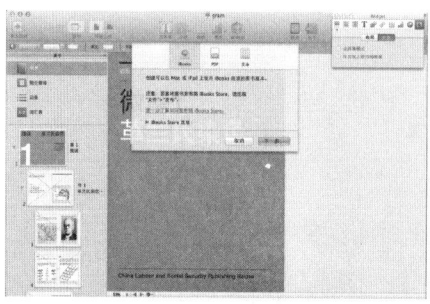

图 20-20　导出为 iBooks 格式

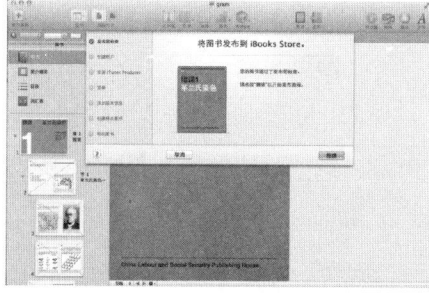

图 20-21　发布到 iBooks Store

在 iPad 上使用浏览器访问自己的邮箱，下载刚刚发送到邮箱的 iBooks 电子书。

下载完成后，在"打开方式"下选择"在 iBooks 中打开"即可。

进入 iBooks 应用，就可以浏览自己制作完成的电子书了。

完成以上步骤，一本包含多媒体、具有交互功能的电子书就制作好了。教师可以把它分发给学生，也可以在课堂上使用。

20.3　使用飞翔软件制作数字教材

本部分以保健按摩师职业为例，使用飞翔软件来制作数字教材。

保健按摩从业人员既需要在中医基础、经络腧穴、正常人体学等方面具有扎实的基础理论知识，又要求在保健按摩手法、保健按摩实际操作上有过硬的动手能力。对保健按摩人员的教育和培训强调理论知识与操作实践的紧密结合。数字教材能够以生动形象的方式，阐释难以理解的中医理论、枯燥的经络和穴位，帮助学生打下良好的理论知识基础；还能够清晰地展示保健按摩实践的操作手法、操作步骤、操作细节，帮助学生快速掌握职业技能。因此，选择保健按摩师职业来开发数字教材，具有一定的典型性和代表性。

20.3.1　方正飞翔软件的互动效果

方正飞翔软件提供了多种交互效果，包括音频、视频、全景图、图像序列、自由拖拽、图像扫视、幻灯片、图像对比、滚动内容、动感图像、动画、3D、弹出内容、图表、网页等。它还为数字视频教学提供 8 种交互效果，包括精灵、点播、录音、测验、复读、图文框、滑线动画、演示文稿。这里简要介绍主要的互动效果。

（1）音频、视频

在文档中排入音频、视频，即可创建音频、视频对象。浏览时，在音频、视频对象上点击，就可以播放对象。

（2）全景图、图像序列

全景图是指从前后左右上下多方位地观看一个景点或环境，它给人身临其境的感觉。将一系列图片按序号命名后存放在一个文件夹中，以全景图方式排入即可。浏览全景图时，用手指前后左右滑动，即可观看多个方位的景象。全景图以读者为中心点，当读者视线顺序转动时，读者周围的景象也随之改变。

图像序列也是按序号命名的一系列图片，存放在一个文件夹中。浏览图像序列时，读者的视角固定不变，而观看的对象以一定的速度转动或按一定的轨迹运行，从而呈现给读者。图像序列既可以按固定的速率切换，也可以根据读者的手指操作而动作。图像序列可以展现运动效果，例如，鸟的飞行，蝴蝶的舞动等；也可以展示一个物体的全貌，例如，一个汽车模型360°旋转。

全景图和图像序列的不同在于读者的视角，浏览图像序列时读者视角不变，而浏览全景图时读者视角不断变化。

（3）自由拖曳、图像扫视

图片排入页面后，其位置是固定不变的，也无法对其进行操作。如果排入图片并将它转换为"自由拖曳"对象，则浏览时就可以对图片进行相应的操作。一是自由移动，用手指操作即可以将其移动到屏幕上的任何位置；二是可以放大、缩小和任意旋转，让读者以任意角度、任意大小仔细观看图片及其细节。

图像扫视则是在页面中框出一个矩形区域，然后将一张大图（比设定的矩形区域大得多）排入。在浏览时，这张大图只显示出设定的矩形区域部分。通过移动这张大图，可以将大图的其他部分在矩形区域显示出来。这种互动，可以让读者首先只观看到部分内容，然后通过手指操作来探索其他内容。

（4）幻灯片、图像对比

幻灯片是在一个图片位置排入大小相同的多张图片。在浏览时，用手指向左或向右滑动，即可切换图片，一张张观看。幻灯片可以设置为手动播放，也可以设置为自动播放；还可以为每一张图片设置一个按钮（通常是这张图片的缩略图），点击一个按钮即可显示与该按钮关联的图片。

图像对比则是将两张有关联、希望放在一起对比的图片，排入一个图片位置。浏览时，底层的图片不变，上层的图片可以卷起。通过拖动卷起上层图片的部分，就可以将两张图片的相应位置进行对比。图像对比常用于事物变迁的对比，例如，同一个人或同一幢建筑在不同年代的两张照片对比，或者同一个人化妆前后的对比等。

（5）滚动内容、动感图像

滚动内容是将一段文字排入一个不能完全显示该段文字的区块中。浏览时该段文字自动向上移动，从而显示出起始时不能完全显示的其他文字，形成文字向上滚动的效果。

动感图像是在一张大的背景图上，插入一个或多个小的图形，并设置其运动速度、路径、旋转等，还可以设置其重复。在浏览时，由于背景不变，而背景上的小图形以一定的形态运动，从而形成一幅动静相宜的画面。例如，春天雨点不断落下，秋天树叶一片片飞舞，冬天雪花不断飘落等；也可以形成事物相对运动，如小船顺流而下、鱼儿游动嬉戏等。

（6）动画、3D

动画有两种实现方式：一是排入平板电脑可以播放的动画文件，如 GIF 动画；二是为页面中的静态对象（如文字、图片）设置运动参数，如进入或退出曲线、延迟时间等，将其转换为动画。

3D 为图片加载三维对象的 obj 文件，将其转换为三维对象。在浏览时，可以在屏幕上产生动态效果。

（7）弹出内容

弹出内容是在页面中设置按钮，或将页面中的元素设置为按钮，并为按钮添加动作，该动作将关联一个或多个弹出内容。在浏览时，通过点击按钮，即可弹出一幅新的画面。例如，点击一个物品按钮，即可以将该物品摆放到桌面上；点击一件衣服或饰品，就可以让主人公换装，佩戴上饰品等。

一个按钮触发的弹出内容可以有多个，并且可以按照设定的顺序播放。利用弹出内容，可以充分发挥设计者的创造性思维，从而制作出新颖的作品。例如，只要触发按钮，流程图中的各个流程就可以按顺序一个个显示；一条经络循行线路，线条在一个个穴位间流动，从而形成循行的动画效果。

(8) 图表、网页

数据可以用表的形式显示，也可以用图表的形式显示。在页面中插入数据表后，将其转换为图表，可以是一维图表，也可以是二维图表。浏览时，数据将以更直观的图表形式显示；在图表上相应位置点击，可以查看到对应的数据。

网页是为页面中的对象添加网页链接。浏览时，点击对象即显示网页的内容。

20.3.2 保健按摩师专业设计

保健按摩师专业设计主要由从事保健按摩专业教学和培训、具有实际经验的专家和教师承担。该专业共设置16门课程，见表20-2。

表 20-2　　　　　　　　　按摩专业课程设置表

类别	序号	课程名称	课时数
知识	1	保健按摩基础知识	8
	2	中医基础（初级）	12
	3	中医基础（中级）	8
	4	中医基础（高级）	4
	5	正常人体学（初级）	36
	6	正常人体学（中级）	16
	7	正常人体学（高级）	24
	8	经络腧穴（初级）	16
	9	经络腧穴（中级）	16
	10	经络腧穴（高级）	12

续表

类别	序号	课程名称	课时数
技能	11	保健按摩基础手法	16
	12	全身保健按摩（初级）	16
	13	全身保健按摩（中级）	16
	14	不适症保健按摩	16
	15	足部保健按摩	20
	16	美容美体保健按摩	20
总计			256

在策划编辑的协助下，根据保健按摩师职业标准、初中高级职业技能鉴定考核细目表、教学和培训中的实际情况，专家和教师探讨并确定了该专业教学和培训的专业课程设置、专业培养目标、专业教学计划和课程教学大纲、实习实训场所要求等。

20.3.3 保健按摩师课程设计

从特点上来看，保健按摩师职业的数字课程可以分为以下三类：一是理论知识类课程，如正常人体学、中医基础；二是知识与应用相结合的课程，如经络腧穴、按摩手法；三是偏重技能的实践类课程，如不适症保健按摩、足底保健按摩、美容美体保健按摩等。课程特点不同，课程设计也不尽相同。课程设计主要是根据教学内容、教学目标，将课程所涉及的知识点和技能点划分为教学课时，并对每个教学课时进行设计和规划。

课程设计需要完成的文档包括课程简介、课程定位、课程目标、教学计划和教学大纲、教学内容、教学重点和难点、知识模块结构图、技能模块结构图、各模块课时分配、教学条件、教学方法与教学手段、教学效果评价等。

以经络腧穴（初级）课程为例，安排16个教学课时（见表20-3）。

表20-3　　　　　　　　经络腧穴（初级）课程设计

序号	课时名称	课时数
1	经络腧穴的含义和定位方法	1
2	经脉系统的组成和功用	1

续表

序号	课时名称	课时数
3	手太阴肺经	1
4	手少阴心经	1
5	手厥阴心包经	1
6	手阳明大肠经	1
7	手太阳小肠经	1
8	手少阳三焦经	1
9	足阳明胃经	1
10	足太阳膀胱经	1
11	足少阳胆经	1
12	足太阴脾经	1
13	足少阴肾经	1
14	足厥阴肝经	1
15	任脉、督脉	1
16	经外奇经	1
总计		16

20.3.4 课时设计

每个课时由多个独立的知识点或技能点组成，每个知识点或技能点构成一个微课。课时设计包括：本课时教学目的、课时的构成、教学重点和难点、本课时的导入设计、教学环节和教学手段、练习、测试等。

课时的构成即本课时具体的教学内容。以手太阴肺经这一课时为例，其教学内容有两部分：肺经循行、肺经重点腧穴的取穴方法。这两部分就是该课时的两个微课。

20.3.5 微课设计

微课设计是数字教材开发的核心，既要编写教学内容，又要明确教学内容的展现形式（文字、图片、音频、视频、动画、3D），以及具体的教学方法、教学手段。教学内容的展现形式离不开多媒体资源，要开发这些资源，就需要编写资源开发的脚本，主要是视频和动画脚本。

以《肺经循行》微课为例，采用的展现形式有图片、音频、视频、动画（见表20-4）。

表20-4　　　　《肺经循行》微课展现形式设计

微课内容	展现形式	具体要求	交互设计
1. 肺经体内循行	动画（配音）	体内循行重点展示内脏器官、循行路线、经过的穴位	动画整体播放 动画分段播放（点击一下，线条流动到下一穴位）
2. 肺经联系的脏腑器官	图片（整体图片及各器官图片）	图片清晰，比例合适	点击整体图片的相应位置，弹出器官图片，并附加文字注释
3. 肺经体外循行	视频（人体模型）	教师在人体模型上介绍	点击播放视频，可以全屏显示、可调整播放进度
	视频（真人模特）	教师在真人模特身上介绍	
4. 肺经主治功能	文字、音频	教师讲解肺经主治	点击播放音频，再次点击停止

20.3.6　脚本编写

除了微课教学内容的编写，还要编写视频脚本、动画脚本。视频脚本和动画脚本是视频开发和动画开发的指导性文件。

视频脚本编写一般由教师给出描述性脚本，由视频编导与教师沟通并充分了解教学意图后，将其转换和细化为更具有拍摄指导性的分镜脚本（见表20-5）。

表20-5　　　疲劳性腰痛不适症保健按摩脚本和分镜脚本样例

场景1：导语（分镜头略）					
场景2：按摩步骤1，用手掌根下行推脊柱两侧，双手掌分推腰部（分镜头略）					
场景3：按摩步骤2，以小鱼际侧部滚腰部（分镜头略）					
场景4：按摩步骤3，以手掌根、拇指或肘尖揉腰部（分镜头脚本）					
机位	景别	技法	角度	画面	备注
2	特写	固定	正面	展示手掌根着力部位	
1	近景	固定	俯拍	用手掌根揉腰部	画中画显示手掌根揉的动作特写

续表

机位	景别	技法	角度	画面	备注
2	特写	固定	正面	展示拇指着力部位	
1	近景	固定	俯拍	用拇指揉腰部	画中画显示拇指揉的动作特写
2	特写	固定	正面	展示肘尖着力部位	
1	近景	固定	俯拍	用肘尖揉腰部	画中画显示肘尖揉的动作特写
2	特写	固定	跟拍	肘尖揉注意事项，腰三横突位置	插入腰三横突骨骼图片，与腰部重叠

场景5：按摩步骤4，拨揉、按揉腰部（分镜头略）

场景6：按摩步骤5，在腰两侧做紧缩性拿法（分镜头略）

场景7：按摩步骤6，往返拍腰两侧（分镜头略）

场景8：按摩步骤7，施术者一只手托住腰后脊柱，另一只手将两下肢抬起离开床面，做轻度的旋转和后伸（分镜头略）

场景9：按摩步骤8，以拇指或肘尖按压腰部腧穴及委中穴（分镜头略）

视频样例

分镜头视频的拍摄——疲劳性腰痛不适症保健按摩步骤3
a）拇指揉　b）掌根揉　c）肘尖揉

　　动画脚本编写，一般由教师给出主要思路及脚本雏形，由动画设计人员修改完善，形成动画开发脚本（见表20-6）。

表 20-6　　　　　　　　肺经循行案例导入动画脚本样例

卡通人物设计：按摩师（青年、男性）、客人（老年、60岁、男性）
场景：按摩场所，客人来访，按摩师接待。
对话：
按摩师：您感到哪里不舒服？
客人：我最近感冒了，胸闷、咳嗽，晚上更重，睡不好。
按摩师：您去医院看病了吗？
客人：我有慢性支气管炎。
画外音：对于这样的客人，通过肺经的点穴和按摩，可以缓解症状。下面我们一起来学习手太阴肺经的经脉循行和主治作用。

动画样例
导入动画
——肺经循行案例

20.3.7　交互设计

　　交互设计主要是确定教学内容及多媒体资源如何与学生交互，采用哪种交互手段，以及技术上如何实现等。交互设计要具有创造性，力求能够改变传统的学习方式。例如，对于肺经的重点穴位，学生需要掌握其位置、主治功能，在使用传统教材的学习过程中，学生只能一边看着穴位图，一边记住这些穴位名称和主治功能。而在数字教材中，可以为此内容设计弹出内容的交互方式（见图 20-22）。在肺经穴位图上，用红点标示出体外循行的全部 11 个穴位，其中包括 5 个要掌握的重点穴位。学生可以用手指点击这些穴位，如果点击的是重点穴位，则弹出该穴位的名称，以及其主治功能；如果学生点的不是重点穴位，则弹出叉号提示；还可以单击"核对答案"按钮，弹出正确的答案供学生参考。

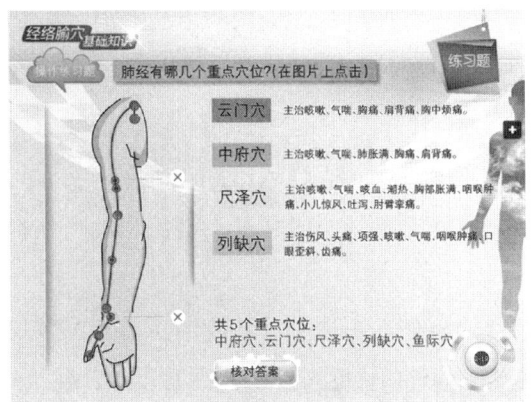

图 20-22　肺经重点穴位的交互设计

20.3.8　资源开发

资源的开发是基于微课进行的，这里主要介绍视频、动画开发。

（1）视频开发

在脚本的基础上，视频开发要根据课程特点选择拍摄场景。例如，经络腧穴课程主要是知识的讲解、穴位的认识和定位，可以选择在演播室进行拍摄。拍摄时，需要教师制作好授课 PPT，并在高清大屏幕上播放；由授课教师在屏幕前讲解；还需要人体经络模型、真人模特参与相关环节（见图 20-23、图 20-24）。[91]

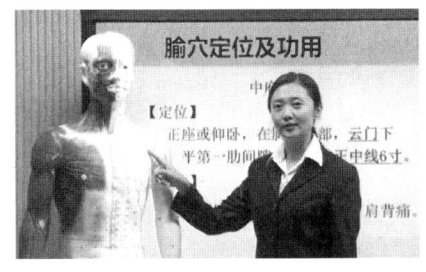 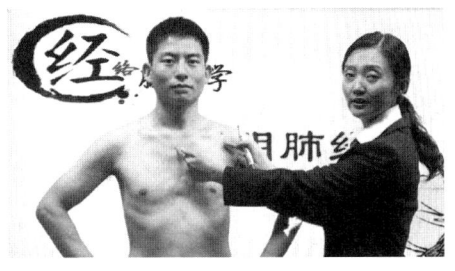

图 20-23　在人体经络模型上讲解穴位　　图 20-24　在真人模特身上辨识和定位穴位

保健按摩基础手法课程主要讲解各种手法的操作要领和应用方法，可以在教室拍摄。拍摄时，需要有一张按摩床，以及作为按摩对象的模特。

不适症保健按摩是操作性很强的课程，要对特定的不适症患者进行保健按摩操作,为了体现保健按摩师的职业特点和工作环境,适合在保健按摩馆里进行实景拍摄。

(2)动画开发

场景动画制作的主要难点是表现风格的选择和人物设计,风格决定人物设计的特点。而线条流程动画制作的关键点是流程的衔接顺畅和教学知识点的准确表达。

在经络腧穴的肺经循行一课中,案例引入采用了场景动画的方式呈现。[92]肺经的循行路线则采用线条流程动画(见图20-25、图20-26)的方式呈现。

图20-25　人物场景动画

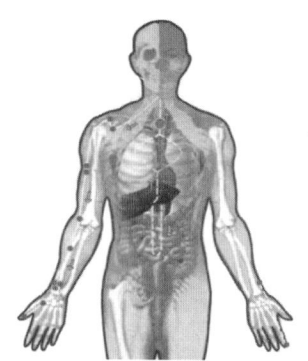
图20-26　线条流程动画

20.3.9　美术设计

同传统教材一样,数字教材也需要设计教材封面、目录、章首页、课首页、页眉和页脚等。由于数字教材在平板电脑上都是高清、彩色显示,因此在设计上比传统教材有更高的要求。所有元素的设计都要求彩色设计,并形成统一的风格。由于数字教材的互动性要求,在设计目录、章首页、课首页、页眉和页脚时,要加上链接,以方便在浏览时实现内容之间的跳转。

尤其是目录设计,传统教材中要将所有目录内容一次性全部顺序排列出来,而在数字教材中,以经络腧穴(初级)为例,只列出第一级的章标题。点击某一章,则以弹出内容的形式显示该章中的所有课时和微课目录(见图20-27)。点击某一课时或某一微课,即可跳转到数字教材中相应的页面。

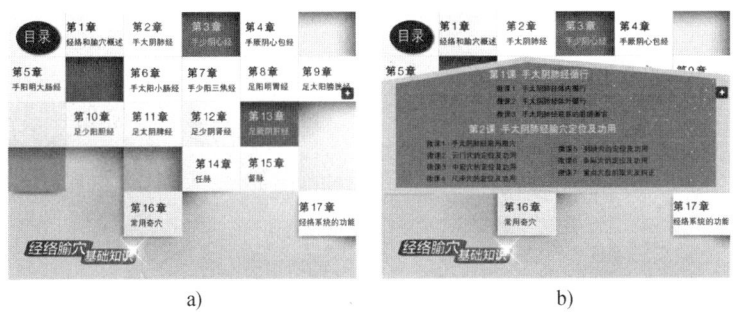

图 20-27 数字教材标题目录

a) 一级标题目录 b) 二级标题目录

20.3.10 技术制作

选择相应的制作工具软件来实现数字教材的编排和通用交互功能设计。对于有特殊效果需求的,则需要程序开发人员参与。

由于数字教材制作的工作量很大,因此在设计和制作时,一定要注意运用模板。模板是将某一类元素的设计固定下来,就像 Word 中的样式一样,可以随时应用到需要的地方,这样可以减少工作量。

技术制作的重点是实现数字教材中的交互功能。制作人员要了解工具软件的特点,各种交互功能的实现方法、制作手段、交互效果。在技术制作时,还要与策划编辑、教师充分沟通,从中获得交互制作的创意;也可以结合教材内容,提出好的交互设计创意,与教师探讨。

20.3.11 试用和完善

数字教材的开发不同于传统教材,它相当于一款应用软件。因此,开发完成后,还需要测试和试用。根据试用反馈,对相关效果和功能进行完善。

20.4 茶艺师职业系列数字教材开发实践[93]

茶艺师职业培训数字教材是以配合茶艺师职业培训为目的的互动式数字教材。在功能上,依据茶艺师国家职业技能标准,以及茶艺师国家职业资格培训教程,满足职业培训需要;在形式上,用文字、图片、视频、动画等多种形式精彩展现教材中的难点和重点,将教材中不易用文字展现的技能操作动手环节——呈现。

茶艺师职业培训数字教材共6个品种，分别是《绿茶鉴赏与品饮》《红茶鉴赏与品饮》《白茶、黄茶鉴赏与品饮》《乌龙茶鉴赏与品饮》《黑茶鉴赏与品饮》和《花茶鉴赏与品饮》。6 种教材的封面如图 20-28 所示。

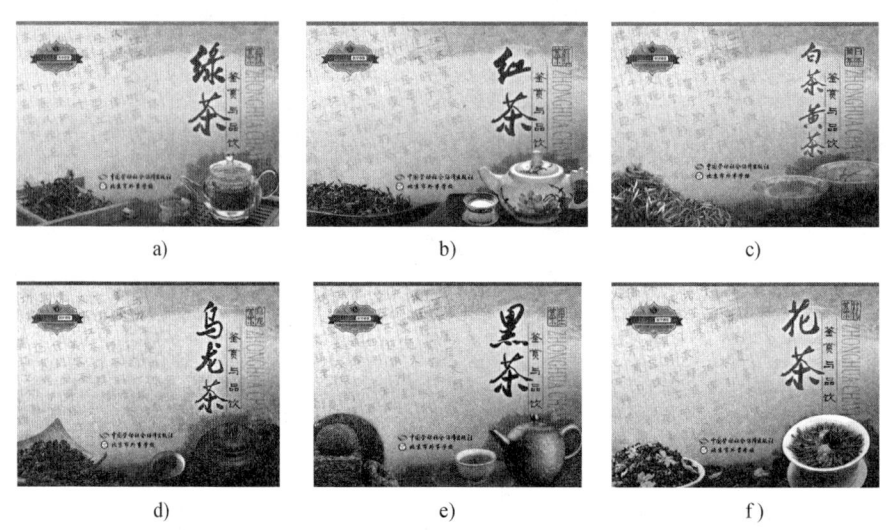

图 20-28　茶艺师职业培训数字教材封面

a）绿茶　b）红茶　c）白茶、黄茶　d）乌龙茶　e）黑茶　f）花茶

20.4.1　开发过程

（1）开发构想

开发茶艺师职业培训数字教材的思路如图 20-29 所示。传统纸媒教材的开发方式与数字教材开发有很大的不同，结合纸媒教材开发的经验，我们进行以下分析。第一步，在相关纸媒教材框架上，补充文字和高质量图片制成多媒体形式，但这仅仅是电子书，形式单一，还不能算是数字教材。第二步，在电子书的基础上加上视频和动画，但音像制品也能达到这样的效果，不能完全发挥多媒体的优势。第三步，在前两步的基础上加入互动内容，由读

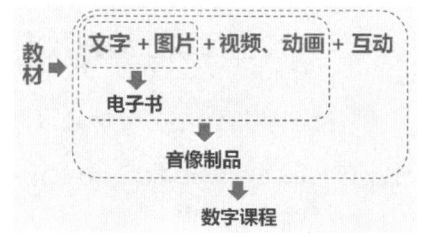

图 20-29　开发思路

者自主选择学习的内容，充分利用数字媒体在呈现方式上的优势，这应该就是我们想要的数字教材。

（2）开发团队

确定了数字教材开发的思路，接着就要开发具体内容。我们想做的数字教材内容包括文字、图片、视频、动画、互动，为了开发这些内容，我们进一步规定了提供这些内容的要求，并以此为标准物色开发团队，见表20-7。

表20-7　　　　　　数字教材内容提供要求和开发团队

内容	要求	开发团队
文字	职业素养、教学经验	北京市外事学校
图片	职业素养、具有美感	北京市外事学校 中国劳动社会保障出版社音像电子部
视频、动画	拍摄经验、具有美感	北京市外事学校 中国劳动社会保障出版社音像电子部
互动	制作经验、具有美感	方正电子数字教材与资源研发中心

1）北京市外事学校。北京市外事学校是教育部认定的首批国家级重点中等职业高中，是北京市奥组委认定的奥林匹克教育示范校。经过实地调研，该校茶艺专业的实力比较突出。项目负责人郑春英曾担任茶艺师职业资格考试高级考评委、茶艺师职业技能竞赛裁判员，出版过众多茶艺类教材，教学、教材编写经验丰富。学校有专门的茶艺实训室（见图20-30），适合视频与图片资料的拍摄。学校较为重视数字化教学，茶艺师职业的实训教师都有过数字资源开发的经验，并获得过相关奖项。学校主要负责：茶艺师数字教材的框架搭建，提供脚本；图片、视频的拍摄演示，提供部分图片、视频；动画制作。

图20-30　茶艺实训室

2）中国劳动社会保障出版社音像电子部。中国劳动社会保障出版社音像电子部是出版人力资源和社会保障图书、考试和培训教材、安全生产图书、职业教育与职业培训教材配套音像电子出版物,以及研究开发和编辑制作、出版数字化内容产品、宣传广告片和网络培训课程等的专业出版机构。中国劳动社会保障出版社音像电子部负责拍摄、制作茶艺师数字课程所需图片和视频素材。

3）方正电子数字教材与资源研发中心。方正电子数字教材与资源研发中心开发了本批数字教材的承载应用程序——慧云阅读器、慧云互动课堂（见图20-31），还负责制作茶艺师数字教材成品，包括版面设计、实现各种互动效果等。

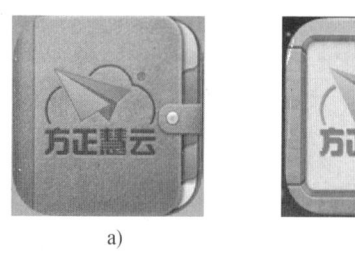

图 20-31　应用程序图标

a）慧云阅读器　b）慧云互动课堂

（3）开发步骤

数字教材由上述几个主体共同开发，各方工作能否协调配合达到良好效果，沟通协调尤为重要。协调工作量大且琐碎，需要沟通各种细节。为保证各方工作达到一定质量，符合一定标准，最终融合统一到一起，我们把教材开发分为框架搭建、素材采集、教材制作三个环节，各环节又化解成可操作、可验收的步骤（见表20-8）。各步骤要求明确、验收严格，从而保证了整体开发工作的顺利进行。

在开发过程中，为保证作品质量，每次脚本、图片、视频、动画提交后都会有相应的审定环节。审定工作除安排相应的策划编辑审定外，还会请相关专业人士提出书面的审定意见。前后共召开过3次审定会，其他见面沟通11次。

表 20-8　　　　　　　　　　数字教材开发步骤

开发步骤	要求与目的
教材脚本编写	完成教材脚本，包括视频、动画脚本
制订摄制计划	安排拍摄时间、人员、场地，并协调各方资源
拍摄视频、照片，制作动画	按拍摄计划完成拍摄任务，动画完稿
数字教材成品制作	完成视频后期制作、动画制作，以及对其他素材的合成
数字教材审定	审定文字、素材、效果、功能，并完成修改

20.4.2　框架搭建

（1）分析内容

茶艺师职业培训数字教材依据《国家职业技能标准茶艺师》（以下简称《标准》）编写，对《标准》中初级、中级、高级的内容进行分析后，甄选出适于用数字教材展现的内容，并分级别列出了相关内容（见表20-9）。

表 20-9　　　　　国家职业技能标准茶艺师中的相应内容

模块	初级	中级	高级
茶艺准备（知识）	识别主要茶叶品类（分类、品种、名称）	茶叶品级（质量分级知识）	名优茶产地及品质特征
	泡茶用具的准备（茶具种类、特征）	茶具质量	瓷器茶具的款式特点，紫砂壶名家特色
	泡茶用水	配置茶艺茶具	少数民族茶饮的器具、服饰
	—	—	准备调饮茶器物
茶艺演示（技能）	选择合适水质、水量、水温和冲泡器具	配置音乐、服饰、插画、熏香、茶挂	少数民族风味茶饮和茶饮操作
	演示解说绿茶、红茶、乌龙茶、白茶、黑茶、花茶的冲泡过程	担任3种以上茶艺表演的主泡	3种以上调饮茶
	介绍茶汤品饮方法	—	—

从表 20-9 中可见，以茶叶准备为例，一种茶叶的品种、品级、产地、品质分在初级、中级、高级三个级别中，如果按照级别来区分数字教材的内容，势必造成茶叶介绍内容的割裂，不符合一般人的阅读习惯。同样，茶具的介

绍、质量等内容也有类似情况。另外，在茶艺演示技能模块中，各种茶的冲泡过程、茶艺表演虽分在不同级别，但在操作上仍是融合的，难以分割也没有必要做这样的区分。

我们理解，《标准》是对各级别茶艺师技能掌握程度的规定，而作为数字教材，应该以完整呈现整个技能模块为基础，再结合《标准》中的知识和技能要求进行补充。

（2）确定模块

在分析了《标准》中的内容之后，茶艺师数字教材确定按照《标准》中要求的六大茶种，即绿茶、红茶、乌龙茶、白茶和黄茶、黑茶、花茶组织各教材的内容，均以"某某茶鉴赏与品饮"为教材的题目。每种教材均介绍相应茶种的特点、制作、辨别、名优品种、沏泡等，这是各教材的共性；另外，按照各种茶的特点，有些教材中会安排特殊的内容，这样既解决重复问题，也能更好体现各门教材的个性。

具体来说，虽然水对各种茶的冲泡都很重要，但绿茶口味清淡，又多以玻璃杯沏泡以显其色，对泡茶用水的要求比别的茶更为严格，所以泡茶用水放在绿茶教材中介绍；红茶用瓷器茶具冲泡最为相宜，红茶教材中专门介绍瓷器茶具；乌龙茶与紫砂壶一直给人以"孟不离焦"之感，在乌龙茶教材里，不能缺少对紫砂壶的介绍；黑茶中的普洱茶因其保健功效，近年来备受追捧，故茶叶的养生妙用放在黑茶教材中介绍；花茶之"花"常常被比喻成女子，而茶艺师又以女性居多，茶艺礼仪放在花茶教材中介绍较为合适，花茶之"花"也有种类错杂之意，故将不同于六种传统茶类的地方特色茶也放在花茶教材中介绍。

6种教材既有共性也有个性，层次丰富，内容饱满。

20.4.3 素材采集

（1）图片

按资料来源，可分为资料图和拍摄图。前者没有实物，如乌龙茶课程中，对紫砂壶名家、名器的介绍，无法获得直接拍摄名家、名器的机会，只能使用资料图片；后者有实物，可以直接拍摄照片，如茶叶和茶具的照片、茶艺表演的照片等。

按功能，可分为实用图和装饰图。实用图即反映课程内容的图片，如茶叶、茶具外形，茶叶制作过程，茶艺表演过程等。装饰图则用于美化，主要来自现有资料。实用图利用现有茶叶、茶具等进行摆拍，可以达到所需的效果。

按状态，可分为静态图和动态图。静态图多为茶叶、茶具外形，反映静态的形状、色泽、状态等。动态图则反映茶叶沏泡过程中的动作，制作时，首先要在动作过程中选择关键节点，再选取最能展现动作的角度，进行连拍，尽可能多地进行记录，后期再从众多照片中选出专业程度、角度、美观度最佳的一张照片进行展现，这需要茶艺师、专业老师、摄影师的高度配合。

（2）视频

茶艺师职业培训数字教材中的视频共有7个，其中6个分别是六类茶的沏泡过程视频，另外，乌龙茶沏泡后的清理单独有一段视频。

在视频拍摄过程中的分别运用了不同景别、不同角度来展现同一茶艺表演过程，以期全方位地展现技能操作过程，有助于学习。

以《白茶、黄茶鉴赏与品饮》中的君山银针沏泡过程为例，图20-32为该段视频中的一帧画面，从景别来看，左图采用中景，用以展现环境，以及茶艺师表演时的整体活动；右边两张图采用特写，重点展现茶艺师手部动作。从角度来看，左图与右下图采用平拍，拍摄时同时架设两个镜头，从正面展现动作；右上图采用俯拍，实现从上方展现动作。

（3）动画

茶艺师职业培训数字教材中的动画共有8个，其中6个分别是6种名优品种茶的民间传说，包括绿茶中的西湖龙井，黄茶中的君山银针，白茶中的白毫银针，乌龙茶中的大红袍、铁观音，传说均取自民间，主要是为了增加趣味性。在《绿茶鉴赏与品饮》的茶叶沏泡介绍中，茶具的准备阶段和茶叶的沏泡结束阶段也分别采用了一段动画，这与其他课程中，用照片或视频说明同类问题的方式略有不同，增加了资源的丰富性。

图 20-32　视频截图

20.4.4　教材制作

（1）教材特点

1）形式上

①色彩。在色彩上，首先为 6 种茶挑选出一种符号化色彩。然后，在每种教材的设计中，统一在各个部分使用这种颜色，包括文字、线条、色块，既能区别各种教材，又能使各种教材内部构成一种视觉上的和谐，同时增加了趣味性。

绿茶——嫩绿；

红茶——深红；

白茶、黄茶——黄色；

乌龙茶——墨绿；

黑茶——深灰；

花茶——粉红。

②中国元素。茶艺文化在中国传统文化中有着一定的代表性，茶艺师数字教材在设计时也考虑到了这个方面。视频配以中国古典音乐，图案设计古色古香，边框采用大量云纹。在"使用指南"中也别具新意（见图 20-33），不但说明文字采用有书法感的字体，图标也像是使用毛笔绘就，仿佛能看出笔触。这些细节处处透出中国古典之美。

2）功能上

①互动。教材设计了很多互动内容，教材的内容并不是密集地呈现在读者面前，而是可以随着读者与教材的互动，自行点击内容，即点即看。这种阅读方法有助于加深读者的印象。另外，在介绍绿茶外形时，还有一个有趣的小设计。这部分介绍了优质绿茶和劣质绿茶的辨别，教材设计了优劣绿茶两张图片的对比，通过手指滑动图中的圆点，可以方便地比较两者的区别（见图20-34）。

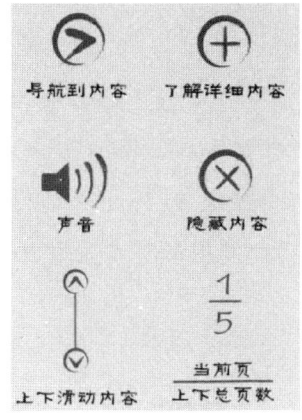

图20-33　使用指南中的图标

图20-34　辨别绿茶的方法——外形

②练习。为了帮助读者巩固所学内容，教材每章后都设置了思考练习题，读者答题后，还能检查对错并提供正确答案。题型除了选择题、填空题，还有识别题，答题方法也在界面上清楚写明，非常方便（见图20-35、图20-36）。

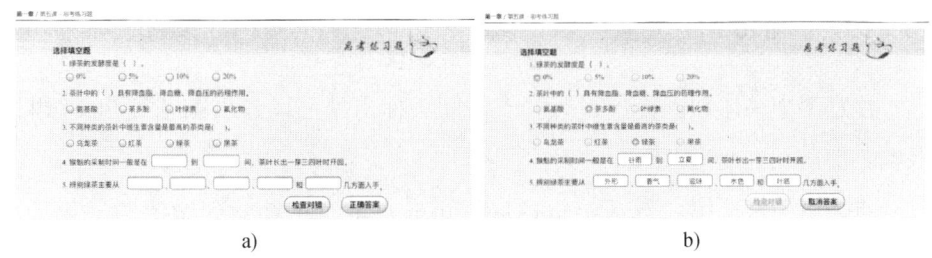

a)　　　　　　　　　　　　　　　　b)

图20-35　选择填空题

a）空白题目　b）正确答案

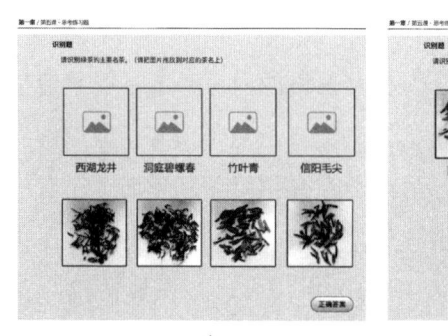 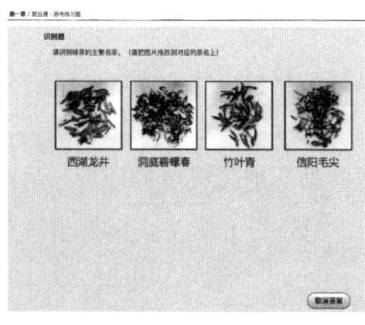

a) b)

图 20-36 匹配题

a）空白题目 b）正确答案

（2）教材举例

下面以学习《绿茶鉴赏与品饮》中的西湖龙井沏泡为例，进入教材。

打开教材，经过封面、引导语（见图 20-37）、使用指南（见图 20-38），来到目录页（见图 20-39）。

图 20-37 引导语 　　　　　图 20-38 使用指南

注意图中字体和图标的设计。点击箭头标出处可以弹出茶艺类相关教材及购买信息，方便读者购买学习。

点击第一章、第二章云纹框内区域可显示本章中细化到微课的子目录。要进入沏泡步骤有几个方法：一是直接点击箭头标出的"微课 2　操作阶段"；二是点击图标 ⊙，逐级进入章下的课及微课（见图 20-40）。

页面左上方有"页眉"，表示本页在教材中的位置；右下方设有导航条，

图 20-39　目录

a）一级目录　b）二级目录

图 20-40　第三课首页

可迅速回到目录、上一级或者各项平行级别内容。

　　点击各 ⊙ 图标可进入相应内容，这里点击箭头标出的"操作阶段"，进入图 20-41。

　　进入操作阶段页面后，页面采用左半部分图解加文字介绍，右半部分连贯视频两种方式演示茶艺过程。左半部分可上下滑动，阅读操作步骤、解释和照片；右半部分可点击播放观看视频，视频可放大至全屏，还可调节音量、拖曳播放进度、暂停等（见图 20-42）。

图 20-41　操作阶段 1

图 20-42　操作阶段 2

学习完本页内容，还可以按住屏幕边缘的白色部分进行滑动，向上至上一微课——准备阶段，向下至下一微课——结束阶段（见图 20-43、图 20-44）。

本节微课学习完毕后，读者可循导航回到目录，继续学习其他内容。

20.5　数字教材在学习中的应用

前面介绍过，基于微课可以设计、制作出具有交互效果的数字教材。数字教材的使用，也需要有平台的支持。一是要有数字教材的阅读器，二是要

图 20-43　准备阶段　　　　　　　图 20-44　结束阶段

有数字教材的在线商城，供使用者购买和下载。

　　数字教材一般由出版机构制作并在线销售。教师和学生可在出版机构的网站下载出版机构自主品牌的移动阅读 App，或到苹果、安卓的应用商店中查找相关移动阅读 App，安装后即可通过移动阅读 App 购买和阅读数字教材。

　　移动阅读 App 应用开发的目的，是实现电子图书、互动数字图书的在线销售和移动阅读。要实现移动阅读，出版机构需要建设作为技术支撑的云平台，对数字内容的上线进行管理，对用户购买和授权进行控制，对用户的浏览、笔记、收藏等个性化操作进行记录等。

21. 微课和知识碎片化

21.1 移动阅读时代的用户分析

根据中国互联网络信息中心（简称 CNNIC）第 44 次《中国互联网络发展状况统计报告》，截至 2019 年 6 月，我国网民规模达 8.54 亿，手机网民规模达 8.47 亿。随着互联网技术的发展和手持终端设备的普及，今天的人们已经进入了移动阅读时代。

21.1.1 阅读习惯的变化

在移动阅读时代，人们的阅读习惯发生了很大的变化。

一是从纸质阅读转变为可移动的屏幕阅读。近年来，院校图书馆和公共图书馆的图书借阅率都呈不同程度的下降。纸质图书和报刊的阅读，已经渐渐让位于屏幕阅读。

二是从系统阅读转变为碎片阅读。人们更多是利用碎片化的时间来进行阅读，阅读的内容变得更短、更碎片化。

三是从严肃阅读转变为轻松阅读，阅读的泛娱乐化特征日益显现。移动阅读时代，人们有更多的时间用于阅读，获取的信息内容更多，关注的话题更广泛，严肃阅读所占的比例不断降低，阅读的休闲特征不断提升。这要求信息内容更多地以多媒体、交互的形式呈现。

21.1.2 知识获取方式的变化

随着阅读习惯的变化，人们获取知识的方式也发生了变化。人们更多地选择通过移动阅读、碎片化学习的方式来获取知识。

（1）知识获取渠道的移动化

移动阅读时代，人们的知识获取渠道更加多元化，但用户更愿意通过移动新媒体来获取知识，而不是传统的图书馆、信息中心等，阅读的媒体也不再是纸书、报纸、杂志或电视。数字图书馆的利用率也不乐观，这是因为知网、万方、龙源等知识资源服务商主要基于计算机屏幕提供阅读，不能满足移动阅读的需要。

（2）知识消费的碎片化

移动阅读时代，新媒体用户的阅读行为体现为在碎片化时间内阅读碎片化知识的特征。用户越来越习惯于利用碎片时间进行知识的获取，倾向于消费碎片化的知识，而不是成系统的、长篇的知识。

（3）知识内容的可视化

在通过移动阅读获取知识的过程中，人们强调内容的实用性和有效性，还要求内容兼具趣味性和娱乐性，能够满足轻松阅读的需要。

因此，知识不再是传统的严肃化内容，而是可视化的多媒体内容。从文本阅读到读图时代，从微视频到短视频，体现了泛娱乐化和可视化对阅读内容的影响。

（4）知识获取方式的社交化

人们通过社交化的方式来获取知识，并更加倾向于知识的分享和交流。用户使用移动新媒体来获取知识，既是为了满足自身的知识需求，更有着辅助社会交往的目的。例如，对知识的点赞、评论、收藏、转发等行为，也有着社交的属性。

通过移动社交媒体，人们在获取、分享知识的同时，还交流学习的体会，例如，弹幕、问答和笔记，通过分享和交流来获得群体认同感。

在知识和技能学习的过程中，通过社交媒体的沟通和交流，可以帮助学习者建立学习目标，形成学习支持和辅助，通过答疑等途径可以使学习者建立清晰的知识体系。

移动化、碎片化、可视化、社交化这四者是密不可分的。移动化要求知识是碎片化的，社交化则要求知识是可视化的，而移动化又是社交化的前提和基础。

21.2 碎片化学习的特点

通过上述对用户阅读习惯、知识获取方式变化的分析，可以看出在移动阅读时代，人们更多是利用碎片化时间来获取知识。碎片化学习成为移动阅读时代学习的典型特征。

21.2.1 碎片化学习的优点

（1）实现了学习的自主性

碎片化学习是指在新形态数字技术（如普适技术、泛在技术、云计算、物联网等）支持下利用零散的时间和资源所产生无处不在、无时不有的学习方式和学习活动。[94]传统学习主要通过正规或正式学习场所进行整体化、系统化学习，然而随着学习媒体的丰富及延伸，学习者时间零散和注意力分散，致使其学习行为呈现分散性和不连续性。

在整体化、系统化学习情景中，学习者大多是按照教学组织者的安排来学习知识，体现了教学活动和学习行为的一致性。而碎片化学习体现了学习者的自主性。在碎片化学习情景中，学习者自主地安排自己的学习，根据自己的兴趣或者需要来选择学习内容，并可以利用各种碎片化时间学习微课资源。

（2）提高了资源的利用价值

碎片化学习的基础是碎片化的资源，正是有了微课等碎片化的学习资源，学习者才能利用碎片化时间进行学习。

在碎片化学习资源的支持下，学习者可以利用碎片化时间进行学习，从而增加学习机会，提高学习者的学习频率。从资源利用价值角度来看，学习资源得到了更多的使用，提升了资源的利用率和利用价值。因此，在碎片化学习情境下，学习者获得的收益并不一定比整体化学习差。

21.2.2 碎片化学习的缺点

移动阅读时代，人们更多地通过碎片化学习的方式来掌握知识，这使得每一个学习者更多地去关注一个个相互割裂的知识点，而忽略了完整的知识体系框架的搭建。碎片化学习的缺点主要体现在以下几方面。

一是对知识理解不深。碎片化学习只是对知识点的了解，并没有在知识之间建立联系。每个学习者都有自己的知识积累，只有将学习的知识与大脑中已有的知识和经验联系起来，才能加快学习新知识的速度，加深对新知识的理解。

二是逻辑思维弱化。学习者的学习行为和认知思维是彼此影响的统一体。碎片化学习行为会导致学习者认知思维碎片化，致使思维认知结构分散和思考问题的方式片段化、局限化。

三是知识迁移难以实现。碎片化学习获得的是零散而不系统的知识，学习者每天都学习很多知识点，但不明白这些知识应该如何应用，在面临问题时依然找不到解决方案。复杂的知识学习并不是通过学习分解的、孤立的知识碎片而实现的，仅有孤立的知识碎片很难解决实践中的整体性任务。

21.3 微课和知识碎片化

21.3.1 微课和知识碎片化的颗粒度

在探讨微课的定义时，我们已经知道，微课是基于知识点开发的，是课程学习中最小的教学单元。

微课往往只针对一个知识点，它满足了移动学习的需要。那么，碎片化的颗粒度是不是越细越好呢？在探讨这个问题时，需要从3个维度来进行思考，即知识传播、用户使用和知识组织。

从知识传播的维度来看，知识碎片化的颗粒度越细小，其传播效率越高。

从用户使用的维度来看，知识碎片化的颗粒度越细小，用户就越能更精准地定位所需要的知识。

但是从知识组织的维度来看，知识碎片化的颗粒度越细小，在利用知识时重新组织的难度越大。

例如，一个定义，一张图片，一个小视频，一个链接，这些都是知识碎片化后的资源，甚至可以进一步切分成更小的知识单元。但是它们难以体现教学思想、教学设计，无法呈现比较完整的教学过程，不能反映教学水平。因此，它们只能称为素材资源。

微课是碎片化资源的一种，但它不是将知识无限细分，而是有一定的颗粒度要求。微课的颗粒度要求是具有一定独立性和完整性的最小教学单元。

独立性，是指微课所对应的知识点，能够与其他知识点区分开来。

完整性，是指微课不是无限细分，而是围绕知识点的知识组合，能够完整地反映知识点的内容。

最小教学单元，是指微课是满足教学活动的一个独立的教学单元，这个单元无法进一步细分，否则就不能围绕知识点展开教学活动。通过这个教学单元的视频展示，可以体现教师的教学思想、教学设计、教学水平。

因此，微课是关于特定知识点的教学资源。微课在课程的知识体系中是一个知识点，微课选题就集中在这个知识点上。从表现形式上看，微课是一段微小的教学视频，通过教学设计、教学活动和教学过程，把一个知识点的内容讲解清楚，能够起到辅助教学和学习的作用。

21.3.2 微课和知识体系

每个学科都包含多门课程，每门课程包含多个章节，每个章节包含多个知识点。知识点、章节、课程，就构成了一个学科的知识体系树，一个知识点就相当于这棵知识体系树上的一片叶子。

微课是服务于知识点教学的数字化、多媒体教学资源。每个知识点可以有多个微课资源，也就是说，可以采用不同的教学方式来开展教学，不同的教学方式就会形成不同的微课教学资源。

在前面的微课教学设计中，已经探讨了微课教学设计的起点是课程设计和知识体系建设。如果没有知识体系建设，那么微课的设计和开发就是离散的教学资源，不能够形成系列化资源。而有了知识体系，微课的定位就会更加准确。微课教学资源为课程教学服务，是整个课程资源开发的有机组成。

21.3.3 微课和新媒体传播

新媒体的最大特点是分享、交互、去中心化。在微课的开发和应用中，有必要引入新媒体思维，这样才能提升微课教学资源的开发水平，促进微课资源的应用，充分发挥微课资源的价值。

教师开发和制作的微课，可以在相应的圈子里分享。通过圈子里的点评，可以发现微课中存在的问题，进一步提升微课开发的水平。通过社交网络，用户可以确切地了解微课的受欢迎和被认可程度，从而成为微课评价的重要参考。

除了点赞、收藏、推荐、转发等交互外，H5微课还允许学习者或其他用户在微课后继续添加自己的内容，在现有微课的基础上延伸内容。这样，以新媒体形式发布的微课，可以在分享的基础上获得更好的传播效果。

21.3.4　基于微课的知识碎片化方法

一是原创。移动阅读时代，呼唤全新的知识创作方法。知识生产的组织者，例如策划编辑，可以在充分了解用户需求的基础上，组织教师、专家等人员，原创大量碎片化的知识。

二是基于内容创作。利用大数据、数据挖掘等技术，基于现有内容去探寻新的知识，然后进行碎片化加工、创作。

三是对现有内容的加工。参考微课的选题设计，将现有的内容资源加工成为碎片化的知识单元，每个知识单元就是一个微课。注意，知识单元中要适当增加新媒体特性，即可视化的元素，例如，添加图片、漫画、视频、动画等，使得每个知识单元、每个微课都是多媒体、可视化、数字化的内容资源。

21.4　从碎片化到整体化

微课具有短小精悍、主题突出的特点和优势，同时微课也是知识碎片化的结果，它将原本完整、系统的教学内容切割为知识点即碎片化的教学资源。学习者通过一系列微课的学习，了解和掌握了很多知识点，但会给人以支离破碎、割裂的感觉，给知识应用带来一定的难度，主要表现为难以对这些知识点进行综合性的运用，从而真正解决实际问题。因此，需要对知识进行整体化，形成学习者自己的知识体系。

知识的整体化，是指在知识碎片化学习环境中，对所学习的碎片化知识进行重新组合，在知识之间形成关联，从而构建自己的知识体系，为知识应用提供支持。

在移动阅读和移动学习环境下，学习者需要提高自己的学习管理能力，建立有效的、个性化的知识体系。这是因为孤立的知识碎片所发挥的作用和价值是有限的，需要通过提炼知识碎片和结构化手段完成碎片的"拼图"。[95]也就是将碎片化的知识点放到学习者的知识体系中，从而形成整体化的知识。

为了帮助学习者实现知识的整体化，形成学习者自己的知识体系，在微课设计和开发中，要重视以下几方面。

21.4.1 基于知识体系设计微课

在一个学科的知识体系中，知识点是相互关联的。例如，在学习一个知识点之前，需要了解和掌握预备知识，那么，预备知识对应的知识点，就是当前知识点的前置知识点。而在学习和掌握了当前知识点后，就可以深入下去，进一步学习其后的知识点。这个其后要学习的知识点，就是当前知识点的后置知识点。

还有一些知识点的学习与当前知识点并没有一定的次序，可以先学习也可以后学习，那么这些知识点则称为当前知识点的平行知识点。

因此，教师在进行微课设计时，一定要基于课程的知识体系，使微课的开发围绕知识体系进行。一个知识点对应一个微课，按照知识体系开发一系列的微课，就构成了基于微课的微课程。这样，学习者通过微课资源的学习，掌握了一个个碎片化的知识点，就相当于在知识的海洋里拣拾起一颗颗知识的"珍珠"。而通过了解知识点之间的关系，就是把这些知识的"珍珠"通过知识体系串联起来，形成一串串的知识"项链"或"手链"，进而形成知识网络。

由于微课开发是基于知识体系进行的，并通过知识点之间的关联关系将微课资源关联起来，这样学习者在微课学习中，通过对知识点的梳理就可以在知识点间建立起联系，从而将散乱的知识碎片编织起来，形成彼此联系的知识网络，构建自己知识体系的框架结构，使所有知识点在知识体系上都有相应的位置。这样，碎片化的知识通过关联，就形成了整体化的知识。

21.4.2 设计整体性微课

前面在探讨微课的开发流程时，我们已经知道，要围绕一门课程开发一系列的微课，就需要对这门课程的知识体系进行切分，形成一个个独立的知识点，从而围绕一个个知识点，去开发微课资源。这就导致了微课在具有"短、小、精、活"优点的同时，也具有"孤、零、散、碎"的缺点。

为了使学习者了解这些零散微课之间的关系，重新把知识点整体化、体系化，可以开发一些整体性的微课。所谓"整体性微课"，是指在开发基于知识点微课的同时，也设计和开发一些介绍系列知识点之间关系的微课。

整体性微课设计的目的，是介绍不同知识点之间关系，从而将零散的微课衔接起来，帮助学习者了解课程的知识体系，了解多个微课间的关系，实现知识的整合。在知识整合的基础上，学习者可以构建出自己个性化的知识体系，从而在实践中能够灵活运用自己所掌握的知识。

基于知识点的微课，起到的是"系统→分解→聚焦"的作用，针对离散的知识点开展教学，帮助学习者掌握知识点。而整体性微课起的作用是"连通→整合"的作用，通过介绍各个离散的知识点之间的关联关系，将离散的知识点"连通"，进而"整合"起来，重构为具有整体性的知识体系。

知识点微课和整体性微课的结合，形成了"系统→分解→聚焦→连通→整合"的闭环，它从课程的知识体系出发，最终形成学习者的知识体系。

21.4.3 设计总结性微课

除整体性微课外，还可以在一门课程的每单元教学结束后设置总结性的微课。总结性微课中，教师要组织学生对所学的多个微课内容进行梳理，以便明确该单元中各知识点间的联系，构建知识的框架结构，也就是帮助学生重构知识体系。总结性微课教学中，可以用思维导图或树状图等工具，指导学生进行整理，将每个知识碎片变成知识体系网络中的一个节点，构建知识点相互联系的知识网络。

21.5 个人知识体系的构建

在运用微课资源服务教学的过程中，为了克服碎片化学习的缺点，学习者有必要在学习中构建个人的知识体系，并持续进行更新。

21.5.1 个人知识体系的作用

个人知识体系是围绕自己的学习，搭建完整的知识体系框架。有了知识体系的指导，学习者就会清楚自己需要学习的知识和技能的范围，也就是清楚地了解自己已经掌握了哪些知识点，还需要学习哪些知识点，甚至哪些知识点需要优先学习。

学习者在构建自己的知识体系时，要基于自己的学习目标，从个人能力框架出发。只有构建了自己的知识体系框架，才能够由被动学习转为主动学习，并且在学习的过程中将知识关联起来，加深对知识的理解。诺贝尔奖得主、神经系统科学家埃里克·理查德·坎德尔（Eric R. Kandel）在其著作《寻找回忆》（In Search of Memory）中写道："要想得到长久的记忆，大脑在处理接收到的信息时必须足够透彻且深入，这就要求大脑在处理信息时集中精力，并且要将这一信息有意图且系统性地与记忆中已经完善的知识联系起来。"

21.5.2 个人知识体系的构建方法

学习者在微课等资源的碎片化学习中，遵循以下的步骤来构建个人的知识体系。

（1）明确目标

在课程学习前，要思考一下自己的学习目标。学习目标的建立，可以从分析个人能力框架入手。个人能力框架就是自己知识体系的雏形，而学习目标是学习者需要向知识体系中添加的内容，包括知识点和技能点。也就是，在基于微课的碎片化学习中，要着重锻炼自己哪方面的技能或能力，例如，逻辑思考能力，还是动手操作能力。

（2）知识获取

知识获取，是指在微课的碎片化学习中，了解和掌握微课中的知识点和技能点。

（3）知识整理

通过一段时间的碎片化学习，学习者已经了解和掌握了很多知识点，但这些知识点可能还是离散的。这时，就需要学习者定期对所学的内容进行整理。

知识整理的方式，可以是整理笔记，也可以是画思维导图。

对微课学习的笔记进行整理，可以帮助学习者回顾学习内容，在不同的微课间建立联系。

可以运用思维导图来对知识进行整理。思维导图的优势，是在知识之间建立联系，利用图形的形式把知识点关联起来。通过思维导图中图片与文字的结合，刺激大脑的思考，从而加深对知识的理解，明确知识间的关联。

通过知识整理，学习者可以将隐性知识转化为显性的知识。

（4）自建体系

在知识整理后，学习者自己动手，建立自己的知识体系。

知识整理时，可以对知识加上标记、标签，对知识进行收藏、分类、管理，这样学习者就在自己已有的知识体系中增加和丰富了新的知识内容，构建了学习者自己的新知识体系。

学习者构建了一个完整的知识体系框架，就知道自己需要学习什么，还缺什么。在学习新的知识时，也会将新了解的知识向自己已有的知识体系框架中填充。随着学习的进行，学习者构建的个人知识体系框架会越来越完整。

知识体系是学习的结果而不是学习的起点，只有通过不断学习和实践，掌握更多的知识点，并对知识点进行整理，例如经过抽象和提炼，才能真正形成学习者个性化的知识体系。

（5）知识分享

知识分享是指将自己了解和掌握的知识，以自己的理解向他人推荐，与他人进行交流和讨论，或者把自己掌握的知识传授给他人的过程。知识分享可以进一步加深学习者对知识的理解。

图 21-1 的学习金字塔表明，把知识传授给他人，能够让学习者对知识的记忆更长久，对知识的理解更深刻。

（6）知识应用

知识应用是检验学习效果的重要手段，是判断学习者是否实现知识迁移的关键。只有能够在实践中应用知识，把学习到的知识运用到真实的情景中，才标志着知识迁移的完成。也标志着学习者个人知识体系已经形成，可以运

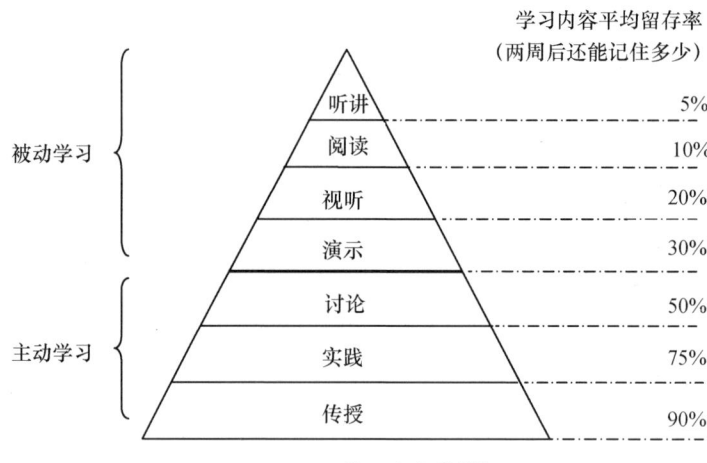

图 21-1　学习金字塔[96]

用于实践。

(7) 知识创新

在知识应用的基础上，利用知识体系中的知识形成自己的创意，创新性地应用到实际工作中，解决工作中的实际问题。通过对知识进行创造性的运用，从而创造和形成新的知识，丰富自己的知识体系。

(8) 知识体系的更新

个人的知识体系不是一成不变的。学习者不断学习新知识，进行知识分享、知识应用和知识创新的过程，都是在对个人知识体系的不断更新。随着应用场景的变化，学习者面对新环境需要继续学习新知识，创造新方法，解决新问题。

22. 微课和知识可视化

当前，信息内容以惊人的速度增长，人们的注意力日渐成为一种稀缺资源。如何吸引人们的注意力，让人们在更短的时间内了解更多的信息；如何突出信息内容，取得更好的传播效果，是新媒介环境下传播学研究的重要课题。

在新媒介环境下，我国的新闻媒体已经注意到了人们阅读习惯的转变，不断探索和利用移动阅读的典型特征。新闻媒体已经做出了针对性的调整，并在实践中不断探索如何提升新闻信息的传播效果。其中最有效的措施，就是对新闻信息进行可视化，以可视化新闻的方式，通过新闻网站、新闻客户端、微信、微博等向读者传播。出版行业也在出版的过程中，不断探索知识可视化的途径。

基于微课的数字化教育和培训资源的开发，就是对知识点的数字化和可视化。在微课开发的过程中，有必要运用可视化的原理和方法，借鉴新闻媒体、出版行业在可视化上取得的成功经验，对微课的内容进行多种形态的可视化表达，从而提升知识传递的效果，使得微课在辅助学习者学习上起到更大的作用。

22.1 可视化的概念和发展

22.1.1 可视化的概念

可视化来源于英文单词"Visualization"。1987 年，美国国家科学基金科学计算可视化研讨会报告将可视化定义为：可视化是一种计算方法，它将符号或数据转换为图形、图像等直观的几何形状，便于研究人员观察其模拟和计算过程。[97]

随着计算机技术和网络技术的发展，人类已经进入信息化时代，人们在生产、生活中产生了海量的数据。虽然人们在计算机技术的支持下，对于信息处理的能力大大增强，但海量的信息远远超出了人类分析处理的能力。可视化提供了解决这一问题的一种新工具。可视化就是把数据、信息和知识转化为直观的表现形式，并获得对数据更深层次认识的过程。可视化充分利用计算机图形学、图像处理、用户界面、人机交互等技术，形象、直观地显示科学计算的中间结果和最终结果并进行交互处理。可视化技术用人们惯于接受的表格、图形、图像等方式，辅以信息处理技术将客观事物及其内在的联系进行表现，可视化结果便于人们记忆和理解。也就是说，可视化是一种可以放大人类感知的数据、信息、知识的表示方法。可视化可以应用到简单问题，也可以应用到复杂系统，从可视化的表示中人们可以发现新的线索、新的关联、新的结构、新的知识，促进人机系统的结合，促进科学决策。在信息爆炸的今天，可视化日益受到人们的重视并得到越来越广泛的应用。

22.1.2 可视化的发展

可视化的主要目的是借助图形化手段更高效和清晰地交流信息。经过多年发展，可视化大致可分为数据可视化、科学计算可视化、信息可视化和知识可视化。[98]

（1）数据可视化

数据可视化是运用计算机图形学和图像处理技术，将数据转换为图形或图像在屏幕上显示出来，并进行交互处理的理论、方法和技术。一种观点认为数据可视化可分为科学计算可视化和信息可视化。一般而言，科学计算可视化指空间数据场的可视化，而信息可视化是指非空间数据场的可视化。

（2）科学计算可视化

科学计算数据可以划分为结构化数据、非结构化数据和混合型数据，科学计算数据还可以分为标量、矢量和张量数据。科学计算可视化技术主要有两个难点：一是分类，研究如何判断出可视化对象的类别；二是绘制，研究如何将可视化对象真实、高效地显示在屏幕上，使得用户可以交互式查看。

科学计算数据的三维重建方法大致可分为面绘制（Surface Rendering）和体绘制（Volume Rendering）两类。面绘制方法首先在三维空间数据场中构造出中间几何图元如平面、曲面等，然后再由计算机图形学技术实现绘制显示。体绘制是一种直接由三维数据场产生屏幕二维图像的技术。体绘制技术研究的是如何表示、维护和绘制体数据集，从而提供洞察数据内部结构和理解物质复杂特性的机制。

（3）信息可视化

信息可视化是将非空间数据的信息对象的特征值抽取、转换、映射、高度抽象与整合，用图形、图像、动画等方式表示信息对象内容特征和语义的过程。信息对象包括文本、图像、视频和语音等类型，它们的可视化是分别采用不同模型方法来实现的。信息可视化的目标，是利用计算机的支撑、交互和对抽象数据的可视表示来增强人们对这些抽象信息的认知。

（4）知识可视化

知识可视化是在科学计算可视化、数据可视化、信息可视化基础上发展起来的新兴研究领域。知识可视化研究的是，如何应用视觉表征手段，提高群体之间的知识传播效果，促进知识创新。视觉表征手段，是指所有可以用来建构和传达复杂知识的图解手段，是知识可视化的具体实现途径，它是知识可视化的核心。

知识可视化与信息可视化有着本质差别，信息可视化的目标在于从大量的抽象数据中发现一些新的见解，或者简单地使存储的数据更容易被访问；而知识可视化则是通过提供更丰富的图形化表现形式，提高人与人之间知识传播的效果。

知识可视化强调知识的传播效率与知识的创新，除传达事实信息之外，知识可视化的目标是传输见解、经验、态度、价值观、期望、观点、意见和预测等，并以这种方式帮助他人正确地重构、记忆和应用这些知识；知识可视化的对象是较复杂、隐性的知识，是难以直接用语言文字表述的知识；知识可视化的手段是视觉表征方法，即各种图解手段。

知识可视化就是对知识进行图像化的视觉描述，主要是通过可视化的方式，使人们可以更好地对知识进行获取、存储、讨论、评价和管理，能够帮助人们创造新知识，帮助人们学习、认知与合作。

上述可视化方法的比较见表 22-1。

表 22-1 数据可视化、科学计算可视化、信息可视化和知识可视化的比较

可视化方法	数据可视化	科学计算可视化	信息可视化	知识可视化
可视化对象	空间数值型数据	空间数据	非空间非数值型数据	人类知识
可视化目的	将抽象数据以直观的方式表示出来	将抽象数据以三维直观的方式表示出来	从大量抽象数据中发现一些新信息和创新	促进群体知识的传播
可视化技术	很多，如平行坐标图、散点图等	很少，如体绘制和面绘制	非常多，如轮廓图、锥形树等	知识图表、视觉隐喻

22.2 知识可视化在新闻媒体中的应用[99]

22.2.1 可视化新闻及其发展

可视化新闻是可视化方法和技术在新闻领域的具体应用，包括数据可视化、信息可视化和知识可视化的综合运用。

在以网络和移动阅读为特征的现代生活中，人们的"媒介生态环境"充斥着海量的信息。这些信息具有更新速度快、发布周期短、内容含量大等特征，给人们带来了全新的信息获取和媒介生存体验。面对海量的信息，人们的信息处理能力受到了新的挑战。为了提高新闻传播的效果，新闻可视化应运而生。

可视化新闻，是对纷繁复杂的新闻信息进行深加工，以表格、图片、动态、交互等形式对新闻信息的核心要义进行可视化展现。可视化新闻的生产，是一个不断提炼信息的过程。通过不断提炼，把原始数据转换成有意义的信息，把复杂的事实组织成条理清晰、易于理解和记忆的可视化新闻，这样受众获取信息的效率才能够得到最大限度地提升。

可视化新闻是新闻报道的一种新模式，它把新闻事件通过可视化的方式

呈现出来，使得受众更容易在最短的时间内把握新闻报道的核心内容，了解想要获知的关键信息。可视化新闻具有趣味性强、实效性高等特点。

数据新闻是可视化新闻的一个重要分支，它的发展推动了新闻可视化的进程。2009年3月，英国《卫报》成为全球第一个成立数字新闻部的报纸。《卫报》的数字新闻部针对新闻选题搜集分析海量数据，在收集、过滤、分析数据后，通过图表、地图或互动效果图等形式进行数据可视化转化，从而完成视觉化新闻叙事过程，从此，可视化新闻正式进入读者视线。《卫报》专业记者利用政府公开数据，做出了"2012伦敦奥运会数据图表""你快乐吗？""BBC是如何开支的""英国人死亡的原因""中国人每年有多长时间度假"等大量高质量的可视化图表新闻。这些可视化的图表以简洁明了的方式，让读者快速、直观地了解信息。

自2010年下半年以来，这种视觉化新闻叙事形式受到欧美媒体广泛关注。《泰晤士报》《纽约时报》等主流媒体纷纷效仿《卫报》，成立专门的可视化数据新闻采编团队，纷纷推出可视化新闻作品，内容涉及政治、经济、社会、体育和娱乐等领域。

中国国内新媒体也紧随其后开启了数据新闻可视化进程。2013年，国内著名门户网站搜狐开始设立图表新闻专栏，其原理正是通过收集新闻数据，以图表、地图等形式对新闻加以呈现。

人民网通过图解新闻的方式，在新闻可视化的探索中，不断创新可视化的表现形式、表现手法、表现技巧，取得了良好的传播效果，使用户获得了全新的阅读体验，从而得到了受众的认可和称赞。

22.2.2 人民网可视化新闻的呈现形式

从媒体呈现形式方面来分析，可视化新闻主要可以分为数据可视化型、文字可视化型、多媒体融合型和交互型等。

（1）数据可视化型

此类可视化新闻采取数据可视化手段将报道中的数据制作成数据饼图、柱状图、折线图、数据矩阵等纯数据型图片，并在数据型图片上增加一部分知识和图标，使得数据具有形象性和可读性。这种形式主要应用于报道数据较多的新闻或者是纯粹的数据新闻，这样做能够形象传达较为抽象的数据，突出新闻需要传达的核心内容。

在人民网图解新闻的"数字"频道中，例如"惊回首，离天三尺三"五年民生数据系列图解（见图22-1），应用柱状图、折线图等展示了2012—2016年，政府在就业、农民收入、农村建设、农民社会保障、脱贫等方面取得的成绩，让人们对取得的成绩有直观的认识，清晰看到五年的对比。

（2）文字可视化型

此类内容没有大量的数据，而主要是将文字标题以图片的形式呈现，并将其中部分有代表性的内容形象化地用图片表示，对于重要的文字采用放大字体等方法进行突出显示。例如，《一张图告诉你什么是"一带一路"》（见图22-2），介绍了"一带一路"提出的时间、建设原则、合作重点、合作机制和重要事件节点等相关内容，其中用火车和轮船分别表示了丝绸之路经济带和21世纪海上丝绸之路的路线，在人口覆盖部分突出显示数字，并用变化的饼状图展示占全球人口的比例，同时用图标加文字的形式突出揭示共商、共建、共享原则。

图22-1 五年民生数据系列图解（局部）

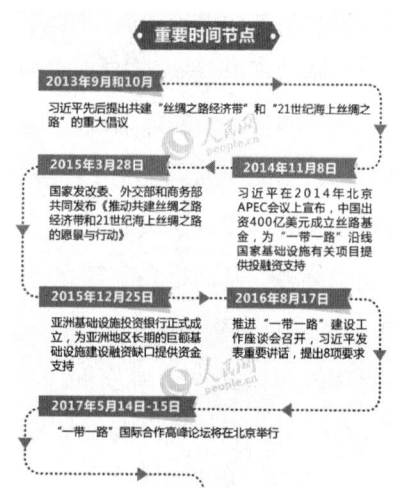

图22-2 《一张图告诉你什么是"一带一路"》局部

此外，还有一类作品，除了绘制图片还加入照片，文字尽量简略，文字排列比较整齐，实际上是对图片进行一定的解读，也是对图片的进一步加工，使文本阅读更加容易。例如，《图解：习近平访问芬兰并赴美举行中美元首会晤成果单》中嵌入了访问的图片。

（3）多媒体融合型

在人民网图解频道中，还有一类新闻嵌入了多种媒体形式，如视频、动态图片等，使得阅读体验更加丰富。例如，《图解：看看这些惨剧，你还敢走路玩手机吗？》（见图22-3），列举了10个因为低头玩手机而导致的意外身亡和受伤案例，每个案例除了文字外，还加入了一个动态图片，重现了伤亡的真实情境。

图 22-3 《图解：看看这些惨剧，你还敢走路玩手机吗？》局部

（4）多途径交互型

在人民网图解新闻频道还有一类交互型可视化新闻，例如，《2014 习近平访欧日志》采用交互的形式，介绍了 2014 年 3 月 22 日至 4 月 1 日习近平访欧的行程和取得的成果，读者可以选择看哪一个国家的行程或者某一天的行程。这类新闻可加载多个页面，承载大量信息，读者通过点击交互可以选择要查看的内容。

22.2.3 人民网的可视化手法

从可视化表现手法来看，由于可视化新闻承载的信息量大，需要制作图片的时间长，因此多是在新闻事件之后的整理和总结性报道。从人民网图解新闻频道的可视化新闻分析，其常用的可视化手法有以下三类。

（1）脉络型

这类作品主要以时间、空间等为线索，对新闻事件进行梳理，每个部分梳理出重点内容，然后用关键词进行总结，并配以相应的图片。例如，《图解：中非关系大事记（1956—2014年）》，就是以时间线索记述中非关系建交、互访等关键的新闻事件。

用H5制作的《习近平2017年首访》，介绍了习近平总书记2017年1月15—18日对瑞士进行国事访问、出席世界经济论坛2017年年会并访问瑞士国际组织的访问行程、具体活动，采用地理位置线索和时间线索的方式，点击每个时间线还可查看具体活动的内容和照片。

（2）对比型

这类作品主要采用对比手法，对比不同时间或国家和地区的历史数据及信息。例如，在《图解：2014年中央本级"三公"经费》中，人民网对比了2013年和2014年中央"三公"经费预算及执行情况，同时，还对比了预算最多的五部门的预算金额及各部分预算执行情况。又如，《图解：语文新教材有6大变化，一年级上册6首诗你会几首？》对比了新版语文教材的六大变化。在对比过程中，可以用图片突出显示不同点，而且每个对比项在可视化方法上比较一致，便于操作。

（3）列举型

这类作品主要采用列举手法，列举同一主题下的不同内容。例如，《这些老外用这些数据说明：中国经济有韧性！》列举了西方著名经济学家史蒂芬·罗奇和鲍勃·卡尔，以及彭博社、布鲁格经济研究所等主流媒体和研究机构发表的文章、报告，多角度积极评价中国经济的韧性，图片中展示了相应经济学家的照片或机构的标识、相关文章或报道的截图。

22.3 知识可视化在出版中的应用

知识可视化除了在新闻媒体中得到应用，在数字出版中也日益得到广泛应用。例如，人力资源社会保障部每年都会发布一些重要的政策法规，这些政策法规主要以严谨、规范的文本印发。广大的人民群众需要了解和掌握政策法规，但文本形式的政策法规难以让人理解。为此，人社部提出建设"人社政策法规解读自助查询系统"。该系统建设的目标是以多媒体、数字化的形式、通俗易懂地解读人社系统的政策法规，提供简洁明了的查询界面，方便群众以自助查询的方式，方便快捷地了解人社系统的政策法规，提升人社系统政务服务水平。

在建设"人社政策法规解读自助查询系统"的过程中，对政策法规中的知识点进行可视化解读，开发数字化、可视化的多媒体资源，是系统建设的重要环节。政策法规的可视化解读，可以采用多种形式。

22.3.1 图文类型

（1）图文平面设计

围绕政策文件，制作宣传海报、宣传折页、宣传小册子等一系列宣传图文类平面设计产品。

（2）**PPT 解读**

以 PPT 形式对政策文件的要点进行解读（见图 22-4）。

（3）**H5 图文解读**

以 H5 的形式制作交互式图文，阐明政策法规的知识点（见图 22-5）。

（4）漫画、连环画解读

将知识点以漫画、连环画的形式呈现（见图 22-6）。

22.3.2 音视频/动画类型

（1）文本内容的配音

对政策法规的文本内容进行配音，从而方便公众收听政策内容。

（2）政策发布视频

政策发布的视频，或新闻中关于此政策的视频内容。

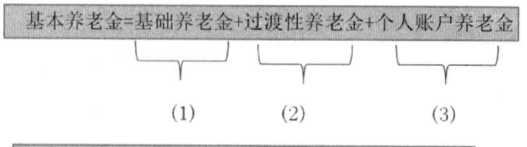

图 22-4　PPT 形式的可视化

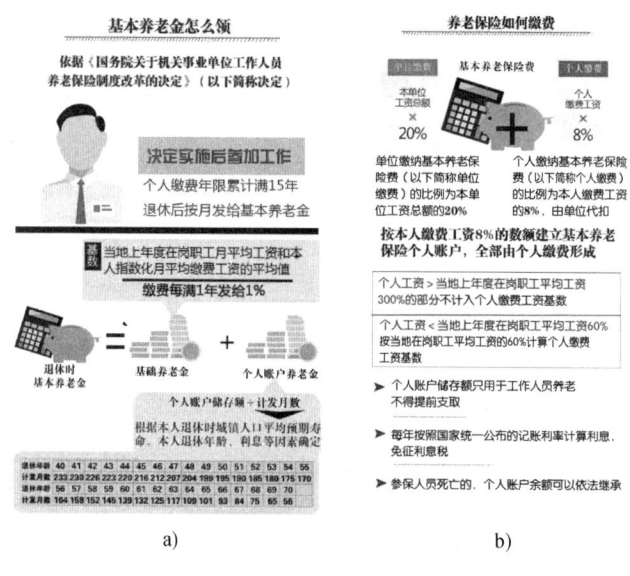

图 22-5　H5 形式的可视化

a）基本养老金怎么领　b）养老保险如何缴费

（3）按知识点/案例制作解读视频或动画

对政策文件中内容进行分析，提取重要知识点，聘请专家进行针对性讲解，并在专业演播室内录制成为视频。

图 22-6 漫画、连环画形式的可视化

a) 工伤保险漫画 b) 工伤保险连环画

还可以针对政策文件中的知识点创作剧本、场景和人物设计,制成动画,用于宣传政策内容。

(4) 宣传片

以宣传片的形式对政策文件进行宣传,主要宣传政策的重要性、政策实施取得的成绩等(见图 22-7)。

图 22-7 宣传片形式的可视化

a) 第 43 届世界技能大赛宣传片 b) 社会保险经办珍贵史料片

(5) 专家解读直播

以专家在线图文、视频直播的形式,由主持人就政策的相关问题,对专家进行访谈。关注该政策的公众进入直播间，既可以阅读文字，也可以观看视频。

22.3.3 增强出版

增强出版是出版物内容可视化的一种重要形式，是通过数据增强、语义增强、呈现增强、交互增强，实现富媒体呈现、网状立体化、动态可交互的复合出版，对研究内容的过程数据、内涵、外延进行全方位揭示。

例如，同方知网在 CNKI 的论文在线出版中，提出了增强出版内容模型（见图 22-8）。

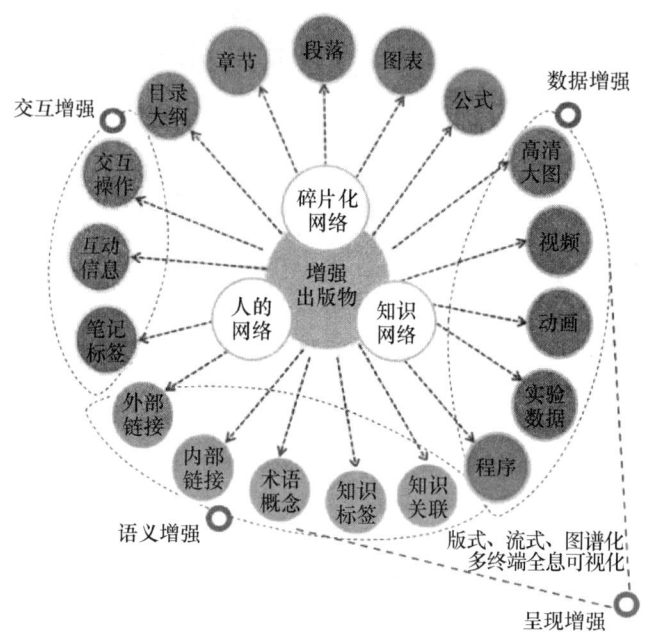

图 22-8　同方知网增强出版内容模型

同方知网的增强出版模型采用的可视化途径包括高清大图、多媒体视频在线浏览；概述、术语释义链接，实验图表的原始数据链接；在线笔记、内容摘录；查看参考文献；网络协同讨论等。

22.4　知识可视化在微课开发中的运用

通过以上对知识可视化的分析，以其在新闻媒体和出版中的应用，我们可以看到，利用知识可视化的理念与方法，对微课的开发和制作尤其是探索微课中的知识呈现具有重要的参考意义。

22.4.1 微课开发中应用知识可视化的目标

微课设计与制作的目的,就是通过对知识的可视化解读,让学习者能够在轻松、愉悦的氛围内掌握知识。在微课开发中应用知识可视化手段,其目标在于用可视化的呈现,丰富知识的学习情境,通过对显性知识生动化、抽象内容具体化吸引学习者的注意力。

22.4.2 知识可视化的类型

表 22-2 列出了微课中可以利用的可视化类型。

表 22-2　　　　　　微课中知识可视化的类型[100]

可视化的类型	知识内容的构建方法	具体的视觉表征案例
形态可视化	外观相似 抽象概念的简单化、具体化	实物图片或具体对象属性图片 简笔画、草图 模型示意图(如微观世界的构成或运动模型)
结构可视化	关联关系	概念图、思维导图、项目列表、表格和结构图、坐标图、结构示意图
过程可视化	隐喻、类比 基于一定的认知规律或认识逻辑	故事、案例 分类、比较、说明 知识演绎过程动画 录屏

(1)形态可视化

形态可视化可以帮助学习者构建知识的学习情境。例如,在《汽车维修钣金基础技能实训——钢板焊接》微课中,利用不同视图中焊枪的位置角度,能够可视化地展现出实际操作的情景(见图 22-9)。

(2)结构可视化

结构可视化能够帮助学习者形成知识的语义网络。例如,在装配钳工的微课设计中,通过课程结构和微课关系图,可以清晰地呈现课程的知识结构(见图 22-10)。

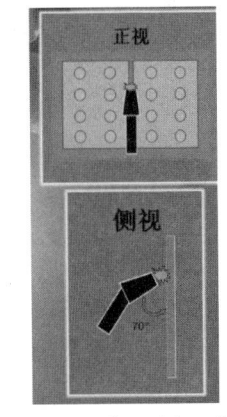

图 22-9　利用形态可视化展现知识内容

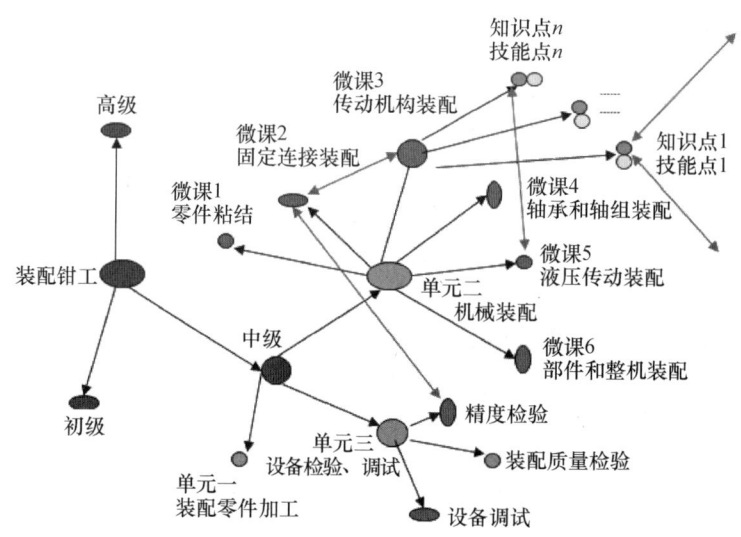

图 22-10 结构可视化帮助建立知识结构

（3）过程可视化

过程可视化是指将个人的知识思考过程或技能操作过程形象地呈现出来。例如，在《汽车维修钣金基础技能实训——损伤门板粗修复》微课中，对于两边折痕采用虚敲的方法，可以将门板修复平整（见图 22-11）。

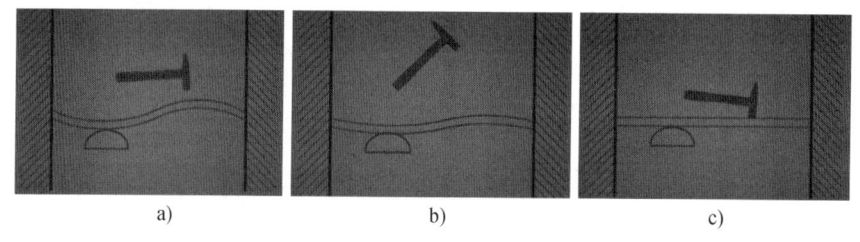

图 22-11 操作过程可视化呈现
a）修复前 b）修复中 c）修复后

22.4.3 知识可视化技术

下面简要介绍几种常用的可视化技术。

（1）概念图表

概念图表是一种常用的可视化表示方法，它利用标准化图形，如箭头、圆、锥或矩阵等,将作为节点的概念连接起来,用连接词表示概念之间的层级关系,以实现对抽象观点的纲要性描述,从而构造信息和阐明关系。

通过使用直观的图形和线条,概念图表对概念间的复杂关系进行形象化、可视化的表现,大大降低了内容的抽象性和复杂性。它降低了概念认知的难度,对于学习者理解抽象概念起到了很好的辅助作用,能够让学习者直观地在概念间建立相互联系。

（2）思维导图

思维导图是用来建构知识、发散思维、提高学习能力的一种可视化工具,它有多种称谓,例如,脑图、心智地图、脑力激荡图、灵感触发图、概念地图、树状图、树枝图或思维地图等。思维导图又有括弧图、桥接图、气泡图、圆圈图、双气泡图、流程图、复流程图、树形图八种形式。

思维导图是用来帮助学习的可视化工具,它采用图像和文字结合的方式,把各级主题的关系用相互隶属与相关的层级图表现出来,在关键词与图像、颜色等之间建立记忆链接,利用阅读、思维、记忆的规律帮助学习者在所学内容之间创建联系,促进学习者认知的建构。

（3）语义网络

语义网络使用网络的形式来表达人类知识构造,它可以表示事实性知识,也可以表示事实性知识之间的联系。语义网络使用节点和弧来组成语义网络描述图,其中的节点表示事物,节点间以有向弧连接,而弧上的标签则指示节点间的关系。

（4）视觉隐喻

视觉隐喻常用于表现隐性的知识内容。所谓隐性,是指这些知识内容如原理、方法等,无法用直观的方式呈现。

视觉隐喻涉及两个不同领域之间的相互作用。在这一相互作用过程中,其中某一领域（源领域）的结构关系和相关特征被映射到另一领域（目标领域）中。就像文学作品里,经常运用赋、比、兴方式借助具体的物象来表达比较隐晦的情感,视觉隐喻的可视化方法用于映射抽象数据,使其变得易于理解。图22-12体现了本体和喻体之间的关系。

视觉隐喻可以分为以下四种映射类型。[101]

1）映射为高山、冰川、河流、瀑布、火山等自然现象。

2）映射为天平、阶梯、道路、庙宇、桥梁等人造实体。

3）映射为登山、散步、驾驶、垂钓、狩猎等某一活动。

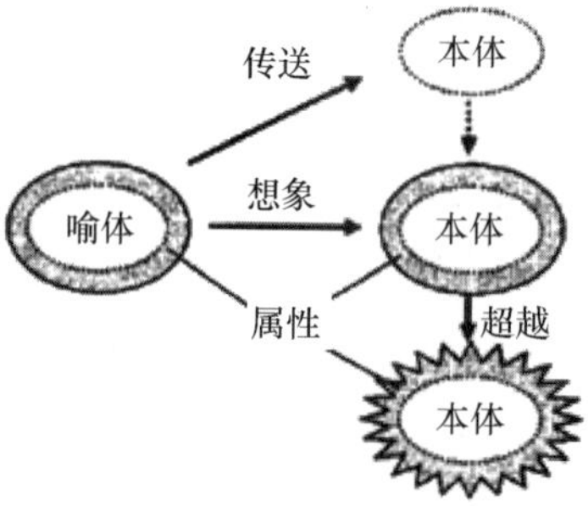

图 22-12 视觉隐喻中本体和喻体的关系

4）映射为战争、法律、和平、可持续性等易于理解的抽象概念。

（5）知识动画

知识动画是动态的、交互的可视化技术，一般使用动画来表现原理或方法。

例如，在《汽车维修钣金基础技能实训》系列微课开发中，对于原理的讲解，都使用动画来展示。图 22-13 的动画展示了利用金属热胀冷缩的性能进行缩火作业的原理。

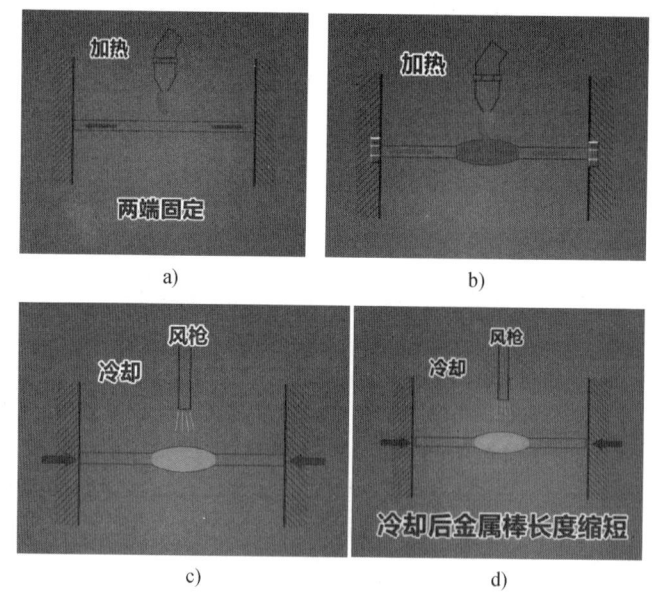

图 22-13 缩火作业原理
a）加热前 b）加热后 c）冷却前 d）冷却后

22.4.4 知识可视化在微课开发中的应用示例

在《汽车维修钣金基础技能实训》系列微课的制作中，应用知识可视化的方法对重点和难点进行呈现，使得原理和知识更易于理解。

（1）形态可视化

在焊接底板制作时，用一张图形来描述焊接底板，使得底板的形态清晰地展示出来（见图22-14）。

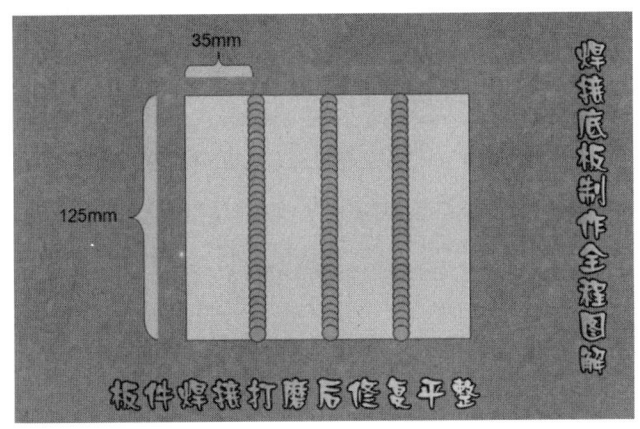

图22-14　焊接底板图解

（2）过程可视化

6毫米焊孔，在焊接时直接从中间起弧，一次填满塞焊孔就可以了。当塞焊孔为8毫米时，怎么焊接呢？这时使用动画来展示焊接的过程（见图22-15）。

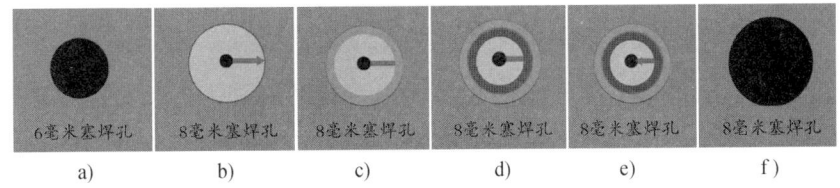

图22-15　用动画来展示焊接的过程

a）6毫米塞焊孔　b）8毫米塞焊孔中心起弧　c）匀速运枪第一圈
d）匀速运枪第二圈　e）回到焊孔中心　f）收枪完成焊接

参考文献和说明

[1] MCGREW L A. A 60-second course in organic chemistry [J]. Journal of chemical education, 1993 (7): 543-544.

[2] GRAHAM C R. Blended learning systems: definition, current trends, and future directions [C]. //BONK C J, GRAHAM C R. Handbook of blended learning: Global perspectives, Local Design San Francisco, CA: Pfeiffer Publishing, 2006: 3-21.

[3] 吴青青. 现代教育理念下的混合式学习 [J]. 贵州社会主义学院学报, 2009 (2): 57-59.

[4] 赵国栋. 微课与慕课设计初级教程 [M]. 北京: 北京大学出版社, 2015: 16-20.

[5] 同上。

[6] 胡铁生. 中小学微课建设与应用难点问题透析 [J]. 中小学信息技术教育, 2013 (4): 15-18.

[7] 黎加厚. 微课的含义与发展 [J]. 中小学信息技术教育, 2013 (4): 10-13.

[8] 祝智庭. 微课程的设计分析与模型构建 [J]. 中国电化教育, 2013 (12): 127-131.

[9] 张一春. 微课建设研究与思考 [J]. 中国教育网络, 2013 (10): 28-31.

[10] 胡铁生, 詹春青. 中小学优质微课资源开发的区域实践与启示 [J], 中国教育信息化, 2012 (11): 65-69.

［11］焦建利.微课及其应用与影响［J］.中小学信息技术教育，2013（4）：13-15.

［12］郑小军，张霞.微课的六点质疑及回应［J］.现代远程教育研究，2014（2）：48-54.

［13］赵国栋.微课、翻转课堂与慕课实操教程［M］.北京：北京大学出版社，2017.9.

［14］杨纯，古永锵.微视频市场机会激动人心［J］.中国电子商务，2006（11）.

［15］张璐.社交媒体微视频传播研究［D］.湖南大学，2016.

［16］本节由兰洁编写。

［17］蔡庆国，倪萍.短视频：媒介文化的新载体［J］.新闻世界，2017（10）：64-66.

［18］温京丽.新媒体时代视频特征分析［J］.现代电视技术，2017（4）：137-139.

［19］易观国际.2016中国短视频市场专题研究报告［R］.北京：易观国际，2016.

［20］第一财经商业信息中心.2017短视频行业大数据洞察［R］.上海：第一财经商业信息中心，2017.

［21］中国报告网.2017年我国短视频行业发展阶段及渗透率与用户规模分析［R/OL］.［2017-09-28］.http://market.chinabaogao.com/chuanmei/092R9C4R017.html.

［22］高崇，杨伯溆.微视频的内容主题发展趋势分析——基于对新浪微博官方短视频应用"秒拍"上高转发微视频的研究［J］.新闻界，2016（12）：47-50.

［23］郝银华.学习科学视角下微型教学视频设计与学习效果研究［D］.大连：辽宁师范大学，2014.

［24］王觅.面向碎片化学习时代微视频课程的内容设计［D］.上海：华东师范大学，2013.

［25］郑小军，张霞. 微课的六点质疑及回应［J］. 现代远程教育研究，2014（2）：48-54.

［26］焦宝聪，苏古杉，陈楠. 微课程设计的三重属性和六大要素［J］. 现代远程教育研究，2015（6）：89-95.

［27］同上。

［28］张雪婷. 奇思妙想：微课、慕课与翻转课堂的关系［J］. 学周刊，2016（4）：223-224.

［29］尚菲菲. What are Shakespearean Sonnets?——揭开莎士比亚十四行诗的神秘面纱［Z/OL］.［2020-02-24］. http://weike.enetedu.com/play.asp?vodid=174276&e=3.

［30］于北方. 变动成本法在企业经营决策中的运用［Z/OL］.［2020-02-24］. http://weike.enetedu.com/play.asp?vodid=165753&e=3.

［31］罗元. 西餐餐具使用礼仪［Z/OL］.［2020-02-24］. http://weike.enetedu.com/play.asp?vodid=167948&e=3.

［32］倪晋尚. 别克凯越发动机怠速抖动的故障诊断［Z/OL］.［2020-02-24］. http://weike.enetedu.com/play.asp?vodid=167594&e=3.

［33］窦菊花. How to Make a Phone Call（如何打电话）［Z/OL］.［2020-02-24］. http://weike.enetedu.com/play.asp?vodid=167625&e=3.

［34］王志有. 钢铁为什么会生锈［Z/OL］.［2020-02-24］. http://weike.enetedu.com/play.asp?vodid=176098&e=3.

［35］李小平，张会利，张琳，赵丰年. 基于网络影视课程编导理念的微课教学设计研究［J］. 中国教育信息化，2017（14）：55-59.

［36］同上。

［37］徐红彩. 数字化教学资源的设计与开发［J］. 开放教育研究，2002（06）：41-43.

［38］马贵斌. 数字化教学资源的设计与应用［D］. 山东师范大学，2005.

［39］岑健林，胡铁生. 微课：数字化教学资源新形式［J］. 教育信息技

术，2013（4）：19-21.

[40] 陈智敏，吕巾娇，刘美凤. 我国高校教师微课教学设计现状研究——对2013年"第十三届全国多媒体课件大赛"295个微课作品的分析［J］. 现代教育技术，2014，24（08）：20-27.

[41] 本微课教学设计由北京轻工技师学院张磊提供。

[42] 胡铁生，周晓清. 高校微课建设的现状分析与发展对策研究［J］. 现代教育技术，2014，24（02）：5-15.

[43] 同［40］。

[44] 焦丽珍. 神奇的"经验之塔"——《视听教学法之理论》［J］. 现代教育技术，2012，22（06）：126.

[45] 郭雪营. 河北省高职院校数字化教学资源开发和利用研究［D］. 河北科技师范学院，2013.

[46] 张磊. 建构主义学习理论对教学设计的启示［J］. 辽宁教育，2012（3）：20-21.

[47] 负丽萍. 基于建构主义学习理论的多媒体网络教学［J］. 电化教育研究，2008（7）：69-71.

[48] 李小兰. 人本主义学习理论综述［J］. 中华少年，2016（2）：266-267.

[49] 文冬，杨九民. 基于人本主义学习理论的教学设计原则［J］. 电化教育研究，2002（12）：58-60.

[50] 徐健. 多元智能理论与高职学生培养［J］. 中国成人教育，2011（8）：14-18.

[51] 郭雪营. 河北省高职院校数字化教学资源开发和利用研究［D］. 河北科技师范学院，2013.

[52] 罗玉梅，白小东，何显儒. 基于五星教学原理的专业综合实验课程改革［J］. 教育现代化，2016（1）：30-31.

[53] 孙文波. 新课程课堂教学设计研究——"五星"教学设计的探索［M］. 杭州：浙江大学出版社，2006.

[54] 盛群力，宋洵. 走进五星教学［M］. 济南：山东教育出版社，2009.

[55] 刘小晶，张剑平，杜卫锋. 基于五星教学原理的微课教学设计研究［J］. 现代远程教育研究，2015（01）：82-97.

[56] 同［40］。

[57] 刘美凤，康翠主编. 多媒体课件教学设计［M］. 北京：高等教育出版社，2013（7）：21.

[58] DUPUIS V L. Shake–Up the Curriculum：Mini–Course Preparation［J］. NASSP Bulletin：National Association of Secondary School Principals，1975（9），83-87.

[59] 杨开城. 网络时代的教学设计理论发展应关注的几个问题［J］. 现代教育技术，2002，12（1）：20-23.

[60] 同上。

[61] 同上。

[62] 同［55］。

[63] 本表格根据深圳第二高级技工学校贺玉兵老师提供的资料填写。

[64] 本脚本由深圳第二高级技工学校贺玉兵老师提供原型。

[65] 本脚本由北京工艺美术高级技工学校提供。

[66] 本脚本由北京轻工技师学院提供。

[67] 本脚本由北京轻工技师学院张磊提供。

[68] 本脚本由北京轻工技师学院张美荣老师提供。

[69] 本脚本由王黛薇提供。

[70] 本脚本由北京轻工技师学院提供。

[71] 本脚本由王黛薇提供初稿。

[72] 本脚本由王黛薇撰写，为适应版面做了调整。

[73] 本节相关的教材内容由深圳第二高级技工学校贺玉兵老师提供。

[74] 冯智慧，廖蔓琪. "实验演示型微课"的设计与应用［J］. 数字教育，2015，1（5）：64-70.

[75] 本节由王黛薇撰写。

[76] 本章由张玉波撰写。

[77] 本节由王黛薇撰写。

[78] 本章动画由郑州智韵文化传播有限公司制作，林京耀、李文威、孔学勤等参与了动画的脚本写作。

[79] 冷国华，蔡志东，许翙. HTML5互动微课开发与应用［J］. 镇江高专学报，2016，29（03）：37-41.

[80] 同上。

[81] 本微课制作由北大方正电子公司提供技术支持。

[82] 本章由王黛薇撰写。

[83] 本节由杨宇红撰写。

[84] 参考全国高校微课教学比赛要求制作。

[85] 吴江东. 电视字幕的设计与运用［J］. 视听界（广播电视技术），2016（02）：62-65.

[86] 徐红彩. 数字化教学资源的设计与开发［J］. 开放教育研究，2002（06）：41-43.

[87] 陈明选，胡月霞，张红英. 理解取向的微课设计分析［J］. 中国电化教育，2017（05）：54-61.

[88] 魏晓燕，杜荣. 我国高校教师微课建设现状与对策研究——基于"第二届全国高校微课教学比赛"获奖作品的分析［J］. 中国远程教育，2016（07）：67-72.

[89] 周利平，翁艳，苏理华，谭明杰. 基于认知负荷理论的远程教育微课教学设计原则［J］. 成都工业学院学报，2017，20（04）：64-69.

[90] 本评价标准由人力资源社会保障部教材办公室提供。

[91] 经络腧穴相关微课由北京盲人学校张慧设计。

[92] 经络腧穴相关动画由北京盲人学校张慧设计。

[93] 本节由戎颖撰写。

[94] 同［24］。

［95］同［24］。

［96］由美国学习专家爱德加·戴尔1946年发现并提出。

［97］刘波，马红妹，徐学文. 20年可视化发展历程对情报学的影响［J］. 情报理论与实践，2008-01.

［98］杨彦波，刘滨，祁明月. 信息可视化研究综述［J］. 河北科技大学学报，2014（1）.

［99］本节由兰洁撰写。

［100］鲍佩莹. 基于知识可视化的"大学计算机基础"微课设计与应用研究［D］. 西南大学，2019.

［101］EPPLER M J, BURKARD R A. Knowledge Visualization：Towards a New Discipline and its Fields of Application［C］// ICA Working Paper. University of Lugano，2004.